•2024年度教育部人文社会科学研究西部项目"青年力量推进中华民族现代文明建设的耦合机理与实现路径"（24XJC710009）

•陕西省教育科学"十四五"规划2022年度课题"思想政治教育日常化的技术倾向及其实践逻辑优化"（SGH22Y1253）

新时代日常生活中的公民责任教育研究

王珏 著

中国社会科学出版社

图书在版编目(CIP)数据

新时代日常生活中的公民责任教育研究 / 王珏著 . -- 北京：中国社会科学出版社，2024.10
ISBN 978-7-5227-3539-9

Ⅰ.①新… Ⅱ.①王… Ⅲ.①公民教育—研究—中国 Ⅳ.①D648.3

中国国家版本馆 CIP 数据核字(2024)第 091624 号

出 版 人	赵剑英
责任编辑	刘　艳
责任校对	陈　晨
责任印制	郝美娜

出　　版	中国社会科学出版社
社　　址	北京鼓楼西大街甲 158 号
邮　　编	100720
网　　址	http://www.csspw.cn
发 行 部	010-84083685
门 市 部	010-84029450
经　　销	新华书店及其他书店
印　　刷	北京君升印刷有限公司
装　　订	廊坊市广阳区广增装订厂
版　　次	2024 年 10 月第 1 版
印　　次	2024 年 10 月第 1 次印刷
开　　本	710×1000　1/16
印　　张	17.5
字　　数	228 千字
定　　价	108.00 元

凡购买中国社会科学出版社图书，如有质量问题请与本社营销中心联系调换
电话：010-84083683
版权所有　侵权必究

目 录

前　言　|　001

绪　论　|　001
  第一节　研究的背景和意义　|　001
  第二节　文献综述　|　009
  第三节　研究方法、思路和内容　|　029
  第四节　研究的创新点　|　034

第一章　核心概念界定和理论基础　|　036
  第一节　核心概念界定　|　036
  第二节　理论基础　|　053

第二章　日常生活中公民责任教育的价值取向及体系构建　|　086
  第一节　新时代的"美好生活"：公民责任教育的价值取向　|　086
  第二节　日常生活中公民责任教育的体系构建　|　101

第三章　日常生活中公民责任教育的主体建设　|　124
  第一节　日常生活中公民责任教育的主体特征　|　124
  第二节　日常生活中公民责任教育的主体关系　|　140

第四章　日常生活中公民责任教育目标和内容的构建 | 147
　　第一节　构建依据和原则 | 147
　　第二节　日常生活中公民责任教育的目标结构 | 159
　　第三节　日常生活中公民责任教育的内容结构 | 166

第五章　日常生活中公民责任教育的场域整合和过程强化 | 179
　　第一节　公民责任教育的"日常生活"场域整合 | 179
　　第二节　日常生活中公民责任教育的过程强化 | 192

第六章　日常生活中公民责任教育的方法体系 | 206
　　第一节　日常生活中公民责任教育的原则 | 206
　　第二节　日常生活中公民责任教育的方法 | 212
　　第三节　日常生活中公民责任教育的途径 | 222
　　第四节　日常生活中公民责任教育的策略 | 238

结　论 | 246
　　一　日常生活的内在结构和基本图式 | 246
　　二　日常生活中公民责任教育的体系建构 | 248
　　三　研究展望 | 250

参考文献 | 252

后　记 | 270

前　言

公民责任教育是思想政治教育的重要内容。当前，我们正处在以中国式现代化全面推进中华民族伟大复兴，实现第二个百年奋斗目标的征程中，要使人民获得"美好生活"，不仅要坚持党的领导和社会主义道路，也要提升公民完整的责任品质。《新时代公民道德建设实施纲要》针对公民的责任培育提出了新目标。然而，仅仅依赖传统公民责任教育的宏观方法和路径难以实现此目标，需要探讨更加多元化的微观方法和实践路径。本书正是对新时代日常生活中的公民责任教育进行的系统探讨。

本书以马克思主义日常生活理论为根本指导，以现代思想政治教育基本理论为依托，从现阶段日常生活中存在的公民责任逻辑偏差和宏观公民责任教育实效性不彰的现实问题出发，提出公民责任教育要以创造新时代"美好生活"为价值取向，回归到公民的日常生活基点。公民的日常生活是"美好生活"的土壤基础和现实依据，而"美好生活"则是对日常生活的理论升华和现实重构。只有将日常生活的内在图式和作用机制纳入公民责任教育内容中，才能探索出具有本土特色的新时代公民责任教育的方法和路径。

在具体问题分析上，本书依据公民责任理论，借鉴马斯洛需要层次理论、品德心理理论以及场域理论，运用文献分析法、系统研究法、宏观研究与微观考察相结合法以及多学科交叉的方法，试图构建具有中国特色的新时代日常生活中的公民责任教育体系。行文用四章篇幅对新时代日常生活中公民责任教育的主体、目标和内容、场域和过程以及方法进行了较为系统性的研究，具体分析了公民责任教育各个构成要素在日常生活中的结构框架和组织机理，并着重对日常生活中公民责任教育的方法体系进行探讨，以提高新时代公民责任教育的实效性和可操作性。

首先，日常生活中的公民责任教育要关注责任教育的主体特征和关系模式，不断加强主体建设。在日常生活中，责任教育主体是教育者和受教育者的统一：教育者承担着责任教育的教育、管理、协调和研究功能，并且通过完善组织机构和个人素质，加强主体的自我建设；受教育者则具有基本生存的"特性"与自我超越的"个性"特征，教育者不仅要善于挖掘受教育者最基本的责任品质需要，还要善于捕捉和发现受教育者高层次的责任品质需要和个人发展潜能，激发受教育者对更高责任品质的追求。日常生活的公民责任教育是一种重复性教育活动，且教育主体要根据教育客体的情境性和经济性来适时地培养教育客体责任行为的习惯性。在教育过程中教育者和受教育者的关系是"主体间性"教育模式，注重责任教育者和受教育者之间平等的沟通和对话，这对增强公民责任教育的实效性具有重要作用。

其次，日常生活中公民责任教育的目标和内容构建要遵循"日常思维"和"日常知识"的生成性。基于"日常知识"具有的时代性、强制性、纯粹倾向性、传承性、多元性和可被引导性，以及"日常思维"是以解决个人的切实问题且具有反思性的实践性思维，公民责任教育目标和内容的确立要遵守生活性原则、需求充足原则、针对性原则、反思性原则和实践性原则。在此原则指引下，日常生活中公民责任教育的目标结构应以促进人的全面发展为根本目标、以培养公民完整的责任品质为核心目标、以引导公民责任教育从他律走向自律为发展目标；公民责任教育内容结构则呈现出三维框架结构。其中，公民责任的来源、层次和品质要素构成了框架结构的三个内容维度。

再次，日常生活中的公民责任教育要注重日常生活场域的整合和过程的强化。日常生活场域是公民日常行为和活动发生、发展的关系网络，具有空间性、开放性和关联性、斗争性和流动性，包括学校场域、家庭场域、社区场域、虚拟网络场域和工作场域。责任教育主客体在不同的日常生活场域，形成不同形式的"斗争"力量和"交互"关系。与此同时，通过"需求—认知—内化—行为—习惯"的责任教育程序强化，激发公民责任需求，提高责任认知，加强责任内化，最终养成践行责任的行为习惯。

最后，日常生活中公民责任教育的方法体系是一个包括原则方法（一般方法）、具体方法、途径方法和策略方法的系统性整体。原则方法上，应坚持社会主义核心价值观引领原则、教育主体的主体间性原则和责任教育的开放性原则；具体方法上，可采纳商谈教育法、角色体验法、故事叙述法、实践服务法等；途径方法上，参与式社区责任教育模式、优秀的传统责任文化为核心的家训和家风、多样化的网络平台实践以及自觉、自律的教育机制不失为行之有效且至关重要的公民责任教育途径；策略方法上，要注意日常"生活语言"转向和"草根"榜样带动效应的策略选择。

综上所述，将新时代的责任教育聚集于公民的日常生活，构建出具有中国特色的新时代公民责任教育体系是实现马克思主义理论统领日常生活场域中碎片化、日常化、微观化的责任问题的重要途径。这不仅使思想政治教育的责任话语成为引领公民践行责任行为的主流话语，还探索出一种自发、自觉的责任教育路径，实现公民责任教育在日常生活领域中的有限建构，弥补传统责任教育的不足。本书的最终目的旨在挖掘公民责任品质生成的最自然、最贴近生存状态的发展规律，使公民的责任品质更加稳定、持久，为创造新时代"美好生活"奠定个体品质基础。

绪 论

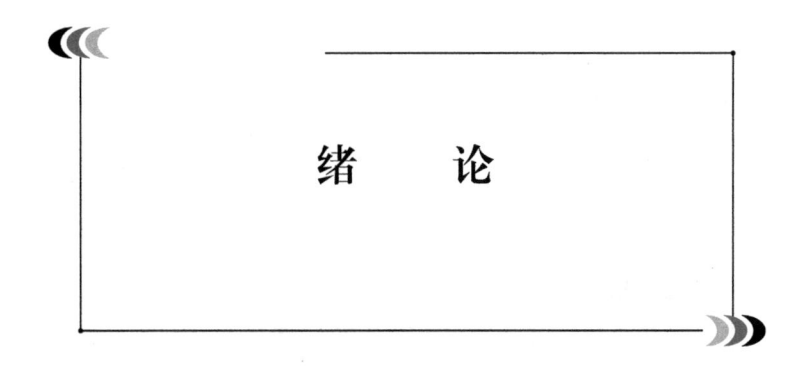

责任命题恒久而长新。中国特色社会主义进入新时代。面对复杂的国际关系，面对全面建设社会主义现代化国家的新征程，新时代的思想政治教育需要不断创新教育方式、开拓研究视角。作为思想政治教育重要内容的公民责任教育，旨在关注公民的责任需求，使公民获得与社会发展相适应的完整责任品质。这对新时代中国特色社会主义事业意义重大。就国家而言，新时代中国特色社会主义事业需要具备完整责任品质的公民来建设；就个人而言，新时代的"美好生活"离不开具备完整责任品质的公民来创造。责任在人的生存和发展中占据重要的地位。而如何塑造一批具有高度责任品质的公民则依赖于公民责任教育的实施和优化。改革创新是新时代的时代精神，面对创新思想政治教育方法途径的时代要求，公民责任教育也要开阔新形式和新视野，通过多元化的研究视角和教育方式丰富公民责任教育的实践路径，达到塑造具有完整责任品质公民的目标，实现公民个人自由而全面的发展。

第一节 研究的背景和意义

一直以来，我国对公民责任教育保持高度重视，提出了一系列旨在完善公民责任品质和提高公民责任教育实效性的政策和措施。与此同时，不可忽视的是我国公民责任教育仍然存在一些问题。这些都是本书研究新时代公民责任教育需要考察的背景和环境。作为思想政治教育重要内容的责任教育，对其进行深入研究，不仅是对新时代公民责任教育的理论探索，也是提高公民责任教育实效性、丰富责任教育途径的有益尝试。这对新时代公民责任教育的创新发展具有一定的时代意义。

一 研究背景

本书研究的公民责任教育是在宏观政策背景和社会问题背景中进行的。其中，政策背景为本书提供了政策支持和方向指引，问题背景为本书提供了现实来源。

（一）政策背景

一直以来，国家层面从国家政府文件到国家重要会议精神都不断强调国家责任、社会责任和家庭责任的重要性。尤其是党的十八大以来，中国特色社会主义进入新时代，对责任提出了新要求，参见表0-1。

表0-1　　我国政府文件及重要会议中对责任的强调

序号	文件出台时间	文件名称	对责任的要求内容
1	1994年8月	《爱国主义教育实施纲要》	1. 在进行中国国情的教育的时候，要帮助人们"增强使命感和社会责任感"； 2. 在进行社会主义民主和法制教育的时候，要帮助人们"增强国家观念和主人翁责任感"； 3. 在学校对青少年进行爱国主义教育的时候，要"增强他们对工农兵的感情和对国家的责任感"
2	1996年10月	《中共中央关于加强社会主义精神文明建设若干重要问题的决议》	在加强青少年思想道德教育方面，要"积极组织公民参加生产劳动和社会实践，帮助他们认识社会，了解国情，增强建设祖国、振兴中华的责任感"

续表

序号	文件出台时间	文件名称	对责任的要求内容
3	2001年6月	《基础教育课程改革纲要》	1. 新课程的培养目标应体现时代要求，要使公民"有社会责任感，努力为人民服务"； 2. 课程结构从小学至高中设置综合实践活动并作为必修课程，"增进学校与社会的密切联系，培养公民的社会责任感"
4	2001年9月	《公民道德建设实施纲要》	1. 公民道德建设的知识思想和方针原则要"坚持尊重个人合法权益与承担社会责任相统一"；"引导每个公民自觉履行宪法和法律规定的各项义务，积极承担自己应尽的社会责任"；"爱祖国、爱人民、爱劳动、爱科学、爱社会主义作为公民道德建设的基本要求，是每个公民都应当承担的法律义务和道德责任"； 2. 在大力加强基层公民道德教育的过程中，"要组织公民参加适当的生产劳动和社会实践活动，帮助他们认识社会、了解国情，增强社会责任感"
5	2004年10月	《关于进一步加强和改进大学生思想政治教育的意见》	强调加强和改进大学生思想政治教育的主要任务之一是"使大学生正确认识社会发展规律，认识国家的前途命运，认识自己的社会责任"
6	2007年10月	党的十七大报告内容	强调"大力弘扬爱国主义、集体主义、社会主义思想，以增强诚信意识为重点，加强社会公德、职业道德、家庭责任、个人品德建设，发挥道德模范榜样作用，引导人们自觉履行法定义务、社会责任、家庭责任"
7	2010年5月	《国家中长期教育改革和发展规划纲要（2010—2020年）》	强调国家中长期教育改革和发展的战略主题之一是"着力提高学生服务国家服务人民的社会责任感"
8	2012年11月	党的十八大报告内容	强调全面提高公民道德素质，"引导人们自觉履行法定义务、社会责任、家庭责任"

续表

序号	文件出台时间	文件名称	对责任的要求内容
9	2013年11月	《中共中央关于全面深化改革若干重大问题的决定》	在深化教育领域综合改革方面，强调"增强学生社会责任感、创新精神、实践能力"
10	2014年10月	《中共中央关于全面推进依法治国若干重大问题的决定》	在推动全社会树立法治意识方面，强调"牢固树立有权力就有责任、有权利就有义务观念"；"发挥法治在解决道德领域突出问题中的作用，引导人们自觉履行法定义务、社会责任、家庭责任"
11	2016年12月	全国高校思想政治工作会议	习近平强调，要教育引导大学生正确认识"时代责任和历史使命"
12	2017年10月	党的十九大报告内容	1. 加强思想道德建设，"推进诚信建设和志愿服务制度化，强化社会责任意识、规则意识、奉献意识"； 2. 繁荣发展社会主义文艺，"倡导讲品位、讲格调、讲责任，抵制低俗、庸俗、媚俗"
13	2019年4月	纪念"五四运动"100周年大会	1. "新时代中国青年要担当时代责任。时代呼唤担当，民族振兴是青年的责任"； 2. "一切视探索尝试为畏途、一切把负重前行当吃亏、一切'躲进小楼成一统'逃避责任的思想和行为，都是要不得的，都是成不了事的，也是难以真正获得人生快乐的"
14	2019年10月	《新时代公民道德建设实施纲要》	1. "加强对道德领域热点问题的引导，以事说理、以案明德，着力增强人们的法治意识、公共意识、规则意识、责任意识"； 2. "坚持把社会效益放在首位，倡导讲品位、讲格调、讲责任，抵制低俗、庸俗、媚俗，用健康向上的文艺作品温润心灵、启迪心智、引领风尚"； 3. "激发人们形成善良的道德意愿、道德情感，培育正确的道德判断和道德责任，提高道德实践能力尤其是自觉实践能力"

续表

序号	文件出台时间	文件名称	对责任的要求内容
15	2019年11月	《新时代爱国主义教育实施纲要》	1. "组织大中小学生参观纪念馆……更好地了解国情民情,强化责任担当"; 2. "通过开展职业精神职业道德教育、建立健全相关制度规范、发挥行业和舆论监督作用等,引导社会各界人士增强道德自律、履行社会责任"
16	2020年12月	《法治社会建设实施纲要（2020—2025年）》	"强化规则意识,倡导契约精神,维护公序良俗,引导公民理性表达诉求,自觉履行法定义务、社会责任、家庭责任"

公民的责任意识担当和履行责任的能力直接关系到国家的发展方向和前途命运,体现中华民族的竞争力。国家对公民责任具有高度的关注度,在加强公民责任教育、培养完善的公民责任品质方面提出了一系列政策文件和指导要求。这有利于公民认清肩负的责任使命,明确自身的责任担当,引导公民承担责任、践履责任。

(二)问题背景

尽管国家一直强调公民责任的重要性,但不可否认的是,在国家加强公民责任教育和建设的过程中不可避免地存在一些现实问题。

1. 公民法治教育中重权利教育而轻责任、义务教育

权利、义务构成法律关系的主要内容,权利本位和义务本位一直是学术界争论的焦点。在发展走向上,法的发展规律是从以义务为主向以权利为主过渡,"前资本主义社会的法是以义务为本位的,资本主义社会的法是以权利为本位的,社会主义社会的法则是最新类型的权利本位法"[①]。法在前资本主义时期以规范行为和规定义务为主要

---

① 张文显:《从义务本位到权利本位是法的发展规律》,《社会科学战线》1990年第3期。

目的。随着自由资本主义的深入发展，人们对于个人权利的不断崇尚使得资本主义社会的法由义务本位转向以规定权利为根本目的。但由于中国属于后发型法治社会，其发展轨迹具有特殊性：一方面，国家在社会主义法治建设中的公权力具有至高无上的权威，公权力在一定程度上冲击着私权利，导致公民在权利内容上的空洞，私权利赋权不足；另一方面，在社会主义法治体系的构建过程中，西方自由主义法治思想的渗入，使得主体的权利意识不断增强，而忽视责任和义务在法治发展中的重要作用，导致公民逃避义务与责任。在这种特殊的法治发展背景下，公民责任教育任重而道远。公民责任教育不仅仅是为了解决公民责任意识不足的问题，还要处理好国家与公民在责任教育中的关系，即国家和公民在责任教育中的博弈关系。国家有提高公民责任品质的义务，公民也有承担维护国家稳定发展的责任。要成为一个对国家和社会能承担责任以及有能力承担责任的公民，首先是能对自己的生活和生存承担责任的人。

新中国成立以来，随着我国依法治国理念的逐步形成与深入，公民的权利意识被激发出来。特别是在实行改革开放之后，社会主义市场经济建立，中国人的权利思维尤为活跃。公民权利不仅从宪法层面不断得到肯定与保护，《物权法》的颁布更加速了法治思维从义务本位向权利本位的转变，权利意识进一步被强化。然而，法治教育并非只包括权利教育，还应当包括责任、义务的教育。面对目前高质量发展期间突出的各种社会问题，我们需要重新审视法治教育中的公民责任教育。

2. 新时代的公民责任教育需要秉持改革创新的时代精神

目前，作为思想政治教育主要内容的公民责任教育在提高公民责任认知水平、丰富公民责任情感、坚定公民责任意志以及培养公民责任行为等方面起到了重要的作用，并将继续源源不断地为新时代中国特色社会主义建设事业培育更优质的责任品质拥有者。但不容忽视的是，当前公民责任教育也存在一些问题。一直以来，哲学作为"神秘"的代言词，被束之高阁，与人们的日常生活相去甚远。而马克思主义理论作为宏观哲学和宏观政治经济学的经典巨著，往往被用于分析生产力和生产关系、经济基础与上层建筑等国家、社会宏观领域。在此理论逻辑指导下的公民责任教育侧重于研究责任教育的宏观机制及价值功能等，缺少对公民内在责任需求的现实观照。党的十九大报告中曾十三次提到"美好生活"，新时代中国特色社会主义事业始终把人民对"美好生活"的向往作为奋斗目标。作为创造"美好生活"的内容和条件，公民责任教育必然要以公民对"美好生活"的需求为根本出发点和逻辑要求，深入公民日常生活的内在机理和文化诉求中，不断挖掘人民群众对日常责任品质的内在需要，顺应个体责任品质形成的发展规律，将责任品质融入公民个人道德品质的形成过程中。

从马克思主义哲学的实质看，其致力于全人类的自由、全面发展，将视线聚焦于人类的现实生存，将哲学从天国拉回人间。人类要想生存，离不开与其息息相关的日常生活。日常生活以人的现实存在为基础，是人生存的寓所。从这个意义上讲，作为国家法治建设和思想政治教育重要途径的公民责任教育应该思考怎样从公民身边开始，从微观的日常生活世界出发，注重交往主体之间存在的潜移默化的教育影响作用，使我国公民责任教育渗透到日常生活的方方面面，不再停留在宏观层面的宣言与倡导阶段，使公民责任品质的形成作为一种生活方式渗入日常生活中。

二 研究意义

将公民责任教育的研究视域转向日常生活中，不仅可以丰富公民责任的理论基础，还可以有效运用公民责任教育的哲学社会科学的研究方法，提高公民责任教育的实效性。

（一）理论意义

首先，将公民责任教育纳入马克思主义日常生活理论的大视野中，可以丰富和拓宽传统公民责任教育的理论研究论域，完成对公民责任教育理论的探索性建构。例如，在真实地反映生活世界中公民责任教育的复杂性的同时，进一步明确日常生活中公民责任教育的主体权力博弈和原则内容，解析公民责任教育的行为过程以及方法途径，进而增强公民对其与国家、与社会以及与他人的责任关系的认知。其次，在运用马克思主义日常生活理论和思想政治教育理论过程中，对其内在规律性及运用逻辑有更深层次的剖析和挖掘，从而丰富公民责任教育理论的运用方式和途径。

除此之外，本书实现了与国际责任教育理论的有效对话，有利于中国话语的对外输出。国际社会一直强调全球责任与责任教育在构建国际秩序中的重要作用。党的十九大报告中指出，新时代中国特色社会主义要坚持"四个自信"，即"道路自信、理论自信、制度自信、文化自信"。不盲目跟风，不盲目崇外。研究具有中国特色的日常生活公民责任教育不仅回应了国际社会对责任教育理论与实践的要求，也反映了新时代中国特色社会主义发展的时代诉求，增强公民责任教育的理论自信和文化自信，在实践的基础上，完成公民责任教育中国话语的对外输出。

（二）实践意义

对日常生活中公民责任教育进行研究可以探索行之有效的微观化、生活化的公民责任教育途径，提高公民责任教育的实效性，进而为创造新时代"美好生活"提供必要的个人责任品质。在现有实践中，作为思想政治教育重要内容的公民责任教育，在一定程度上脱离了与之休戚相关的现实生活，导致责任教育实效性不济。脱离日常生活的责任教育缺少对教育主体的人文关怀，忽视教育主体的个人体验和生活实践，单向度地进行责任道德灌输，导致整个公民责任教育在一种客体化的模式中运行。由此所带来的后果是不利的：脱离与大众休戚相关的日常生活，不仅意味着责任教育将割裂与大众连接的基础纽带，忽视大众的责任需求，失去大众的心理支持，也会因为缺乏丰富且生活化的责任内容，导致责任教育仅仅停留于纸上谈兵。教育主体难以真正将责任内容内化为自身的责任品质，承担其应有的责任使命。

本书将责任教育根植于现实生活的沃土之中，有利于从细微之处潜移默化地培养公民的责任意识和责任品质，提升公民责任教育的实效性；有利于从微观、细节之处落实提高公民责任品质的要求和社会主义法治的教育宣传；有利于展现日常生活中主体微观权力的博弈与平衡，以此完成公民责任教育的任务；有利于将教育寓于微观的生活细节中，使公民在不知不觉中完成责任的教育与被教育过程；有利于促进新时代"美好生活"的创造和建设。研究日常生活中的公民责任教育对提高我国公民责任品质、构建完整的责任人格、完成新时代社会主义建设的远大愿景具有重要的实践意义。

第二节　文献综述

本书对国内外关于公民责任教育以及日常生活的相关研究进行了梳理。

一　国内相关研究

（一）关于公民责任教育的规范性研究

就作者可及资料，目前篇名中含有"公民责任教育"的出版专著并不多，具有代表性的有两本。一是张建荣的《公共危机挑战下的公民责任及其教育》一书，他将公民责任教育置于社会公共危机的理论视野下，探讨如何完善公民责任行为的选择以及责任教育的优化策略。二是吴威威的《现代化视域下的公民责任教育研究》，该书将公民责任教育纳入社会现代化的研究视域中，分析了公民责任的理论内涵，对比不同国家公民责任教育的内容和特色，最终对我国公民责任教育提出了思考。而据中国知网（CNKI）中国期刊全文数据库精确统计，2010—2021年期间，以篇名中含有"公民责任教育"为检索依据，可查到的期刊类研究文章共 12 篇，主题分布如图 0-1 所示。

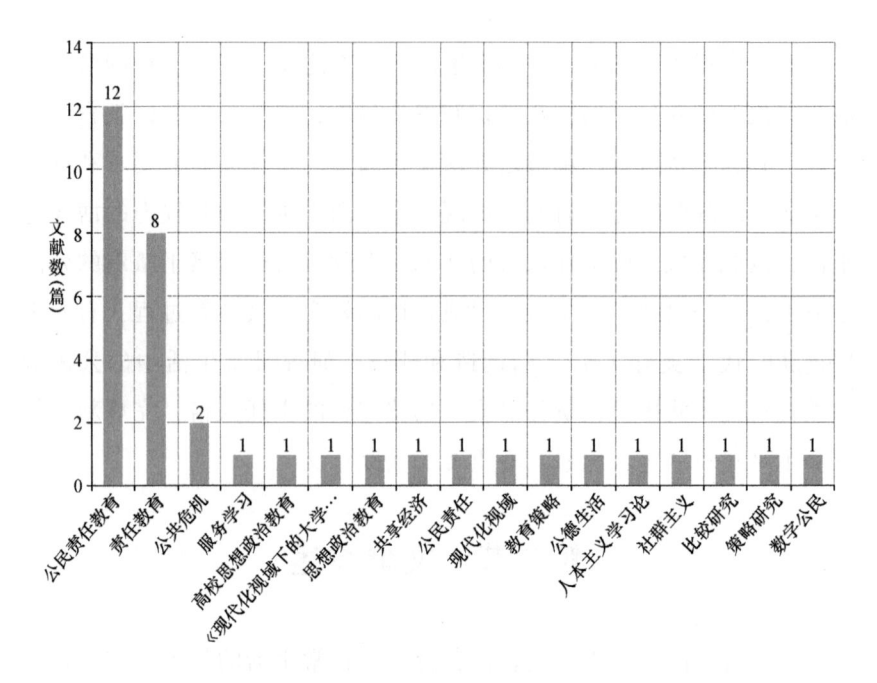

图 0-1 篇名中含有"公民责任教育"的主题分布图

如果仅仅将文献搜索范围限定在"公民责任教育"关键词上，本书的研究综述将不能全面、系统地展现公民责任教育学术研究状况。因此，本书扩大范围，在中国知网（CNKI）中国期刊全文数据库中，精确检索 2010—2021 年，以篇名中含有"公民责任培育""公民责任建设"为条件检索文献，可搜到学术文献分别为 1 篇；以"责任教育""责任培育""责任意识培养"为"篇名"检索词精确查找可搜到的学术文献为 826 篇、49 篇和 197 篇。分析以上所有的研究文献，根据不同的划分依据对责任教育的研究可以总结为以下几种类型：

1. 根据责任教育对象的不同进行的针对性研究

主要可以分为大、中、小学生及教师、高校党员、部队干部等主体的责任教育问题，例如，黄君录探讨了政府与社会在新生代农民教育中所承担的责任①;黄炳辉和卜建将研究点聚焦于对高校党员群体的责任教育②;张宜海则针对青少年群体的责任教育问题进行了研究③;等等。根据不同教育主体进行的针对性研究具有一定的必要性,因为主体特性存在差异,责任教育的相关内容也表现出不同的状态。

2. 根据研究内容不同,可总结为四种:

其一,研究公民责任教育的价值及必要性。例如,学者陈宏毅认为:责任教育是时代的呼唤,责任教育是培养目标的要求,责任教育为社会主义文明建设所必需④;逯改认为公民责任教育的价值包括三个维度:实现人的社会化,学会对自己负责,是全球时代世界各国教育的共同呼声⑤,等等。

其二,研究公民责任教育的内容及原则。夏春雨从基础层面、核心层面、环境层面、导向层面对责任教育内容体系进行了构建。其中基础层面包括思想、意识、动机层面的责任教育内容;核心层面囊括行为、实践、能力层面的责任教育内容;环境层面涵盖环境、氛围、继承层面的责任教育内容;导向层面则是对目标、取向、导向层面的责任教育内容⑥。蒋文亮按照责任的不同层次,将公民责任大致划分为对个人自身的责任、对他人的责任、对家庭的责任、对国家和社会的责任,⑦等等。

其三,研究公民责任教育的方法路径。公民责任教育的方法路径

---

① 黄君录:《论政府与社会在新生代农民工教育中的责任与有效供给》,《中国职业技术教育》2011年第24期。
② 黄炳辉、卜建:《责任意识教育:高校党员思想政治教育的有效载体》,《思想政治教育研究》2009年第3期。
③ 张宜海:《伦理、心理、生理视阈下的青少年责任教育研究》,《道德与文明》2008年第5期。
④ 陈宏毅:《加强和改进大学生的责任教育》,《高等农业教育》2006年第5期。
⑤ 逯改:《德育责任视野中的家庭与学校教育》,《思想理论教育》2008年第15期。
⑥ 夏春雨:《大学生责任教育内容体系构建新论》,《社会科学战线》2008年第1期。
⑦ 蒋文亮:《当代大学生责任教育体系建构研究》,《山东青年政治学院学报》2011年第1期。

是公民责任教育研究的落脚点。学者对其有较多的方法创新。以夏春雨针对大学生公民责任教育的手段选择为例,他指出公民责任教育的最基本手段是语言手段;最有效手段是榜样手段;最深层的手段是情境手段;最具感染力的手段是环境手段;最直接的手段是体验手段①;等等。

其四,研究不同社会背景下的公民责任教育。如和谐社会主义社会建设中、市民社会视角下、社会主义市场经济环境、全球化背景下以及网络技术视域中,等等。

3. 公民责任教育的比较性研究

这类研究针对公民社会发展比较早的国家的公民责任教育理论以及实践进行考察,在探讨责任教育的理论、内容体系以及实践框架的基础上,得出可借鉴的经验及需要弥补的不足。例如,学者王琪在《中美青少年公民责任教育之比较》一文中从价值理念、目标定位、核心内容、管理体制、方式方法等方面详细介绍了中美两国在青少年公民责任教育的差异,并从文化传统、教育基础理论和教育方式方法方面提出了三条建议以丰富和优化我国青少年责任教育实践②。

4. 责任教育的教学课程设置研究

从教学课程设置角度出发,研究如何将公民责任教育纳入学生日常语文、历史或政治课堂教学过程中,并且在设置教学内容、教材编写以及课程安排方面融入公民责任教育。具体的研究有:姚培妮的《中学历史教学中的现实社会责任意识教育》③,等等。

5. 基于不同的学科范畴的研究

目前学界对公民责任教育的研究主要集中在伦理学和思想政治教

---

① 夏春雨:《试论大学生责任教育的手段选择》,《中国高教研究》2006 年第 1 期。
② 王琪:《中美青少年公民责任教育之比较》,《首都师范大学学报》(社会科学版) 2011 年第 3 期。
③ 姚培妮:《中学历史教学中的现实社会责任意识教育》,《甘肃教育》2007 年第 17 期。

育学范畴内。首先，就伦理学范畴而言，我国责任伦理研究始于20世纪90年代，主要内容涉及道德责任概念及含义的界定以及道德责任价值及意义的诠释。例如，学者郭金鸿在其《道德责任论》一书中分析了道德责任存在的哲学依据、道德责任的判断理路以及道德责任的实现保证，最后揭示在中国道德建设过程中存在的道德责任问题以及建设意见[1]；学者徐向东编著的《自由意志与道德责任》一书中提供了当代西方自由意志与道德责任的相关经典文献，内容涉及决定论与自由意志问题、经典相容论、不相容论的自由意志概念以及道德责任与取舍的可能性等问题[2]。其次，就思想政治教育学范畴而言，现有研究更加侧重于公民责任意识的培养以及公民责任人格的养成。如张瑞著的《大学生责任教育新编》，主要围绕大学生的责任教育展开详细论述和探讨。该书对责任的内涵作了简单界定，在阐述责任特点、分类以及实现机制的基础上，诠释责任、教育与人的关系。该书还追溯了责任思想的理论渊源，详细阐述了当前大学生责任缺失的现状及其原因，并以当前大学生责任教育存在的不足为问题导向，提出在学校教育层面提高大学生责任教育实效性的建议和对策[3]。崔欣伟著的《学校责任教育论纲》是一部系统研究责任以及学校责任教育问题的学术专著。该书以"责任"和"责任品质"培养为中心，阐明责任含义的发展变化和当代社会责任教育的必要性及发展趋势，探讨人的本质与责任教育之间的内在逻辑，尝试建构一个较完整的学校责任教育理论和实践体系[4]。刘世保编著的《责任教育研究与指导》包括"理论研究篇""方案设计篇"和"实践指导篇"三部分内容，针对我国中小学责任教育进行方案设计与实践指导[5]，等等。

---

[1] 郭金鸿：《道德责任论》，人民出版社2008年版。
[2] 应奇、刘训练主编，徐向东编：《自由意志与道德责任》，凤凰出版传媒集团、江苏人民出版社2006年版。
[3] 张瑞：《大学生责任教育新编》，山东人民出版社2014年版。
[4] 崔欣伟：《学校责任教育论纲》，中国社会科学出版社2012年版。
[5] 刘世保编著：《责任教育研究与指导》，北京理工大学出版社2011年版。

（二）关于公民责任状况的实证性研究

在既有的关于当代中国公民责任状况的研究中，实证研究相对于规范研究起步较晚。其中针对公民责任状况的专题性研究报告散见于单篇研究论文中，图书研究大多数集中在对公民道德伦理状况的调查研究中。作者梳理了近十年有关公民责任状况的实证研究，其中具有代表性的著作有：吴潜涛等人的《当代中国公民道德状况调查》，该调查围绕城乡居民的道德状况，在河南省商丘市调查了2000个样本，涉及36个问题、七方面的内容①。樊浩等人进行了两项研究，分别是《中国大众意识形态报告》和《中国伦理道德报告》。其中，《中国大众意识形态报告》揭示了当前我国思想、道德、文化三大领域"多"与"一"、"变"与"不变"的特点和规律②。《中国伦理道德报告》运用社会学相关方法对中国伦理道德现状进行了调查，并以构建社会主义和谐的思想道德和伦理实践为目标形成研究报告和数据库③。孙彩平的《中国儿童道德发展报告（2017）》考察了当代中国儿童道德发展的四个核心要素，即道德观念、道德情感、道德理性和道德行为，同时调查当代儿童对学校德育方式的看法，以及影响其成长的困扰性因素④。马向真为了考察当代中国社会心态和道德生活的总体状况和新特点，针对和谐社会道德建设与社会心态之间的内在联系，做了关于如何通过道德建设塑造良好的社会心态的伦理学和心理学视角的交叉复合研究，并最终得出《当代中国社会心态与道德生活状况研究报告》⑤。黄河的《网络虚拟社会与伦理道德研究——基于大学生群体的调查》以高校大学生的道德伦理现状为调查对象，立足于马克

---

① 吴潜涛等：《当代中国公民道德状况调查》，人民出版社2010年版。
② 樊浩等：《中国大众意识形态报告》，中国社会科学出版社2012年版。
③ 樊浩等：《中国伦理道德报告》，中国社会科学出版社2012年版。
④ 孙彩平：《中国儿童道德发展报告》（2017），海峡出版发行集团、福建教育出版社2018年版。
⑤ 马向真：《当代中国社会心态与道德生活状况研究报告》，中国社会科学出版社2015年版。

思主义话语体系，通过实证研究方法对高速发展的虚拟网络社会对人的发展以及对伦理道德的影响进行深入剖析[1]。王泽应、向玉乔主编的《中国道德状况报告（2016）》对当今中国的道德状况进行了多方面的反映，主要包括四个内容：社会调查报告、道德文化建设纪实、伦理问题案例及其伦理反思、学术论文。该报告兼有实践性和理论性[2]。由学者葛晨虹主编的《中国社会道德发展研究报告（2015）》《中国社会道德发展研究报告（2016）》比较全面地对中国社会道德发展现状作了总结和分析。《中国社会道德发展研究报告（2015）》锁定当前中国公务员道德状况进行调查与分析，期望通过调研，了解公务员道德观念已发生和正发生何种变化，公务员行政活动中存在哪些道德问题，公务员道德规范建设面临哪些困境，研究成因，思考采用何种措施加强公务员道德建设[3]。而《中国社会道德发展研究报告（2016）》则围绕家风家教与家庭建设形成八个子报告，即中国社会治理视域下的家庭建设、当前我国家风建设现状调研分析、当代中国家庭教育状况的考察与分析、中国家庭建设中的家训文化、家庭建设中的孝道问题研究、养老问题与和谐家庭建设、农民工家庭问题与伦理关怀、国外家庭教育与家庭建设经验借鉴。这些报告围绕当前中国家庭教育与家庭家风建设状况展开调查和分析，期望通过实证研究，把脉当前家庭家风建设与家庭教育存在的问题，剖析其原因，探索提高家教质量、培育优秀家风的有效路径，推进新时代家庭文明建设，发挥家庭在社会善治中的基点作用[4]，等等。

关于公民责任调查报告的代表性论文主要有：马媛媛的《包头市

---

[1] 黄河：《网络虚拟社会与伦理道德研究——基于大学生群体的调查》，科学出版社2017年版。
[2] 王泽应、向玉乔主编：《中国道德状况报告（2016）》，中国社会科学出版社2016年版。
[3] 葛晨虹、鄯爱红主编：《中国社会道德发展研究报告（2015）》，中国人民大学出版社2016年版。
[4] 葛晨虹、陈延斌主编：《中国社会道德发展研究报告（2016）》，中国人民大学出版社2018年版。

民办学校初中学生责任意识状况调查——以包头市昆区和平村宏昌学校为例》①；曹薇、毛恩的《新生代：集希望与责任于一身——上海万名青年思想状况调查报告》②；张琦、王永明的《当代大学教师的文化责任担当状况的调研报告——基于北方某市 3 所高校 150 名大学教师的调查》③；徐立明的《小学生责任意识发展状况调查与对策研究——以德州市城区小学生为例》④；马佳彬、王永明的《对大学生网络公民责任意识状况的调查报告——以北方某市 384 名大学生为例》⑤；朱磊的《当代大学生社会责任状况调查研究与思考》⑥；李桂梅、欧阳卓灵的《当代中国女性道德状况调查》⑦；樊浩的《当前中国伦理道德状况及其精神哲学分析》⑧；黄明理与宣云凤两位专家合撰的《当前我国公民社会公德信仰状况研究——以江苏为例的抽样调查分析》⑨；等等。这些公民责任状况报告对不同主体的责任道德进行了研究和调查，在一定程度上呈现出我国公民责任水平的现状和存在的问题。

(三) 关于日常生活的研究

在国内，对日常生活的关注和研究主要分为日常生活的实践研究

---

① 马媛媛：《包头市民办学校初中学生责任意识状况调查——以包头市昆区和平村宏昌学校为例》，硕士学位论文，内蒙古师范大学，2011 年。

② 曹薇、毛恩：《新生代：集希望与责任于一身——上海万名青年思想状况调查报告》，《当代青年研究》1992 年第 1 期。

③ 张琦、王永明：《当代大学教师的文化责任担当状况的调研报告——基于北方某市 3 所高校 150 名大学教师的调查》，《经济研究导刊》2015 年第 5 期。

④ 徐立明：《小学生责任意识发展状况调查与对策研究——以德州市城区小学生为例》，《基础教育研究》2009 年第 11 期。

⑤ 马佳彬、王永明：《对大学生网络公民责任意识状况的调查报告——以北方某市 384 名大学生为例》，《理论观察》2016 年第 12 期。

⑥ 朱磊：《当代大学生社会责任状况调查研究与思考》，《湖北社会科学》2016 年第 6 期。

⑦ 李桂梅、欧阳卓灵：《当代中国女性道德状况调查》，《伦理学研究》2015 年第 4 期。

⑧ 樊浩：《当前中国伦理道德状况及其精神哲学分析》，《中国社会科学》2009 年第 4 期。

⑨ 黄明理、宣云凤：《当前我国公民社会公德信仰状况研究——以江苏为例的抽样调查分析》，《东南大学学报》(哲学社会科学版) 2008 年第 4 期。

和日常生活的理论探索。

1. 日常生活的实践研究

在日常生活的实践研究中，有学者对老百姓的日常生活进行了描述性和展示性研究，以吴亮、高云主编的老百姓日常生活系列丛书为代表。该丛书从现象学角度对新中国成立后50年间中国老百姓的衣、食、住、行等日常生活要素进行了详细的描述和分析[①]。除此之外，费勇在《先兆：中国人日常生活趋势》中对我国日常生活变迁中的一些新兴现象进行了文化学视角的描写和分析[②]。这些著作对中国传统日常生活的现实图景进行了感性的、直观的诠释，在现实基础上具有很强的实践意义。

2. 日常生活的理论研究

国内关于日常生活的理论研究主要包括两个方面：一是对西方日常生活理论进行翻译、总结和评价；二是以一些国内学者为代表尝试性构建的中国日常生活批判理论，拓展了国内文化哲学研究的新领地。

首先，中国理论界从20世纪80年代开始兴起了对西方日常生活理论的译介研究。最初的研究仅仅收录在一些系统性的哲学史料教材中。例如，陈学明在《西方马克思主义教程》中对相关西方日常生活批判理论进行了详细的介绍[③]。之后，陈学明等人在1998年主编了一套生活哲学文丛，其中包含5本生活哲学著作，分别对列斐伏尔和赫勒的日常生活理论[④]、哈贝马斯的交往行为理论[⑤]、马尔库

[①] 该丛书包括《日常中国——50年代老百姓的日常生活》《日常中国——60年代老百姓的日常生活》《日常中国——70年代老百姓的日常生活》《日常中国——80年代老百姓的日常生活》《日常中国——90年代老百姓的日常生活》五本。
[②] 费勇：《先兆：中国人日常生活趋势》，中国文联出版社2000年版。
[③] 陈学明：《西方马克思主义教程》，高等教育出版社2001年版。
[④] 陈学明、吴松、远东编：《让日常生活成为艺术品：列斐伏尔、赫勒论日常生活》，云南人民出版社1998年版。
[⑤] 陈学明、吴松、远东编：《通向理解之路：哈贝马斯论交往》，云南人民出版社1998年版。

塞和弗洛姆的消费主义①、本杰明等西方学者的生活世界哲学思想进行了详细的分析与论述；此外，国内学者还对列斐伏尔、卢卡奇、赫勒等人的西方马克思主义日常生活理论进行了不同层面和维度的解读和阐述，如吴宁的《日常生活批判——列斐伏尔哲学思想研究》②、刘怀玉的《现代性的平庸与神奇：列斐伏尔日常生活批判哲学的文本学解读》③、赵司空的《中介与日常生活批判——卢卡奇文化哲学研究》④、李霞的《个性化的日常生活如何可能——赫勒日常生活理论研究》⑤。

其次，在国内日常生活理论的研究领域中，相关学者对中国传统日常生活的图式和演进过程进行了分析，尝试性地建构出中国现代化进程中的日常生活批判理论。此外，相关学者主编的一套日常生活批判丛书⑥对中国日常生活的构成要素进行了分析。

二 国外相关研究

本书针对国外公民责任教育的研究现状以及日常生活的相关研究进行了梳理。

（一）国外公民教育的相关研究及发展现状

首先，德国最早提出现代公民教育理论。德国的教育家凯兴斯泰纳指出："我十分明确地把培养有用的国家公民，当作国家国民学校的教

---

① 陈学明、吴松、远东编：《痛苦中的安乐：马尔库塞、弗洛姆论消费主义》，云南人民出版社1998年版。
② 吴宁：《日常生活批判——列斐伏尔哲学思想研究》，人民出版社2007年版。
③ 刘怀玉：《现代性的平庸与神奇：列斐伏尔日常生活批判哲学的文本学解读》，中央编译出版社2006年版。
④ 赵司空：《中介与日常生活批判——卢卡奇文化哲学研究》，上海社会科学院出版社2010年版。
⑤ 李霞：《个性化的日常生活如何可能——赫勒日常生活理论研究》，人民出版社2011年版。
⑥ 这套丛书包括《日常交往与非日常交往》《日常思维与非日常思维》《中国传统日常生活世界的文化透视》《走向中国的日常生活批判》四本。

育目标，并且是国民教育的根本目标。"① 他主张国家教育应该是以培养适应国家和社会发展需求的公民为根本目的，并发表一系列著作阐释公民个人之间以及公民与国家之间的关系，以此推动公民主动获取知识用于自我控制、维护社会正义以及履行社会责任的实践活动。他在《德国青年的国民教育》（1901）、《国民教育的概念》（1910）、《劳动学校要义》（1912）、《教育过程的基本公理及其对学校管理的影响》（1917）和《教育组织的理论》（1932）中不断重申教育要以培养有用的国家公民为宗旨；要以实现为国家服务为目标。什么样的公民是合格的公民，在他看来，合格的公民必须深刻了解国家的本质和任务，在对国家任务有全面理解的基础上，产生公民责任感及对祖国的热爱。

在德国，作为公民教育主要内容的公民责任教育主要通过道德教育开展。与我国思想政治教育课程设置相似，德国将德育课程作为正规课程纳入大众教育的教学计划中，并在法律上明确规定了德育的目标。例如，《联邦德国教育总法》规定学校在德育方面的目标是"培养学生在一个自由、民主和福利的法律社会……对自己的行为有责任感"。因此，德国的公民责任教育在塑造公民爱国主义和培养公民责任人格方面起到了重要作用。德国公民责任教育主要依靠道德教育的方法和途径，包括宗教教育、家庭教育、政治养成教育和大众传媒教育。

在德国，道德的约束作用主要依赖于宗教信仰，因此，学校都开设宗教课程，以培养公民基本的道德品质和文明素养，兼具道德教育的作用和目的。在宗教课程中，除了讲授宗教教义和信念之外，还教育公民如何尊重别人、克制私欲，培养公民的责任品质以及爱国爱家爱民族等责任意识。在德国的教育理念中，家庭教育一直处于重要的地位，也是开展公民责任教育重要的途径和场域。有德国的心理学家

---

① ［德］乔治·凯兴斯泰纳：《凯兴斯泰纳教育论选著》，郑慧卿译，人民教育出版社1993年版，第15页。

提出，对孩子进行责任意识培养与是非判断矫正的最好年龄是4—5岁，而这个时期除了学校教育之外，家庭教育显得尤为重要。家庭是青少年责任教育的重要场所，父母不仅是抚养者更是责任教育的启蒙者和示范者。德国的政治养成主要包括对国家制度、政治制度、社会关系、世界关系以及一些基本道德观念的培养和教育。政治养成教育除了受到德国联邦政府和各州政府的官方支持外，如设立政治养成教育中心机构等，还得到德国社会各界的关注和帮助，例如很多具有社会工作属性的社会团体和机构大量从事公民的社会心理引导或者救助等工作，以此提高公民的国家责任意识，增强公民的责任归属感。德国的大众传媒是培养公民责任意识、开展公民责任教育的重要途径和方式。电视、报刊、电影、书籍、网络等大众传播媒介具有高效性和亲民性，政府机构利用大众传播媒介的这些特点宣传政治主张与道德信仰，以影响公民在责任观念上的价值取向和责任生活方式。

其次，美国具有较为成熟的社区责任教育实践。自20世纪70年代末80年代初开始，一些美国学者将研究重点放到公民责任教育与公民教育的结合上。比较有代表性的有：公民教育专家布朗（B. Frank Brown）和布兹（R. Freeman Butts）。布朗在1977年主持了一项关于负责任的公民教育研究，提出"只有负责任的公民的内涵确定了，如何进行公民教育的项目才能得到发展"[1]。也就是说，公民教育所指的公民首先必须是可以对自己、对他人负责任的个体，只有这样，公民教育才能展开。而什么是负责任的公民，布朗进一步指出"一个与其他成员相互利益的认可，一个与整个社区福祉的共享意识，一个为所在社区的幸福勇于奉献的意愿和能力"[2]。换言之，一个负责任的公民必须是认可他人利益，具有社区公共责任意识的个体。除

---

[1] B. Frank Brown, *Education for Responsible Citizenship: The Report of the National Task Force on Citizenship Education*, New York: John Wiley, 1977.

[2] B. Frank Brown, *Education for Responsible Citizenship: The Report of the National Task Force on Citizenship Education*, New York: John Wiley, 1977.

了布朗，布兹也对民主公民的道德教育进行了深入研究，他将民主公民的责任教育纳入道德教育的内容体系，并明确了公民责任教育的目标是培养具有道德品质的民主公民。他指出："初、高等教育课程的共同核心应该是民主公民资格的道德教育。"[①] 除此之外，1994年通过的《2000年目标：美国教育法》将公民承担责任作为公民教育的主要目标进行了具体的规定和解释。其中，目标3提出特定年级的学生要适当参与能够提高自身责任感和责任意识的社会活动和社区服务；目标6明确提出公民具有掌握足够知识和技能的义务，以便应对未来全球经济竞争的挑战，承担自己的公民责任。

在美国公民责任教育的实践中，社区服务（community service）既可以说是美国公民责任教育的一种特色课程，也可以称其为公民教育实践的特别途径或方式。20世纪八九十年代以来，北美社会中青少年与社区关系日渐疏离，引发了美国教育界与理论界的广泛关注。为了解决这一问题，许多学校开始强调向学生提供参与社区服务的各种途径与活动。社区服务正在成为民主公民（身份）教育的一种形式[②]。有教育家提出，要想增强青少年作为一名合格公民的责任感和归属感，社区服务是最行之有效的途径和方式[③]。这种学习旨在将课堂中的学术知识转化为直接的服务体验，让学生在为学校或社区服务的真实体验中，获得个人对责任知识的更深层次理解与实践。[④]

最后，国际组织推进的世界公民责任培育实践。其一，维护和平的公民责任。联合国教科文组织在促进世界各国追求和平责任方面起到了重要作用。在全球化的今天，许多国家将培养全球公民或世界公

[①] R. Freeman Butts, *The Morality of Democratic Citizenship*: *Goals for Civic Education in the Republic's Third Century*, Calif: Center for Civic Education, 1988.

[②] A. Rutter and M. Newmann, "The Potential of Community Service to Enhance Civic Responsibility", *Social Education*, Vol. 53, No. 6, 1989, p. 372.

[③] J. Kahne and J. Westheimer, "In the Service of What? The Politics of Service Learning", *PhiDelta Kappan*, Vol. 77, No. 9, 1996, pp. 593-599.

[④] J. J. Cogan and R. Derricott (ed.), *Citizenship for the 21th Century: An International Perspective on Education*, London: Kogan Page, 2000, p. 71.

民作为公民教育的目标之一。从联合国教科文组织颁布的一系列文件中可以看出,作为世界公民责任主要内容的和平责任,不仅仅是让人们学会关注自我,更需要人们在与他人相处中懂得尊重、关心、宽容,以和平的方式共同生活,解决冲突。2001年,联合国教科文组织第46届国际教育会议在日内瓦举行,其主题为"学会共处:内容、学习策略的问题与解决",会议要求培育学生团结和宽容的价值观,让他们学会和平地解决冲突,尊重文化多样性。这些国际性报告都强调用一种宽容的生活态度与他人和平共存,也就是要具备尊重他人的责任品质。只有将宽容作为一种生活方式,才可能在和平的氛围中与他人共同生活。其二,保护环境的公民责任。人类生存的自然环境在越来越快速地恶化,从个人到国家再到全球必须加强环境保护的责任意识。全球责任意识的树立源于全球关注。1990年,联合国教科文组织在北京召开国际教育研讨会,要求国际教育机构应考虑具有全球意义的问题并准备课程大纲指导。这些问题包括全球环境问题、全球性经济问题等。环境问题是联合国教科文组织所重视的世界性问题。其三,承担社会责任的公民责任。联合国教科文组织把唤醒公民精神和对社会的责任感作为世界公民责任教育的重要内容,竭尽全力地推动公民参与社会实践、承担政治责任。1972年《学会生存——教育世界的今天和明天》的报告中提出要对公民进行承担参与公共社会和政治生活的责任教育,使公民获得解释与个人和社会的命运有关的重大事件的能力[①]。

(二) 国外日常生活的相关研究

国外关于日常生活的研究主要从两方面入手:一方面从哲学的角度入手,用一种哲学思辨的研究范式探讨人之世界的异化现象以及向生活世界回归的价值诉求;另一方面从教育学的角度着手,重视日常

---

① 联合国教科文组织国际教育发展委员会编著:《学会生存——教育世界的今天和明天》,教育科学出版社1996年版,第189页。

生活的教育意义，从教育的特性以及教育的实效性方面强调日常生活在教育中的重要性，旨在挖掘一种生存式的教育路径。

首先，哲学视角下的日常生活是一种哲学思辨研究范式下的对现实理性生活的批判和对回归日常生活诉求的表达。主要从以下四个层面展开：

一是从政治经济学角度批判资本主义日常生活的异化本质，提出人之生活的实践性才是人类追求全面、自由发展的终极背景和动力源泉，如马克思。"生活"是贯穿于马克思主义经典论断的重要理论蕴意。首先，在《德意志意识形态》中，马克思指出生活首先是活着的人生，是人类生存活动的总和，是一切人类行为的现实基础。"所以我们首先应当确定一切人类生存的第一个前提也就是一切历史的第一个前提，这个前提就是：人们为了能够'创造历史'，必须能够生活。"[1] 此外，马克思在《〈政治经济学批判〉序言》中对生活进行划分，提出物质生活对社会生活、政治生活和精神生活具有制约作用[2]。其次，马克思揭示人之生活的异化现象，并对资本主义的异化生活进行了深刻的批判。马克思在《1844年经济学哲学手稿》中指出，在"类生活"中，工人生产出来的赖以生活和发展的劳动成果并不属于工人。工人同自己的劳动产品的关系就是同一个异己的对象的关系。[3] 工人同劳动产品的异化过程，就是工人与自身生活的异化过程。劳动产品不属于自己使得生活与人们发生背离。马克思在《资本论》中揭示了"资本生活"的本质就是"物化"社会。最后，马克思提出人之生活的实践性。马克思提出人们赖以生存的日常生活具有实践属性，"全部社会生活在本质上是实践的"[4]。生活离不开实践，实践是为了更好地生活。在研究任何问题之前，应该确定研究材料的现实生

---

[1] 《马克思恩格斯全集》第3卷，人民出版社1960年版，第31页。
[2] 《马克思恩格斯全集》第23卷，人民出版社1972年版，第99页。
[3] 《马克思恩格斯全集》第23卷，人民出版社1972年版，第626页。
[4] 《马克思恩格斯全集》第3卷，人民出版社1960年版，第8页。

活本质，并非教条的经验主义。而生动活泼的生活就是人们通过实践体验获得的。毋庸置疑，马克思日常生活理论是所有西方日常生活理论最具真理性和合理性的理论样本。

二是从现象学视角将日常生活看作前科学的、可经验的意义和价值的源泉，如胡塞尔。他在《欧洲科学危机和超验现象学》一书中，提出欧洲的现代科学逐渐陷入危机中，这种"科学危机"不是物理或数学等具体科学自身发展的问题，而是在其发展过程中由于片面强调科学的真理性和价值唯一性而引发的文化危机。"科学的'危机'表现为科学丧失生活意义"[1]，也就是说，科学失去了日常生活价值而出现本末倒置的现象。本身为了更好生活的科学，却成为生活的主宰。他将生活世界看作前科学的世界，"是自然科学的被遗忘了的意义基础"[2]。为了重新确立哲学的任务，胡塞尔主张回到科学研究的起点，即前科学的世界——生活世界。胡塞尔哲学的目的是为理性寻找意义立足点，生活世界就是这一立足点。虽然胡塞尔提出了重新审视日常生活的存在价值，却没有找到欧洲科学危机的现实根源，在实际操作层面并没有给出具体的方法。

三是在存在论意义上对现实日常生活的全面异化进行了深刻揭示和批判，如海德格尔和列斐伏尔。海德格尔把日常生活解释为一种"共在的存在方式"。人作为"此在"在日常生活的"共在"中的存在方式是一种具有"日常的相杂共在、保持距离、平均状态、平整作用、公众意见、卸除存在之责去迎合等等"，具有"存在性质"的"常驻状态"[3]。与海德格尔的思想相近，法国西方马克思主义的杰出代表列斐伏尔强调日常生活中人的"自由""自觉"的生成革命。日

---

[1] [德]埃德蒙德·胡塞尔：《欧洲科学危机和超验现象学》，张庆熊译，上海译文出版社1988年版，第5页。

[2] [德]埃德蒙德·胡塞尔：《欧洲科学危机和超验现象学》，张庆熊译，上海译文出版社1988年版，第58页。

[3] [德]马丁·海德格尔：《存在与时间》，陈嘉映、王庆节合译，生活·读书·新知三联书店1987年版，第157页。

常生活是哲学不可忽略的对象。日常生活虽然具有平常的、平凡的、琐屑的、重复的特征，但是它是每一个个体赖以生存和再生产的基础。总之，列斐伏尔认为日常生活批判是一场促进"总体的人"生成的革命，它最终将导致一种人道主义社会。海德格尔与列斐伏尔对生活世界的理解在一定程度上带有先天性、抽象性而无实际内容的病症。相比之下，马克思揭示的人的本真状态更具实践性、更具历史性。

四是对日常生活这个自在的、未分化的、类自然的领域的内在结构和运行机制进行深刻剖析和揭示，如赫勒。她所阐述的日常生活的内在结构和基本图式还原了日常生活的存在方式和本质特征，并且提出要从个体角度改造日常生活。但是，她的理论中也存在着不够彻底的成分：她关于通过改变人的态度、使人具备个性从而克服日常生活异化的微观革命的思想，不但在理论逻辑上陷入了循环论证，而且也没有具体的实践方案，使其日常生活理论陷入了空想主义和乌托邦。

此外，对日常生活世界进行过探讨和研究的西方学者还有很多，例如英国哲学家维特根斯坦，他通过语言哲学对生活世界进行解读，用"生活形式"这一词语诠释他对生活世界的理解；出生于德国的美国哲学家许茨，他对日常生活世界的诠释主要体现在其对"主体间际"经验世界的透彻分析上；法兰克福学派后期主要代表人物哈贝马斯试图用"交往理性"来重构生活世界的合理化；东欧马克思主义哲学家列尔·科西克揭示了日常生活的重复性、自在性本质特征，在一定程度上，诠释了日常生活的内在图式；等等。这些西方日常生活理论为我国学者展开日常生活讨论提供了一定的思想启迪和研究范本。

其次，教育学视角下的日常生活理论以探讨教育与生活的关系为主要切入点，意在探讨一种更适合人之自然发展的生存教育路径，从而改善走入泥沼的教育现实。

一是教育要尊重人的日常生活性，也即生存本性。明确提出教育要重视生活世界思想的是卢梭（Jean-Jacques Rousseau）。他的教育思想对现代社会的影响巨大。他在其教育学名著《爱弥儿》中强调教育必须要以人的自然本性为基础，遵循人的自身发展规律。而生活世界表征着人最自然的生命体验和生命本质。因此，教育必须要回归到生活世界中，尊重人的日常生活本性。他尤其注重儿童的教育问题，摒弃用过度束缚的方式教育儿童①；教育必须以人类的生命发展的不同阶段特征为参照②，循序渐进。违背自然规律的教育将会产生不可预测的生存困境。忽视受教育者的存在状况和个人体验并不是教育的本质要求，甚至不能达到教育的根本目标。关注受教育者的生存状况就要以其现实日常生活为根本出发点，发现需要、尊重体验、顺应规律，以最自然的教育方式达到教育目标。

二是教育要关注人的日常生活情感和心理特征。英国哲学家、教育学家赫伯特·斯宾塞（Herbert Spencer）提出生活教育理念，认为教育必须遵循受教育者的心理发展特征以及天性。他认为，长期以来在人们观念中存在一个误区，就是将教育视为一种刻板的苦行僧式修行，忽视了人在教育中所具有的主观能动性以及教育本身的日常生活体验价值③。他提出教育的目标和内容要以人的日常生活情感和心理特征为根本，重视人之当下的生活基础。只有建立在日常生活体验基础上的情感生成和心理特征才能在教育中激发人的潜能，发展人的主观能动性，将被动教育改为主动教育，转变教育模式，提高受教育者的适应能力。

三是教育即生活。杜威（John Dewey）提出了"教育即生活"的

---

① [法]卢梭：《爱弥儿：论教育》（上卷），李平沤译，商务印书馆1978年版，第72页。
② [法]卢梭：《爱弥儿：论教育》（上卷），李平沤译，商务印书馆1978年版，第91页。
③ [英]赫伯特·斯宾塞：《社会静力学》，张雄武译，商务印书馆1996年版，第167—168页。

命题，把教育的本性理解为生活①。首先，杜威强调教育的产生实际上是源于个体生存和社会发展的需要，是在满足日常生活需要的过程中对生活要求和生活经验的提炼和内化②。教育在本质上具有生活属性。选择什么样的教育，实际上就是选择什么样的生活。其次，他强调环境对教育具有非常重要的作用。人类的生存状态离不开与外部环境的互动。因此，在教育中要关注环境对人之生成实践的影响，无论是正面的还是负面的。受教育者不能脱离生活环境，教育亦不能忽视环境。最后，杜威在生活教育实践途径上提出两点意见。其一，强调学校教育要重视受教育者的个体生存状态和个性发展特点。杜威以儿童教育为例说明了教育方式的选择应该以受教育者能够真切地感知到自己的成长为标准，根据受教育者的精神需要和认知状态选择合适的教育内容和方式。不要强加受教育者不理解或者不喜欢的各种目的，否则就无异于把他们捆在没有意义的链条上去折磨他们③。其二，学校教育要与个人的生活实践相结合，顺应时代的发展诉求。要以培养能够适应生活发展需要、掌握社会生存技能的个人为教育目标。

三 对现有研究的评析

综上所述，目前我国学界对"责任"和"责任教育"的相关研究已有一些成果：研究对象涵盖大中小学生、青年、教师以及党员等；研究内容涉及责任教育的价值、内容、具体路径等；研究方法包括定量分析的实证研究和定性分析的理论研究；研究的学科属性跨越法学、教育学、伦理学、心理学、社会学等多学科。这些研究成果为我国公民责任意识的培育提供了积极有效的理论探索和实践指引。同

---

① ［美］约翰·杜威：《民主主义与教育》，王承绪译，人民教育出版社1990年版，第20页。
② 赵祥麟、王承绪编译：《杜威教育论著选》，华东师范大学出版社1981年版，第143—144页。
③ ［美］约翰·杜威：《民主主义与教育》，王承绪译，人民教育出版社1990年版，第22页。

时，也对本书研究日常生活中公民责任教育提供了可参考、可借鉴、可利用的文献资源。但必须指出的是，现有公民责任教育的研究中也存在一些不足：

（一）公民责任教育的研究中欠缺日常生活的研究视角

目前学界对责任教育的研究多以整体化、制度化、体制化的宏观建构性研究为主，缺少对日常生活中责任教育的人文关怀和日常写照。长期以来，在传统思想政治教育学科体系和研究视角中，学界对责任教育的理论挖掘对我国公民责任品质的提升起到了很好的理论指导作用，也为生活化、微观化的公民责任教育研究奠定了理论基础。但是，这种宏观视角的研究可能存在一定盲区，即所研究之对象仅限于一定范围内，例如学校或行政体制内，而遗忘了与公民息息相关的日常生活世界，导致公民责任认知和责任行为不统一的问题。作为公民责任教育的现实土壤和最终归宿，日常生活世界不只是公民责任教育的背景世界，而应该是公民责任教育必须要考虑的现实基础。对日常生活世界中公民责任教育问题进行研究可以深入到日常生活最本质、最根本的基本图式和运作机制中，探索符合日常生活运作规律的公民责任微观教育方法。

（二）思想政治教育的"生活化"研究深度不够

学界虽然欠缺生活化的公民责任教育研究，但思想政治教育"生活化"的研究却有不少。其中，大部分只在理论上笼统地提出"生活化"或"向生活回归"的主张，对日常生活理论缺乏深入挖掘，对日常生活的基本图式、运行机制缺乏深入的分析，对生活化的现实路径缺乏相应的论证与探讨，对思想政治教育和日常生活之间如何有效衔接尚未形成充分的认识和正面的论证。因此，日常生活中的公民责任教育不能仅仅停留在对脱离日常生活的公民责任教育进行批判的表象层面，而是要全面、细致地对日常生活的复杂性和丰富性进行剖析，揭示公民责任教育各个结构要素在日常生活中的生活特性和作用机制。只有这样才能寻找到符合日常生活事物发展规律的公民责任教育途径和方法。

第三节　研究方法、思路和内容

本书的总体构想包括以下三个方面。

一　研究方法

（一）文献分析法

本书通过对当前国内外学者关于公民责任教育理论和日常生活理论的研究成果进行梳理，在已有研究文献的基础上，确立本书的研究议题和整体研究框架及内容，力求将微观的日常生活中的各种复杂交织的图景展现出来。其中，马克思主义经典理论著作、马克思主义中国化理论读本以及西方哲学家、理论家的经典原著都是本书理论研究的文献起点和基础，国内外相关研究专著和研究论文为本书提供了宝贵的文献资源。

（二）系统研究法

本书按照系统分析法，把日常生活中的公民责任教育看作一个完整系统，分析其中主体、客体、目标、内容、场域以及过程和方法等各个组成要素。这有助于从全局和整体角度认识和把握责任教育，使研究内容更具系统性和完整性。

（三）宏观研究与微观考察相结合法

本书试图探索一种日常化的公民责任教育路径。首先，本书充分肯定传统公民责任教育在培养公民责任品质中的重要作用，并且立足于新时代"美好生活"的宏观大视野，对公民责任教育体系进行理论探索。其次，本书运用结构性思维逻辑，对日常生活中公民责任教育的主客体、目标和内容、场域和过程等具体领域分别进行微观化论述，提出用日常生活中的公民责任教育完善和补充传统公民责任教育的不足与欠缺，进而构建出日常生活中的公民责任教育方法论体系。

在研究逻辑上，本书结合了宏观研究与微观考察两种方式。

（四）多学科交叉法

本书从日常生活视角对公民责任教育问题进行复杂性与多样性分析，这个研究本身就是一个复杂研究，要运用社会学、心理学、伦理学、政治学以及教育学等多个学科的研究方法共同解读公民责任教育微观世界的复杂现象。本书吸收借鉴各个学科的优秀成果和研究方法，以丰富和完善我国公民责任教育的微观日常生活研究。

二 研究思路

如图0-2所示。首先，本书以马克思主义理论为根本指导，以现代思想政治教育基本理论为依托，立足于现阶段日常生活中存在的公民责任逻辑偏差和责任教育实效性不济的现实问题，提出公民责任教育要以创造新时代"美好生活"为价值取向，回归到公民的日常生活基点。日常生活是"美好生活"的土壤基础和现实依据；"美好生活"是对日常生活的理论升华和现实重构。责任教育只有深入挖掘公民日常生活的内在图式和作用机制，才能探索出具有本土特色的新时代公民责任教育路径，进而为创造新时代"美好生活"提供必要的个体条件和责任要件。

其次，本书结合公民责任理论、马斯洛需要层次理论、品德心理理论以及场域理论，试图构建具有中国特色的新时代日常生活中的公民责任教育体系。行文用四章篇幅对新时代日常生活中公民责任教育的主体建设、目标和内容构建、场域分析和过程优化以及方法体系进行了较为系统的研究。具体分析了公民责任教育各个构成要素在日常生活中的结构框架和组织机理，并着重对日常生活中公民责任教育的方法体系进行探讨，力图呈现和勾勒出日常生活中公民责任教育方法的系统性和多元性，以提高公民责任教育的实效性和可操作性。

这里需要指出的是，非日常生活层面和日常生活层面的公民责

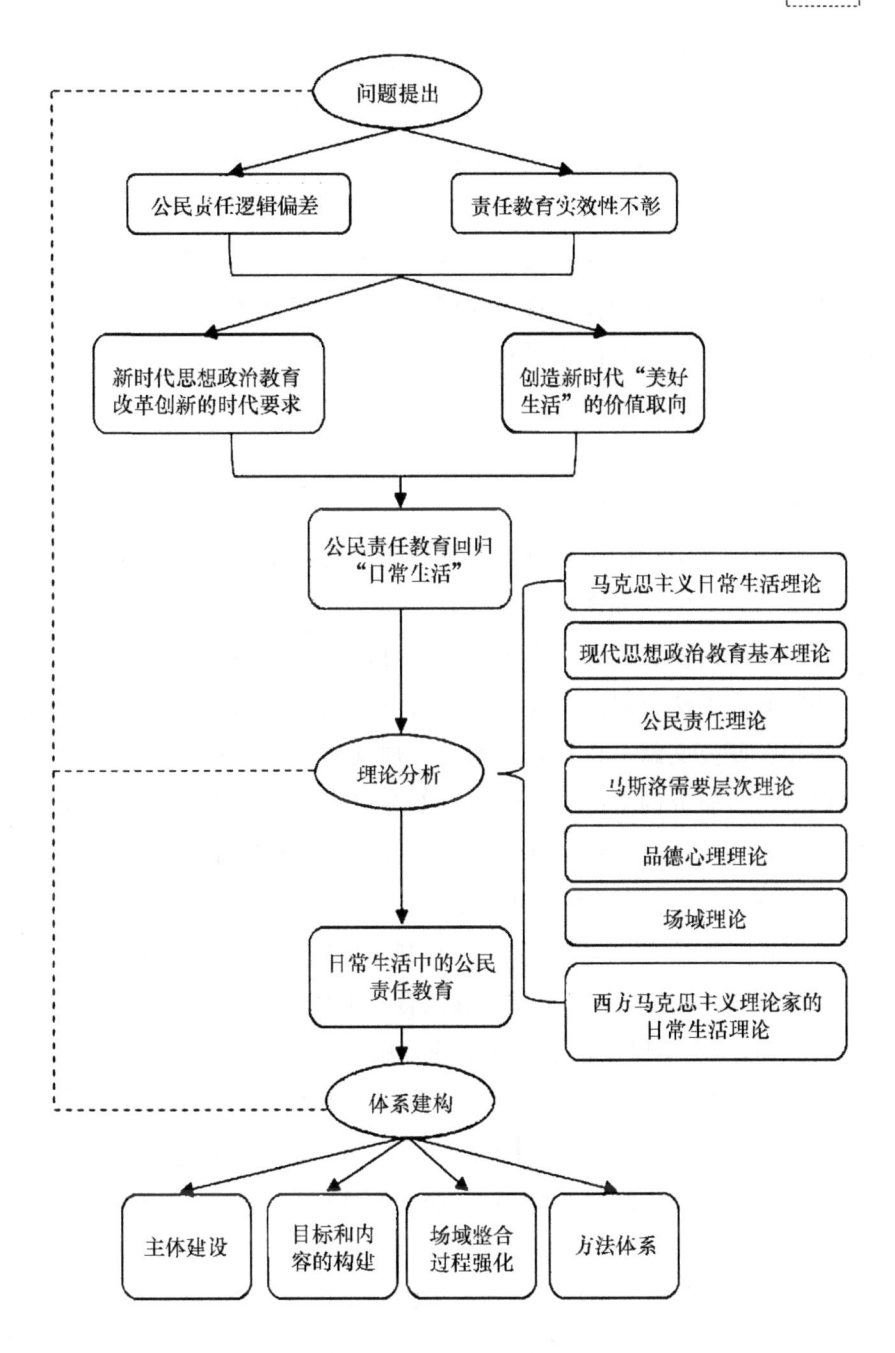

图 0-2 研究路线图

任教育历来不是非此即彼的关系，两者是相辅相成、相互交织、互为补充的有机整体。一个理想的公民责任教育体系应该既包括宏观指导又有微观观照。非日常生活层面的公民责任教育具有历史必然性和存在合理性。本书提出用日常生活层面的公民责任教育补充和完善非日常生活层面的公民责任教育并非对其进行完全的否定，而是力图呈现出公民责任教育研究所具有的多样性和丰富性，从而形成一个更为完整的公民责任教育体系。

三 研究内容

本书主要内容分为七个部分：

绪论。首先，在一定的政策背景和问题背景下，本部分提出将公民责任教育的研究视域转向日常生活，这不仅可以丰富公民责任教育的理论内涵，创新研究视角，还可以有效运用多元化的哲学社会科学研究方法，提高公民责任教育的实效性。其次，本部分对国内外相关研究文献进行综合述评，发现现有研究中存在的不足以及可以进一步研究的空间。最后，本部分对研究方法以及研究思路和研究内容进行详细阐述，并总结本书可能存在的研究创新之处。

第一章是核心概念界定和理论基础。本章对研究所涉及的核心概念进行界定，并从思想政治教育学科视角出发，对日常生活中的公民责任教育进行定位，包括公民责任教育、责任品质、新时代的"美好生活"、日常生活以及日常生活中的公民责任教育等概念。在此基础上，阐述本书的理论基础，即以马克思主义日常生活理论为根本指导，以现代思想政治教育基本理论为框架来源，以公民责任理论为内容来源，以马斯洛需要层次理论、品德心理理论以及场域理论为分析工具，以西方马克思主义日常生活理论为批判性借鉴资源。这些理论资源和思想知识为本书提供了重要的理论支撑和方向指引。

第二章是日常生活中公民责任教育的价值取向及体系构建。本章提出公民的日常生活是"美好生活"的土壤基础和现实依据，而

"美好生活"则是对日常生活的理论升华和现实重构。因此,新时代日常生活中的公民责任教育要以创造新时代"美好生活"为价值取向,回归到公民的日常生活基点。在此价值导向指引下,本章对新时代日常生活中公民责任教育进行体系构建,即从现阶段日常生活中存在的公民责任逻辑偏差和宏观公民责任教育实效性不彰的现实问题出发,分析问题的表征和原因,提出从责任教育主体、目标和内容、场域和过程以及方法体系这几个方面构建新时代日常生活中公民责任教育的体系。

第三章是日常生活中公民责任教育的主体建设。本章以现代思想政治教育主体论为理论基础,将日常生活中公民责任教育的主体建设分为两部分论述:一是针对主、客体不同特征进行主体建设;二是通过构建良好的主客体关系加强主体建设。在主体特征小节中,将责任教育主体归纳为教育者和受教育者,强调受教育者的主体性特征,并将其纳入责任教育主体范畴进行讨论。在此基础上,对教育者和受教育者做了具体的分类和阐述(组织和个人),并对不同类型的主体建设进行了详细论述。而日常生活中公民责任教育的主体关系则是一种主体间性逻辑模式,要充分重视和利用主体间性关系模式加强主体建设。

第四章是日常生活中公民责任教育目标和内容的构建。本章在现代思想政治教育结构论指导下,对日常生活中责任教育的目标结构和内容结构进行构建。日常生活中的公民责任教育目标和内容的构建要符合"日常思维"和"日常知识"的生成特性,坚持生活性、需求充分、针对性、时代性以及实践性原则。在这些原则的指导下,进一步明确日常生活中公民责任教育的目标结构和内容结构。

第五章是日常生活中公民责任教育的场域整合和过程强化。本章以现代思想政治教育环境论和过程论为基础,分析日常生活中公民责任教育的场域和过程。基于日常生活往往会被分割为不同的"场域",且"场域"中存在不同的交往关系,用场域分析整合公民责任教育的环境,更能体现日常生活中公民责任教育微观化和生活化的内在机理。日常生活中公民责任教育通过"需求—认知—内化—行为—习惯"的过程模式强化公民责任品质的生成。本章对日常生活中公民责任教育在横向空间性和纵向时间性、静态层面和动态层面的不同图景进行阐释:场域整合是对公民责任教育横向空间性的描绘,是对日常生活中公民责任教育的一种静态层面的研究;过程强化则勾勒出公民责任教育的纵向时间性图式,是对日常生活中公民责任教育动态层面的呈现。

第六章是日常生活中公民责任教育的方法体系。本章以现代思想政治教育方法论的层次划分为依据,按照方法的内容和层次结构将日常生活中公民责任教育的方法划分为原则、方法、途径以及策略,分别对不同层次的方法进行构建,旨在提高日常生活中公民责任教育的可操纵性和实效性。

第四节 研究的创新点

本书可能存在的创新之处包括以下三点:

第一,在研究视角上,弥补了公民责任教育缺乏日常生活微观视角的不足。当前学界对责任教育的研究多以整体化、制度化、体制化的宏观建构性研究为主,这样的研究在公民精神文明建设方面具有重要的理论价值。但是将公民责任研究与日常生活结合起来,运用多学科的交叉研究方法探索更接近于公民日常生活和责任品质形成规律的研究还没有。本书尝试将日常生活作为观察切入点,分析探究公民责任教育的主客体因素、原则和内容、场域和过程在日常生活中的运行机制和内在机理,最终提出日常生活化的公民责任教育的方法体系,从研究视角上是一种创新。

其二,在理论挖掘上,对马克思主义的日常生活理论、新时代

"美好生活"以及公民责任教育理论进行深层次的梳理和探讨。当前学界关于日常生活理论的研究主要集中在西方哲学的现代日常生活批判上,对马克思主义的日常生活理论的研究相对不足,新时代"美好生活"与日常生活的关系研究深度不够。本书通过系统梳理、概括马克思主义的日常生活理论,在一定程度上弥补了学界在这方面的研究不足。在此基础上,以马克思主义的日常生活理论为依据,深入剖析公民责任教育所依赖的日常生活的基本图式,丰富和完善我国公民责任教育的理论探索。

其三,在方法上,提出了日常生活中公民责任教育的方法体系。理论终归要被用来指导实践。以信息化、多元化时代背景下的日常生活为现实依据,本书结合我国当前的具体社会特征和实践经验,在探讨日常生活中公民责任教育的主客体、目标和内容以及场域和过程的运作机制的基础上,提出了从日常操作层面构建公民责任教育的方法体系,在一定程度上丰富了传统公民责任教育的方法与路径研究。

第一章 核心概念界定和理论基础

古今中外，思想家们关于责任问题的探索从未停止过。正是这些对责任的探讨和深思，才彰显出责任教育的存在意义和价值。梳理和廓清公民责任教育的相关概念和理论基础是构建公民责任教育体系的基石和起点。

第一节 核心概念界定

对本书相关概念进行界定，本质上是廓清公民责任教育所涉及的基本范畴和核心内涵。需要强调的是，本书所涉及的概念可能不完全是传统思想政治教育学科所涉及的概念，书中借鉴心理学、法学、社会学以及教育学等其他学科的定义和划分依据以明确文章的研究对象和内容。

一 公民责任教育

对公民责任教育进行界定，首先要廓清西方公民教育与我国思想政治教育的关系。在我国，公民教育是思想政治教育的重要内容。作为我国公民教育组成部分的公民责任教育，也是思想政治教育开展的重要阵地和关键领域。公民责任教育是一个多维立体式的复杂概念体,涵盖了公民责任横向和纵向各个层面,囊括了公民责任内容的各个方面。

(一) 公民责任教育外延的扩展性思考

公民责任教育外延的廓清是定位公民责任教育学科属性以及辨别与其他相关概念关系的重要环节,主要是廓清公民教育与思想政治教育的关系。

"公民"最早出现在古希腊的城邦社会。人们将拥有城邦政治参与和决策权的城邦成员称为"公民"。"公民"一词与成员的政治权利紧密联系,是一种政治身份的体现。由于"公民"的条件严苛,因此,在古希腊和古罗马时期,只有少数成员具有"公民"身份。可见,公民并不具有普遍性,是一种身份的象征。这一"公民"内涵一直被近代西方国家所沿用,强调具有公民身份的人对政治共同体的参与和制衡。

西方近现代公民教育主要培养与资本主义市场经济、民主政治和公民社会相适应的合格公民,是政治社会化的一种重要途径。在资产阶级民主体制下,"公民教育致力于公民素养的培育,其目的在于通过理想公民的养成来促进政治共同体的持存和进一步发展"[①]。公民教育强调公民要具备独立、自主、自由、民主、平等、参与等品性,以适应资本主义生产关系的发展。因此,近现代西方公民教育的主要社会功能在于传播与资产阶级相适应的价值观念和生活方式。

在我国,关于公民教育的界定以及其与思想政治教育的关系一直以来都是学界广泛关注和讨论的课题。我国传统意义上的思想政治教育是"为了保证党和中华民族奋斗目标的实现,以宣传和传播社会主义和共产主义思想体系,……对人们进行的以政治思想教育为核心与

---

① 赵义良、金蓉:《公民教育与思想政治教育的内涵界定与辨析》,《思想教育研究》2017 年第 11 期。

重点的，思想教育、道德教育和心理教育的综合教育实践"①，具有较强的政治性和价值引导性。有学者提出公民教育与我国思想政治教育分属两个独立的话语体系，在本质属性、教育功能、教育主客体关系、教育内容方面存在不同，不可以混为一谈。公民教育的泛化和思想政治教育的泛化导致两者之间被等同看待。事实上，这样的逻辑不符合教育的实际状况，也阻碍了思想政治教育的学科化②。有的学者提出："一定意义上说，'思想政治教育'就是社会主义中国的'公民教育'。"③"思想政治教育和公民教育的本质都是一种在主流意识形态主导下的人的社会化过程，其发挥作用的底层基础均为人类心理。"④

其实，考察中国传统社会"公民"的历史演进不难发现，我国并不存在西方意义上的"公民"。在我国，"公民"一词是个舶来品，自新民主主义革命时期进入我国，"公民"概念伴随着中国近现代民主法治的发展而逐渐清晰。1934年，第二次全国苏维埃代表大会通过的《中华苏维埃共和国宪法大纲》第四条中第一次正式使用"公民"的概念⑤。这个宪法大纲在中国历史上具有划时代的重要意义：第一次明确了公民的主体性地位和所指内容，还体现了公民在法律上的平等关系。随着新中国的建立和中国特色社会主义事业的不断发展，1954年9月20日，第一届全国人民代表大会第一次会议通过了《中华人民共和国宪法》，这部宪法不仅肯定了公民作为社会主义事业建设者的主体性地位，还进一步明确了"公民"

---

① 陈秉公：《思想政治教育学原理》，高等教育出版社2006年版，第3页。
② 赵义良、金蓉：《公民教育与思想政治教育的内涵界定与辨析》，《思想教育研究》2017年第11期。
③ 武东生：《"思想政治教育"与"公民教育"关系辨析》，《思想理论教育导刊》2013年第4期。
④ 孔德生、谢宇格：《公民教育与思想政治教育结构之比较与借鉴》，《人民论坛·学术前沿》2021年第8期。
⑤ 馨元：《公民概念在我国的发展》，《法学》2004年第6期。

的内涵和特征。改革开放以后，中国特色社会主义市场经济体制逐步确立。"公民"获得其他社会公共生活主体性地位的需求日益强烈。1982年《宪法》对中国当代意义上的"公民"进行了清晰界定，并进一步明确了公民所具备的"权利"与"义务"。至此，"公民"概念在现代中国历史演进过程中获得了完备而精确的含义。之后，党的十九大报告中关于深入实施公民道德建设工程以及2019年颁布的《新时代公民道德建设实施纲要》中所涉及的"公民"概念，都以《中华人民共和国宪法》对公民的法律规定为标准，即"凡具有中华人民共和国国籍的人都是中华人民共和国公民"。

可见，"公民"概念在我国一直以来都是作为一种法律范畴进入社会生活中，在中国特色社会主义法治建设不断发展完善的过程中逐渐形成的，并非资产阶级意识形态下的政治社会化产物。既然在"公民"概念的历史发展上，我国与西方国家存在本质上的差别，从客观上讲，在我国社会主义制度背景下根本不存在西方近现代意义上的公民教育。通过文献梳理可以看出，在我国社会主义制度框架内，"在和意识形态的关系问题上，'公民教育'与思想政治教育并无不同"[1]。西方公民教育与我国思想政治教育都具有政治性的内在结构，"都是一种在主流意识形态主导下的人的社会化过程"[2]。只不过，两者之间在本质属性上存在区别。古典意义上的西方公民教育强调公民对政治共同体的民主参与的资格和能力，以抵制封建制度遗留下的专制诟病。经过近现代资本主义制度确立、发展之后，公民教育被赋予了一定批判性和反思性，试图冲破既有政治共同体体制内的局限和束缚，强调公民作为国家的对立体，对国家权力的制约、参与和监督，倡导公民与国家通过社会合作的方式

---

[1] 武东生：《"思想政治教育"与"公民教育"关系辨析》，《思想理论教育导刊》2013年第4期。
[2] 孔德生、谢宇格：《公民教育与思想政治教育结构之比较与借鉴》，《人民论坛·学术前沿》2021年第8期。

共建共治，本质上是资本主义制度下的民主社会化途径。而我国思想政治教育则以建设中国特色社会主义事业为本质要求，培养适应社会主义发展、具有一定阶级属性的思想品德合格的社会主义接班人。我国思想政治教育关注受教育者世界观、人生观、价值观等全方位的个人品质和道德精神的发展与养成。教育内容包括政治教育，但本质上强调个人对国家的社会价值大于个人的自我价值，要以有利于国家、社会发展作为个人发展的主要指导原则。

除此之外，西方公民教育与我国思想政治教育在教育方法上也存在根本性差异。西方公民教育采用"一种自下而上、'顺着'人类心理意识的发展规律，由弥散渗透到聚集呈现的意识形态教育方法"[①]。我国思想政治教育的"引导方式多利用语言宣传，在心理层面自上而下直接作用于人的理性意识层"[②]。近现代西方公民教育的生成基础是自发型公民社会，强调公民对国家权力的制约和对政治共同体的参与，是一种自下而上的社会教育运动。我国思想政治教育是伴随着社会主义建设事业的不断深入，从国家层面展开的旨在提高公民个人政治素养和道德品质以适应社会主义建设和发展的教育活动，是一种自上而下的灌输式教育模式。两者之间在教育方法上存在差别。

西方公民教育与我国思想政治教育在本质上和方法上的差异是否意味着两者之间不可以相互借鉴、相互影响？其实不然。"西方公民教育作为一种'外来'体系，其结构、内容与方法均是对我国思想政治教育的一种重要补充而非简单替代，是一种在马克思主义理论与精神指引下的批判性吸收。"[③] 西方公民教育对我国思想政治教育的冲击并非颠覆式的，我国思想政治教育是在马克思主义理论精神指引

[①] 孔德生、谢宇格：《公民教育与思想政治教育结构之比较与借鉴》，《人民论坛·学术前沿》2021年第8期。

[②] 孔德生、谢宇格：《公民教育与思想政治教育结构之比较与借鉴》，《人民论坛·学术前沿》2021年第8期。

[③] 孔德生、谢宇格：《公民教育与思想政治教育结构之比较与借鉴》，《人民论坛·学术前沿》2021年第8期。

下批判性借鉴西方公民教育的科学结构和有效方法。

如何定位我国的公民教育？在学界，大多数学者将我国的公民教育纳入思想政治教育的组成部分。有学者提出，我国的公民教育起源于近代民族国家的国民教育[1]。经过不断的历史发展演变，公民教育进入国民思想政治教育范畴，成为思想政治教育学的一个应用性分支学科[2]。在理论上，我国公民教育属于思想政治教育的组成部分；在实践中，国家不断从制度层面将公民意识培育、公民道德建设等教育工作列为思想政治教育的重要内容。党的十七大在发展社会主义民主政治方面提出要注重"加强公民意识教育"，其主要目的在于"在进行法治建设的过程中，塑造社会主义中国的'合格公民'，培养中国特色社会主义事业的建设者和接班人"[3]。党的十九大报告中再次强调要"深入实施公民道德建设工程"[4]。为了进一步响应国家号召，《新时代公民道德建设实施纲要》对公民的道德建设提出了新目标和新要求。可见，我国"公民"概念不仅仅作为一种法律概念出现在社会制度生活中，更多地被赋予了文化价值和历史底蕴，接近于"人民""群众"的社会内涵。与此同时，公民意识教育、公民道德教育也成为思想政治教育的重要内容和学科阵地。随着"公民"内涵的不断深化，公民教育的性质和内容也随之丰富。公民教育除了是一种意识形态化的政治教育，更是净化公民心灵世界、提升公民精神文明的社会化途径。作为公民教育主要内容的公民责任内涵不仅包括政治、法律层面上的责任，还涵盖了道德、心理、品格等方面更为丰富的责任文化底蕴。

总之，思想政治教育与公民责任教育共同致力于培养新时代中国

---

[1] 王智慧：《论公民教育与思想政治教育的关系》，《思想理论教育》2011 年第 15 期。
[2] 王智慧：《论公民教育与思想政治教育的关系》，《思想理论教育》2011 年第 15 期。
[3] 武东生：《"思想政治教育"与"公民教育"关系辨析》，《思想理论教育导刊》2013 年第 4 期。
[4] 习近平：《决胜全面建成小康社会 夺取新时代中国特色社会主义伟大胜利——在中国共产党第十九次全国代表大会上的报告》，人民出版社 2017 年版，第 54 页。

特色社会主义负责人,在这一点上两者具有相同的育人功能。思想政治教育为公民责任教育提供方向指引;公民责任教育对思想政治教育具有高效的推动作用。两者相互促进、相互融合。

(二) 公民责任教育的内涵界定

1. 公民责任的概念

本书中公民的概念沿用《中华人民共和国宪法》中对公民的界定,指的是具有中国国籍,在法律上具有平等地位,可以以独立人格参与国家政治、经济、社会、文化生活、享有权利并承担相应义务和责任的个体。包括三个具体内涵:首先,公民是与国家相对应的个体范畴,是以国家成员的身份而存在的;其次,公民是法律所赋予的权利、义务、职责相统一的独立个体。独立的人格是公民的首要特点,是与封建社会中臣民的人身依附性的根本区别;"权责统一"则是现代公民标志性的法律特征;最后公民不仅仅是法律上和政治上的概念,也是文化上、历史上的概念,强调公民的价值取向和文化内涵。

随着现代社会的发展和科技的进步,责任范畴已不仅仅是在各个专业领域被探讨的内容。由责任带来的复杂课题越来越多且越来越深刻,强烈地激起大众的热议,在日常生活话语中占据重要地位。就责任的内容看,大多数学者对个体的责任内容有一致的看法,认为应当包括对自己、对他人、对家庭、对社会、对国家、对人类与自然的责任担当。不同的是,在每项责任内容内部存在不同的分解,如将自我责任意识分解为对自己的生命、身体、时间、言行、前途、命运负责[1],或将其划分为"自尊、自爱、自主、自控"[2] 等。就责任的分类看,可分为道德责任和法律责任。显而易见,道德责任是在道德情感上所体现出来的责任感和责任意识;法律责任则是法律规定的、具有强制力的责任和义务。违反道德责任带来的不良后果是内心不安的心理状态或大众舆论谴责;

---

[1] 毛颖:《论中学生责任意识的培养》,硕士学位论文,山东师范大学,2005年。
[2] 刘玉凤:《培养青少年的责任意识》,《继续教育研究》2006年第4期。

而违反法律责任相应的后果则是承担法律责任和惩罚。

综述之，在思想政治教育学视域下，公民责任应包含两个维度：一是指与公民个人的角色和能力相匹配的应做之事，即我们日常所讲的"应尽的责任"；二是指由于没有做好分内应做的事而必须承担的不利后果或责罚，也就是我们通常所讲的"应追究的责任"。本书把公民责任界定为：以社会主义建设过程中的责任要求为依据，由公民的角色和能力所赋予，并与此相适应地完成某种义务以及承担相应后果的法律的和道德的要求。

2. 公民责任教育的概念

结合上述对公民和责任的概念界定，本书所研究的公民责任教育是在思想政治教育学科框架下，以国家对公民的责任要求为依据，结合公民自身的责任需要，将公民培养成为能够负"责任"的、具有完整责任品质的个人的各种教化形式。具体而言，公民责任教育包含三个维度，即责任来源、责任内容和责任品质：从责任来源看，公民责任教育源于公民角色、公民能力以及公民契约行为引发的责任问题。没有这些责任来源，就谈不上责任，责任教育更无从说起；从责任内容看，公民责任教育包括对公民所应当承担的，对自己、对家庭、对他人、对社会、对国家、对生态、对世界的责任教育；从责任品质看，公民责任教育是对公民责任品质各个构成要素的引导和培育，包括责任认知、责任情感、责任意志以及责任行为的激发和诱导。由此可见，公民责任教育是一个多维立体式的复杂概念体，涵盖了公民责任横向和纵向各个层面，囊括了公民责任内容的各个方面，最终目的就是培养具有完整责任品质的合格公民。

二 责任品质

如前所述，本书所指的公民责任教育是以培养公民成为具有完整责任品质的个人为核心目标，使公民成为真正能负"责任"的个体的教化过程。究竟什么是完整的责任品质。责任品质又称责任道德品质，是道德品质（简称品德）在责任内容上的具体体现。品德心理学认为，任何道德品质的形成都离不开"知""情""意""行"这四个方面。本书借鉴品德心理的结构理论，将完整的责任品质界定为包括责任认知、责任情感、责任意志及责任行为在内的道德品质。完整责任品质的形成过程应该是建立在责任认知的基础上，通过内化机制转化为责任情感，再经过责任意志的强化作用，最终表现出稳定、持续的内在责任倾向和责任行为选择习惯。需要注意的是，对责任品质作上述区分是相对的，目的是更好地理解公民获得完整责任品质的内容和过程。事实上，责任品质四个构成要素在实际社会实践中可能是连贯的过程，也可能在单一事件中完成一个责任品质的形成，但是它们之间的关系是不可分割的，相互影响，相互促进，是一个整体系统中的非线性互动关系。正如陶行知先生所说的，"行是知之始，知是行之成"。

三 新时代的"美好生活"

党的十九大报告提出中国特色社会主义进入新时代，并作出了中国社会主要矛盾已经转化为人民日益增长的美好生活需要和不平衡不充分的发展之间的矛盾的重要论断。这不是首次提出"美好生活"议题，早在党的十八大会议上就已经指出：人民对美好生活的向往就是我们的奋斗目标。中国特色社会主义进入新时代以来，习近平总书记曾在不同场合多次提到把人民对美好生活的向往以及带领人民创造美好生活作为奋斗目标。党的十九大报告中，"美好生活"更是高频词汇。可见，实现人民的"美好生活"是贯穿新时代中国特色社会主义建设事业的核心理念。与此同时，国内学界兴起了对新时代"美好生活"的研究热潮，并取得了一定的研究成果。

（一）新时代"美好生活"的理论来源

其一，新时代"美好生活"蕴藏着深厚的中国传统生活文化。考察"美""好"两个字在中国古代社会的具体含义，可以看出，"在汉语语境中，'美好'一直用以表达带来愉悦心情的事物，美好生活就是能带来愉悦、快乐的生活"①。在《诗经》《礼记》等中国优秀经典著作中蕴含着中国古代人民对"美好生活"的向往和思想,即一种"大同"景象和"小国寡民"的状态。当前社会物质生活条件已经基本满足,文化成为创造"美好生活"的主要蕴意。中国传统思想中关于"大同世界""桃园理想"和"净土信仰"的描述,充分体现了中国古代人民对社会生活、自然生活以及精神生活的无限向往和崇高追求,是中国人民对"美好生活"的文化设想和哲学思考②,为新时代"美好生活"的提出奠定了传统文化基础。

其二,新时代"美好生活"以科学社会主义理论为科学依据。唯物史观和剩余价值学说作为科学社会主义理论的两大基石③,为人类追求"美好生活"提供了科学的理论依据和社会制度基础。科学社会主义理论对新时代"美好生活"的科学指导具体体现为:一方面,唯物史观是追求"美好生活"的哲学基础。作为物质社会发展主要推动力的生产力与生产关系的矛盾运动,同时是美好生活需要的生成机制④。另一方面,资本主义生产关系下一味地追求剩余价值使得人们追求"美好生活"被物质化,忽视了人的文化发展需要。因此,对科学社会主义与民主社会主义要有区分和辨别意识,美好生活只有在科学社会主义的语境中,才能实现共同富裕和每个人的自由发展⑤。

其三,新时代"美好生活"以马克思主义具体理论为理论指导。

---

① 沈湘平、刘志洪:《正确理解和引导人民的美好生活需要》,《马克思主义研究》2018年第8期。

② 何艳珊:《乡愁乌托邦的文化基础——"美好生活"建设的中国传统文化资源》,《民族艺术》2018年第6期。

③ 马光霞、孙力:《美好生活追求的历史演进及内在逻辑——从科学社会主义发展的角度》,《党政研究》2019年第1期。

④ 时伟、刘焕明:《美好生活需要的生成机制与实践价值》,《学校党建与思想教育》2018年第11期。

⑤ 沈斐:《"美好生活"与"共同富裕"的新时代内涵——基于西方民主社会主义经验教训的分析》,《毛泽东邓小平理论研究》2018年第1期。

首先，马克思需要理论为新时代人民日益增长的"美好生活"需要提供了理论基础。人民群众的需要是我国社会新旧矛盾转化的原动力，"人民日益增长的美好生活的需要"不仅包括对物质文化的需要，更包括更高层次的精神的和社会的需要①。其次，马克思主义关于人的全面自由发展思想阐释了"美好生活"的实践本质。新时代美好生活以马克思主义人的发展理论为基础。因此，创造"美好生活"要以人的发展为价值预设，把握发展的内在结构，保证人的全面发展特别是非物质层面的发展需要，改善人的生存境遇，理顺人与自然的关系，最终构建人的发展的生命共同体②。最后，马克思主义生态文明思想为构建新时代"美好生活"的生态环境文明提供了理论支撑。在马克思和恩格斯看来，生态权益是人民群众创造"美好生活"的重要向度。消除人与自然不和谐的共生关系，重构人与自然的生命共同体是人民群众获得"美好生活"的根本路径③。

（二）新时代"美好生活"的基本内涵

其一，新时代"美好生活"的内容。习近平总书记在十九大报告中指出，"中国特色社会主义进入新时代……人民美好生活需要日益广泛，不仅对物质文化生活提出了更高要求，而且在民主、法治、公平、正义、安全、环境等方面的要求日益增长"④。因此，美好生活的内容应当包括物质、政治、文化、社会和生态五个层面。在物质层面上，物质生活居于"美好生活"的最基础层面，满足人民日益增长的物质生活需要是社会发展的基本目标⑤；在政治层面上，"美好

---

① 高峰、胡云皓：《从马克思的需要理论看新时代中国社会主要矛盾的转化》，《当代世界与社会主义》2018 年第 5 期。

② 陆茹：《马克思人的发展理论视野下的新时代美好生活》，《人民论坛》2019 年第 12 期。

③ 方世南：《马克思恩格斯关于美好生活的生态权益向度思想研究》，《毛泽东邓小平理论研究》2018 年第 12 期。

④ 习近平：《决胜全面建成小康社会　夺取新时代中国特色社会主义伟大胜利——在中国共产党第十九次全国代表大会上的报告》，人民出版社 2017 年版，第 14 页。

⑤ 张三元：《论美好生活的价值逻辑与实践指引》，《马克思主义研究》2018 年第 5 期。

生活"是社会公平正义得以实现、人民参政议政充分满足的良好政治生态生活[1]。在文化层面上,"美好生活"蕴含了中华优秀传统文化的人文精神、革命理想信念的革命精神以及先进文化的时代精神[2];在社会层面上,"美好生活"是幼有所育、学有所教、劳有所得、病有所医、老有所养、住有所居、弱有所扶,社会和谐稳定、国家长治久安、人民安居乐业的美好向往[3]。在生态层面上,"美好生活"是以减少环境污染以提高人们生活质量和幸福感、减少生态破坏以促进可持续发展、践行绿色生活理念以改变人们的生活方式的绿色生活[4]。

其二,新时代"美好生活"的特征。美好生活的时代特征包括:人民性、理想性、现实性和实践性[5]。美好生活以促进人的全面发展为根本,是与人的本质相一致的生活方式,体现的是人的一种美好的存在方式或生存状态[6]。美好生活的实现过程具有渐进动态性、现实制约性和未来指向性,因此,不是一蹴而就,需要从人的本质力量、社会生产和精神生活方面创造良好条件[7]。人民的美好生活还具备三个发展特性:全面性、可持续性和飞跃性。只有运用"创新、协调、绿色、开放、共享"五大发展理念,才能从根本上满足人们对美好生活的需要和追求[8]。

(三)创造新时代"美好生活"的路径方法

其一,宏观层面,主要包括从社会治理、制度建设等国家宏观层

---

[1] 辛世俊、代文慧:《深刻理解新时代创造美好生活的内涵与意义》,《河南工程学院学报》(社会科学版)2018年第1期。

[2] 王习胜:《美好生活的文化需要:新时代文化建设的基本视点》,《中国特色社会主义研究》2018年第3期。

[3] 韩喜平:《满足人民美好生活需要的理论指南》,《思想理论教育导刊》2018年第1期。

[4] 翟绍果、谌基东:《共建美好生活的时代蕴意、内涵特质与实现路径》,《西北大学学报》(哲学社会科学版)2017年第6期。

[5] 张三元:《论美好生活的价值逻辑与实践指引》,《马克思主义研究》2018年第5期。

[6] 张三元:《论美好生活与人的全面发展》,《理论探讨》2018年第2期。

[7] 武素云、胡立法:《人民美好生活需要的三重追问》,《思想理论教育导刊》2018年第8期。

[8] 张全胜:《人民美好生活:五大发展理念的价值追求》,《内蒙古社会科学》(汉文版)2018年第4期。

面提出的构建方法。首先，不断发展和完善社会主义制度，推进国家治理体系和治理能力的现代化，是人民美好生活需要的制度保障①。其次，美好生活的实现必须诉诸良好治理的构建，可以通过两种路径：一是公共价值管理的生产路径；二是公共价值管理的程序路径②。再次，经济建设、政治建设、文化建设、社会建设、生态建设的"五位一体"总体布局是实现人民美好生活的必由之路③，要坚持生产力和生产关系的辩证关系，推进共建共享，秉持五大发展理念，全面落实"四个全面"的战略布局。只有打好人民群众的美好生活根基，才能增强人民群众的获得感和幸福感④。最后，满足人民群众美好生活需要的必由之路是坚持中国特色社会主义道路；实践之基是完善的供给制度和合理的供给结构；力量之源是中华民族的伟大团结精神和伟大奋斗精神⑤。

其二，微观层面，主要包括文化、劳动等个人层面提出的方法路径。首先，构建"美好生活"从精神层面需要做到三点：以中华优秀传统文化的人文精神涵养新时代的中国人民、让革命文化的革命精神激励新时代的中国人民、用先进文化的时代精神鼓舞新时代的中国人民⑥。其次，要注重人民对美好生活的精神文化需求。在众多人民对美好生活的需求中，精神文化需要处于最高层级。因此，只有大力发展文化生产力，才是解决当前社会不平衡不充分的精神文化发展的

---

① 桑玉成：《论人民美好生活需要之制度供给体系的建构》，《武汉大学学报》（哲学社会科学版）2018年第2期。
② 张敏、赵娟：《美好生活与良好治理——社会主要矛盾转换及其治理蕴意》，《南京社会科学》2018年第12期。
③ 郑金鹏：《习近平"人民美好生活观"的逻辑阐释与现实启迪》，《山东社会科学》2020年第4期。
④ 谢加书：《美好生活建设的中国道路》，《马克思主义研究》2017年第10期。
⑤ 冯大彪：《美好生活需要的理论意蕴、当代价值与实现路径》，《中共天津市委党校学报》2018年第6期。
⑥ 王习胜：《美好生活的文化需要：新时代文化建设的基本视点》，《中国特色社会主义研究》2018年第3期。

重要途径①。再次，大众文化是人民的日常文化，大众文化对人们美好生活具有重要的影响作用。要高度重视人们对生命的感受力，提升人们的理性反省力，重塑人们对生活的审美力，从而唤醒人们追求和创造美好生活的强大力量②。最后，人民群众的美好生活需要依靠人民的劳动创造，劳动必须是有目的的、自愿的、与生产资料相联系的、与其他劳动者合作的、全面的劳动③。

综述之，新时代的"美好生活"植根于中国传统文化中的"美好生活"思想，以科学社会主义理论为科学依据，以马克思主义理论为根本指导，既包括美好的物质、文化生活，也包括民主、法治、公平、正义、安全、环境等方面的美好生活，是每个个体需求得到充分满足，人民得以自由发展的新时代中国特色社会主义"美好生活"。

四 日常生活

日常生活是一个碎片化的概念集合，具有很强的开放性和多元性。对日常生活的界定要建立在国内学界已有的相关理论和研究成果基础上，从内涵和外延等不同维度进行把握。

在马克思主义经典论著中并没有给日常生活下具体的定义，而是通过论证人的存在方式和物质生产活动，诠释了人的生活属性以及日常生活之于人的根本性意义。就日常生活的基本内涵，我国相关学者指出，"所谓日常生活，总是同个体生命的延续，即个体生存直接相关，它是旨在维持个体生存和再生的各种活动的总称"④。他从文化

---

① 李春华：《文化生产力：满足人民群众对美好生活需要的重要力量——国家哲学社会科学成果文库入选成果〈文化生产力与人类文明的跃迁〉展示》，《思想政治教育研究》2018年第2期。
② 沈湘平、刘志洪：《正确理解和引导人民的美好生活需要》，《马克思主义研究》2018年第8期。
③ 陈学明、毛勒堂：《美好生活的核心是劳动的幸福》，《上海师范大学学报》（哲学社会科学版）2018年第6期。
④ 衣俊卿：《现代化与日常生活批判》，人民出版社2005年版，第12—13页。

哲学视角出发，把人的生活世界划分为日常生活和非日常生活两个组成部分，通过对日常生活的界定，进一步确定日常生活与非日常生活所指的范围，即它们各自的外延。

在纷繁复杂的日常生活世界中，相关研究者将人类的日常活动划分为三种基本类型①，即日常消费活动、日常交往活动和日常观念活动②。同时，这位学者将非日常生活的结构和类型划分为两大类：一是制度化的社会活动领域，主要包括政治、经济、技术操作、经营管理、公共事务等有组织的或大规模的社会活动领域；二是精神生产领域，也即自觉的类本质活动领域，主要指科学、艺术和哲学等自觉的人类精神生产领域或人类知识领域。如图1-1所示。

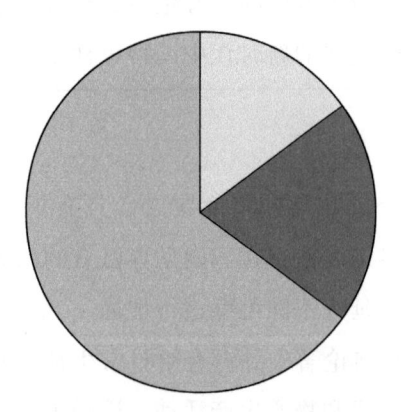

□ 自觉的类本质活动领域　□ 制度化活动领域　■ 日常活动领域

图1-1　人类社会生活划分示意图

这位研究者从文化哲学视角出发，将日常生活置于社会历史理论的微观视域中，将日常生活界定为在一切国家和社会层面制度化的物

---

① 衣俊卿：《现代化与日常生活批判》，人民出版社2005年版，第14—16页。
② 日常消费活动就是以人类肉体生命延续为宗旨的日常生活资料的获取与交换活动；日常交往活动即以维护人际关系为主要内容的礼仪交往等活动，主要以日常语言为媒介，以血缘关系和天然情感为基础；日常观念活动指的是非创造性的、以重复性为本质特征的自在的思维活动。

质领域和人类自觉的精神领域之外，人们为了维持个人生活以及再生产所依赖的最自然、最基本的存在形式和活动领域。

本书借鉴相关学者对日常生活的划分标准，但略有不同。本书并没有将国家和社会层面制度化的物质领域和人类自觉的精神领域划定在公民责任教育的日常生活领域之外，因为日常生活并非仅仅是一种哲学意义上的思辨主题，也是人类社会中实实在在存在的活动领域。这些活动领域在公民生活中占据重要的地位，从理论上可以将其与公民日常生活分离开，但在现实意义上，任何一个个人都无法独立于这些活动领域，包括公民所参与到的制度化的物质领域，如政治、经济等公共生活领域，以及人类自觉的精神领域，如科学、文化等思辨、思维生活等。因此，本书将国家和社会层面制度化的物质领域和人类自觉的精神领域纳入公民责任教育的日常生活领域之内，将日常生活界定为公民个人为了维持个人生活以及再生产所依赖的最自然、最基本的存在形式和活动领域。具体而言，日常生活范畴依据不同标准可划分为不同类型，例如：精神生活和物质生活；经济生活、政治社会、文化生活、社会生活和生态文明生活；消费生活、交往生活和思维生活；等等。在新时代思想政治教育视域下，日常生活范畴是一个集大众化、碎片化、多元化于一体的概念集合，具有丰富的文化底蕴和无限潜能。

五 日常生活中的公民责任教育

日常生活中的公民责任教育指的是发生在个人维持生存以及再生产所依赖的最自然、最基本的存在形式和活动领域之内，以培养公民横向和纵向各个层面的责任品质，囊括公民多个方面的责任内容，最终使公民获得完整责任品质的教化、培育过程。中国特色社会主义进入新时代，新时代的公民责任教育需要创新研究视域和方法体系。本书将国家和社会层面制度化的物质领域和人类自觉的精神领域划定在公民责任教育的日常生活范畴之内，源于公民责任教育本身作为国家现代化建设和社会制度化构建的主要内容和途径，是公民精神生产领域的重要议题，必然会涉及国家制度层面以及其他建制化领域内的生活，且必须以国家制度层面以及体系化、制度化领域的手段和方法为主要途径。

日常生活中的公民责任教育强调的是一种自发、自觉的教育主导方式；生活中每个个体都可以成为教育者和被教育者；教育者的教育权力源于微观化的文化权力、知识权力及情感权力等；教育主客体遵循主体间性的教育模式，是一种"主体"—"主体"的关系模式；教育内容源于生活的各个细枝末节和日常事件；教育过程往往是双向的，教育者同时是被教育者，被教育者也会在一定条件下转化为教育者；在生活中的各种场所都可以进行责任教育，具有很强的开放性。

这里需要指出的是，日常生活中的公民责任教育并非全盘否定传统公民责任教育的现实成果和有效进程。对公民责任教育开启日常生活的微观视角研究是为了丰富公民责任教育的理论内涵和多样化的实践路径。将公民责任教育纳入日常生活的观察视域可以利用具体化、细节化、多域化、多层次化、多维化的分析方法和理论工具，发现和挖掘责任教育中存在的、被忽视的，却在公民责任教育中起着重要作用的转化机制，以探索出多样化、细节化、生活化、自觉化的公民责任教育的方法和途径。因此，不存在绝对的传统公民责任教育研究视角和日常生活研究视角的划分以及优劣好恶。本书只是探索一种公民责任教育日常生活化的体系和途径，以弥补传统公民责任教育研究范式用普遍化、制度化的方法去剪裁责任教育活动的丰富文化内涵的不足，避免把公民责任教育简单地概括为教育者对被教育者进行的责任品质灌输。日常生活中的责任教育强调生活是微观的、自觉的、自发的，是人的实践活动的各个维度全面展开的过程。研究日常生活中的公民责任教育就是把衣食住行、饮食男女等日常行为、日常交往、日常思维活动等因素纳入公民责任教育理论研究的视野，认真考察日常生活世界中公民责任教育的存在方式和活动机制，构建更为完整的新时代公民责任教育图景。

第二节 理论基础

自党的十八大以来，中国特色社会主义进入新时代。新时代的公民责任教育坚持以马克思主义为根本理论指导，不断创新教育理论和研究视角。本书以新时代人民大众的日常生活为视角，考察公民责任教育各要素多样化、细节化、生活化、自觉化的特征和样式，进而构建日常生活中公民责任教育的体系。基于此，本书主要梳理和挖掘了马克思主义日常生活理论，为研究寻找根本性的理论支撑；将现代思想政治教育基本理论作为理论框架，完成日常生活中公民责任教育体系的理论构建；以公民责任理论为主要内容依据，分析考察日常生活中公民责任教育的内容来源；借鉴马斯洛需要层次理论，剖析日常生活中公民对责任品质的需求以发掘责任教育所要遵循的最本质、最自然的原则依据；在品德心理理论的指引下，完成公民完整责任品质的形成过程分析。

一 马克思主义日常生活理论

长期以来，马克思主义理论被理解为一种宏大叙事，要么关注人类生存等哲学话题，要么关注社会变革等历史现象，很难与世俗的大众生活相联系。这导致马克思主义理论被解读为只有宏观的政治视角而没有微观的生活视角，或是微观生活视角一直处于被遮蔽的状态。在马克思主义的经典著作中，似乎很难找到关于日常生活的系统论述与分析，更没有给日常生活作界定。事实上，马克思经典作家对人的日常生活的探讨蕴藏于他博大精深的哲学思想中，并作为一个非常重要的线索贯穿于整个马克思主义的基本精神中。可以说，"生活"不仅是马克思主义理论研究人类问题的坚实"基石"，也是马克思主义哲学精神的体现。马克思主义经典作家对日常生活的诠释主要包括以下几个方面：

首先，从生活的属性来看，它是属人的，是人类的根本存在形式。生活是人的专属词汇，只有人的存在及活动可被定义为生活，动物的存在只能是生存。马克思指出，"个人怎样表现自己的生活，他们自己也就怎样"①。这说明人的生活与动物的生存有很大区别。只有生活才能体现人的存在方式，才能揭示人之为人的本质特征。换言之，生活是人的生活，生活中一切存在都以人的自由和发展为前提。在生活中，人的自由、自觉和自主的能力才能得到释放与体现，才能彰显人的生活主体性。也正是在生活中，人的自然需求才能体现得淋漓尽致，因此，生活的人之属性要求在生活中关注人的主体性需求，以需求为动力，实现人的全面而自由的发展。

其次，从生活的基础来看，人之生活的基础是物质资料生产，是主体作用于客体，主客体统一的结果。马克思主义指出："任何人类历史的第一个前提无疑是有生命的个人的存在"②，"人们首先必须吃、喝、住、穿，就是说首先必须劳动，然后才能争取统治，从事政治、宗教和哲学等等"③。可以看出，在马克思看来，物质资料的生产不仅是人类存在的一个前提，也是人类生活的必要条件。人类要想生存必须保证活着，物质资料的生产是活着的唯一途径和方法。没有人类的物质资料生产，就谈不上人之生活，人的物质资料生产先于生活而存在。这一点有别于西方日常生活批判理论，将日常生活视为先验于人之存在的存在。必须强调的是以物质资料的生产为基础，这是人类生存、生活乃至发展得以可能的基本前提。正是因为把生活建立在物质生产的基础上，才使生活真正成为真实的、现实的存在。

---

① 《马克思恩格斯全集》第 3 卷，人民出版社 1960 年版，第 24 页。
② 《马克思恩格斯全集》第 3 卷，人民出版社 1960 年版，第 23 页。
③ 《马克思恩格斯全集》第 19 卷，人民出版社 1963 年版，第 123 页。

再次，从生活的内容来看，它涵盖了人类活动的方方面面。在马克思主义经典著作中可以经常看到关于生活的词汇："物质生活""精神生活""个人生活""国家生活""政治生活""社会生活"等。可见，在马克思主义相关理论阐述中，人类的生活是一个包容性很强、内容极其丰富的概念，几乎人的所有活动都有所涉及。虽然马克思经典作家没有对日常生活概念作具体解释，但从其文本中对"生活"的描述可以看出，马克思主义对日常生活内涵和外延的概括极其宽泛，只要是人之活动的领域都可称之为生活，哪怕是与人的存在没有直接关系的自然界，也可以通过人的实践活动将其纳入人之自然生活的范畴。因此，在马克思主义日常生活理论中，人的日常生活内容包含了人的对象化活动的方方面面。

又次，从生活的性质来看，它是人类交往实践的关系总和。马克思指出："社会生活在本质上是实践的。"① 人们通过交往实践这种实践类型，与他人发生交往关系，为进一步谋求生存发展提供现实条件和环境基础。因而，人类的生活是建立在交往实践基础上的人类关系的总和。同时，马克思明确指出人的生活是人通过实践交往而形成的关系性存在。这种关系性实践是动物的生存不具备的。强调生活以人的实践性为本质，意在表明人的生活是通过人的实践与其他人或事物产生关系的现实存在。在生活中，人离不开实践，更离不开人际关系网络。"凡是有某种关系存在的地方，这种关系都是为我而存在的；动物不对什么东西发生'关系'；而且根本没有'关系'；对于动物说来，它对他物的关系不是作为关系存在的。"②

最后，从生活的终极目标来看，生活是为了达到世界、自然、人的和谐统一。马克思主义哲学的终极人文关怀就体现在它始终以人的世界、人的生活、人的发展作为关注和探讨的焦点，并不关心脱离人

---

① 《马克思恩格斯全集》第3卷，人民出版社1960年版，第5页。
② 《马克思恩格斯全集》第3卷，人民出版社1960年版，第34页。

之现实生活的世界。马克思主义不仅仅把人的生活看作一切实践的背景世界,更是人类奋斗的主题世界。一切实践都是为了人的美好生活,一切社会意识产生和存在于生活之中,"不是意识决定生活,而是生活决定意识"①,而且,"被抽象地孤立地理解的、被固定为与人分离的自然界,对人说来也是无"②。由此,生活对于人的存在价值逐渐清晰,生活既是人之存在的基础,又是人之奋斗的目标。它通过人的实践将人的意识转化为对现实生活的创造和追求,使其富有无限的可能性和开放性。

二 现代思想政治教育基本理论

思想政治教育基本理论是国家进行思想道德建设、思想政治建设的重要理论基础,为德治与法治相结合的治国方略提供了重要的理论依据。首先,本书将公民责任教育置于德治与法治相结合的大背景下,以提高公民责任道德品质与责任法治理念为目标,实现公民思想政治教育的总体任务。其次,本书将公民责任教育置于现代思想政治教育理论的大视野中,按照现代思想政治教育主体论、结构论、环境论、过程论和方法论进行体例编排。

(一)思想政治教育主体论

思想政治教育是关于人的科学,是对人的观念进行"改造"的过程。涉及人的领域,必然要讨论作为客观世界主体的人的问题。从传统理论上讲,思想政治教育的主客体指的是思想政治教育的教育者与教育对象(受教育者),他们是思想政治教育系统中最基本的因素,也是不可缺少的因素。

思想政治教育者,包括教育的承担者、发动者、组织者和实施者,他们可能是单个教育主体构成的,也可能是多个教育主体共同构

---

① 《马克思恩格斯全集》第3卷,人民出版社1960年版,第30页。
② 《马克思恩格斯全集》第42卷,人民出版社1979年版,第178页。

成的。一个教育主体能否成为思想政治教育者并不是由其实际执行的教育行为决定的，而是要考察该主体是否具有实施思想政治教育行为的主体性以及是否完全履行思想政治教育的教育职能。思想政治教育者只有具备主动性、主导性、创造性、超越性等主体特性，才能成为名副其实的思想政治教育主体。而思想政治教育主体要想充分发挥主体作用，就要增强自身的主体性，提高主体自身素质。

思想政治受教育者，包括思想政治教育的接受者和受动者。传统思想政治教育理论中，思想政治受教育者的基本特性是客体性，表现为受动性、受控性和可塑性，强调的是受教育者的被动、被支配、被调控的从属地位。在反思传统思想政治教育忽视受教育者主体地位和主体性的基础上，现代思想政治教育理论将关注点聚焦于受教育者在思想政治教育过程中表现出的主观能动性。思想政治教育客体与一般物质客体不同，他们作为自身生活的主体，与教育者一样，具有思想、意志和情感，只是在被教育的时候才成为教育客体。思想政治受教育者同样具有思想政治教育主观能动性，甚至在特定教育情况下起决定作用、占主导地位。

日常生活中公民责任教育的主客体指的是责任教育的教育者与受教育者。日常生活是人作为主体进行活动的生活，日常生活中的一切活动都是人的活动的集合。在日常生活中讨论责任教育的主体问题最根本的意图在于通过分析人在日常生活中的存在方式以及主客体之间的作用机制，抓住责任教育主客体的主体性特征，以教育主客体最贴近日常生活的存在状态来探讨一种更人文、更自然、更自由的责任品质生成方式。

（二）思想政治教育结构论

思想政治教育是一个包括主体、客体、介体、环体等基本要素在内的结构性系统。要素内部以及要素之间在相互影响、相互融合的作用下呈现不同的结构特征，这种结构特征所反映出来的结构状态就是思想政治教育的结构。"思想政治教育结构决定着思想政治教育功能，决定着思想政治教育整体效应的形成和发挥。"① 现代思想政治教育理论按照系统研究的不同角度，将思想政治教育的结构划分为基本结构、目标结构和内容结构。基本结构对目标结构和内容结构起着决定性的作用，基本结构稳定是明确目标结构和内容结构的前提，目标结构的确定为内容结构提供发展依据。

日常生活中公民责任教育是教育者承担、发动、组织和实施责任教育以影响受教育者，使其具备符合日常生活发展规律并能使其在日常生活中获得完整责任品质的教育过程。要想掌握责任教育发展的内在矛盾和规律，一个前提条件是明确公民责任教育的结构体系，包括公民责任教育的基本结构、目标结构和内容结构。就公民责任教育的基本结构而言，包括公民责任教育的主体、客体、介体和环体；公民责任教育的目标结构是由多种目标构成的层次性目标体系；公民责任教育的内容结构按照责任内容划分标准形成立体的内容结构体系。公民责任教育理念和价值的实现既要有整体性的责任教育基本结构来引领，又要有具体的责任教育目标结构和内容结构来依托。

（三）思想政治教育环境论和过程论

在现代思想政治教育理论中，环境指的是"影响人的思想品德形成和发展，影响思想政治教育活动运行的一切外部因素的总和"②。思想政治教育环境具有多维性、复杂性和开放性特征，且具有强化、导向和感染功能。环境的发展与思想政治教育的发展相辅相成。环境的变化和迁移决定了思想政治教育的改革和创新；同时，思想政治教育的变化会促进环境的优化和升级。

思想政治教育过程是"教育者根据一定社会的思想政治要求和受教育者思想政治素质形成发展的规律，对受教育者施加有目的、有计

---

① 张耀灿、郑永廷、吴潜涛、骆郁廷等：《现代思想政治教育学》，人民出版社 2006 年版，第 235 页。
② 张耀灿、郑永廷、吴潜涛、骆郁廷等：《现代思想政治教育学》，人民出版社 2006 年版，第 294 页。

划、有组织的教育影响，促使受教育者产生内在的思想矛盾运动，以形成一定社会所期望的思想政治素质的过程"[1]。这一过程的实质就是教育主体通过对思想政治教育的各个环节、程序和步骤的调控以及具体规律的把握把一定的社会思想观念、价值观念、道德规范和政治规范转化为受教育者个体的思想政治素质的过程。思想政治教育过程具有明确的计划性和鲜明的正面性、突出的复杂性和广泛的社会性、积极的引导性和明显的长期性等特征。

日常生活中公民责任教育是教育主体在一定外部环境中，根据日常生活中人们对责任品质的要求以及受教育者责任品质形成规律，对受教育者施加的一种教育影响作用，促使受教育者产生内在的责任情感需求，通过内化等自我转化机制，形成一定社会期望的责任品质的过程。因此，对日常生活中公民责任教育的环境和过程进行系统研究非常必要，现代思想政治教育环境论和过程论为此提供了理论依据和原则指导。

（四）思想政治教育方法论

现代思想政治教育理论的方法指的是"为了实现教育目标、传递教育内容，是教育者对受教育者所采取的思想方法和工作方法"[2]。具体而言，按照其所适用的不同范围可划分为以下四种不同层次的方法[3]：一是思想政治教育的原则方法，包括群众路线的方法、理论联系实际的方法以及科学性与方向性相结合等方法；二是思想政治教育的具体方法，包括实施方法、反馈调节、总结评估方法等；三是思想政治教育的操作方法，是思想政治教育具体方法在思想政治教育实践中的实际运用，适用于不同范围；四是思想政治教育方法的运用艺术

---

[1] 张耀灿、郑永廷、吴潜涛、骆郁廷等：《现代思想政治教育学》，人民出版社2006年版，第324页。

[2] 张耀灿、郑永廷、吴潜涛、骆郁廷等：《现代思想政治教育学》，人民出版社2006年版，第362页。

[3] 张耀灿、郑永廷、吴潜涛、骆郁廷等：《现代思想政治教育学》，人民出版社2006年版，第364页。

和技巧，是思想政治教育方法的运用方法。

在日常生活中进行公民责任教育需要依据一定的思想原则和工作方法。这些原则和方法既包括思想政治教育方法的一般性原则方法，又有针对在日常生活中进行责任教育的独特的具体方法；不仅要重视具有可操作性的操作方法，还不能忽略在日常生活中进行公民责任教育的运用艺术和技巧。因此，现代思想政治教育方法论为日常生活中公民责任教育提供了完整的方法体系和理论依据，是日常生活中责任教育能否有效实施和操作的关键。

三　公民责任理论

古今中外，关于公民责任思想的研究和论著非常丰富。正是有了这些对责任的探讨和深思，责任教育才具有实际的教育内容，才有存在的意义和价值。没有责任，何谈责任教育。

（一）马克思主义伦理思想中对责任的阐释

马克思主义经典作家在对人的本质和社会革命理论的研究与创作过程中，以及领导社会主义运动的革命和建设实践过程中，对人的责任，特别是无产阶级和共产党人的责任伦理问题的深切探讨，是本书构建日常生活中公民责任教育的重要理论来源。

1. 马克思、恩格斯的责任伦理思想

马克思的责任伦理思想从历史唯物主义的立场、观点和方法出发，在诠释人的存在方式过程中科学地回答了人的责任的来源和本质问题。

第一，人是自然存在物，负有对自然的责任。

马克思指出，"人直接地是自然存在物"[1]，人的存在方式首先是自然存在物，既是能动的又是被动的。能动体现在人作为自然的组成部分，是有意识、有思维的存在物；被动体现在作为对象性存在物的

---

[1]《马克思恩格斯全集》第42卷，人民出版社1979年版，第167页。

人，必然受到外在自然界的限制和约束。人的本质特性中，自然性是前提，如果人没有自然性也即否定人作为物质存在的现实。人的肉体、人的意识都属于自然存在的表现形式。"所谓人的肉体生活和精神生活同自然界相联系，也就等于说自然界同自身相联系，因为人是自然界的一部分。"① 因此，人作为自然存在物，首先要对其赖以生存的自然界保有一颗敬畏之心，用其能动的存在方式担负起对自然界的被动责任。

第二，人是社会存在物，负有对社会、对他人的责任。

马克思指出，"个人是社会存在物"②。虽然人生命的表现形式是以特殊个体生存的方式表现出来的，但并不意味着人是单独地、孤立地存在着。人作为社会存在物通过实践、交往与其他社会存在物产生关系，共同构成社会关系的总和。"人的本质并不是单个人所固有的抽象物，实际上，它是一切社会关系的总和。"③ 因此，人作为社会存在物要求个人要以其他社会存在物的存在为前提，在为自身发展努力的同时，与其他社会存在物融合、协作，并不断完善和创建新的社会存在。在这个过程中发生两种关系，产生两种相应的责任。一方面，个人要与社会发生关系，是总体与个体、整体与部分的关系，以个人与他人的共存关系为前提。个人要想连续不断地维持自身的存在现实，就必须承担对社会的持续性责任，以维护社会的正常发展和运行。另一方面，个人要与其他社会存在物产生关系，是个体和个体的关系，以个体之间的交往实践为前提。在此关系中，个人要承担对他人的责任。

第三，人是类存在物，负有对自己的责任。

人作为自然存在物、社会存在物之外，还是一种类存在。马克思

---

① 《马克思恩格斯全集》第 42 卷，人民出版社 1979 年版，第 95 页。
② 《马克思恩格斯全集》第 42 卷，人民出版社 1979 年版，第 122 页。
③ 《马克思恩格斯全集》第 3 卷，人民出版社 1960 年版，第 5 页。

指出，"人不仅仅是自然存在物，而且是人的自然存在物"①。人作为类存在物具有的根本特性是具有意识。同时，人是通过创造实践来实现自己类存在物的意识自由，表明人的类存在物具有主观能动的意识性和实践性。人的类存在的意识性和实践性要求人要为自己的自由存在、自由选择承担责任。"作为确定的人，现实的人，你就有规定，就有使命，就有任务，至于你是否意识到这一点，那都是无所谓的。"② 这说明，人的责任和使命不管个体意识与否，都是由个体类存在物的本质决定的，这也是个体存在与动物存在的根本区别。个体要为自己在自由意识支配下的实践行为选择承担相应的责任要求和责任规范。

2. 列宁的责任伦理思想

列宁责任伦理思想的形成是在特定的社会历史背景下产生的，具有一定的政治色彩。在继承马克思、恩格斯责任伦理思想的基础上，列宁逐步形成和发展了自己的责任思想，主要包括以下几个方面：

第一，在政治建设层面，列宁提出了无产阶级的责任和任务是完成共产主义的奋斗事业。十月革命以后，新生苏维埃政权四面楚歌。在复杂的国际环境下，国外有敌对势力重重包围、多面夹击，国内社会主义事业亟须复兴、形势危急。列宁指出，要想发展和巩固新生苏维埃政权，必须抓住关键问题，趁敌对势力喘息之机，尽最大可能修复战争带来的千疮百孔。这是当前无产阶级最主要的责任和任务。同时，列宁还指出，十月革命虽然获得胜利，如果无产阶级不继续巩固革命和斗争换来的成果，清理国内资产阶级残余，共产主义道路将受到严重阻碍。因此，无产阶级还肩负着不断与资产阶级作斗争的历史使命和责任，最终实现共产主义的伟大事业。

第二，在社会建设层面，列宁提出每个个体在社会主义建设事

---

① 《马克思恩格斯全集》第42卷，人民出版社1979年版，第169页。
② 《马克思恩格斯全集》第3卷，人民出版社1960年版，第328—329页。

业中都负有责任。十月革命胜利后的俄国，百废待兴，尤其在修复战争带来的经济重创和思想障碍方面，面临着前所未有的巨大压力。列宁指出，要想新生苏维埃共和国稳固发展，人民生活得到保障，就必须扫除旧社会遗留下来的"病症"。而这只能通过发展生产力，促进新的生产关系的建立，创造富足的经济财富来实现。因此，首先要肃清那些残留的"人人为自己，上帝为大家"的资产阶级腐朽思想，建立"人人为大家"的无产阶级责任观和责任使命感。列宁多次强调要敢于与旧传统、旧思想、旧道德作斗争，这是无产阶级的历史使命，也是人民群众获得社会主义主人翁地位的必要手段。强化无产阶级的责任意识和责任观念是激发无产阶级自觉性、积极性的关键。

第三，在经济建设层面，列宁积极推行责任制，以尽快修复千疮百孔的国民经济，巩固政权。他强调包括党员在内的每个无产阶级劳动者都要积极承担和履行相应的经济建设责任，把责任落实到具体的工作和劳动中。他指出，在具体工作中推行"个人负责制"[1]，每个个体要明确自身职责范围，加强树立权责一致的责任思想。除此之外，列宁还特别强调了特殊行业在社会建设中担负的重要责任[2]。总之，在社会主义建设的关键时刻，无论面对多么艰巨的建设任务，无产阶级劳动者都要树立实实在在的责任观念，从我做起，从小事做起，将共产党人大公无私的责任使命感落实到具体的实际行动和工作中。

第四，在法治建设层面，列宁提出一切不负责任的行为要受到追究和制裁。列宁不仅强调个人在社会主义建设中所负有的责任，还明确了对不负责任、玩忽职守、失职渎职的行为进行追究、制裁的措施。当然，要以区分行为性质为前提。针对生产领域中存在的

---

[1] 《列宁全集》第43卷，人民出版社1987年版，第173页。
[2] 《列宁全集》第41卷，人民出版社1986年版，第132—133页。

严重问题，如果相关负责人没有履行及时制止和坚决抵抗的职责，要追究其法律责任，对于严重不负责任的行为要经司法途径严肃查处。列宁还强调，尤其对于那些"工厂主、经理、董事、大股东"，更要加强不负责任的态度和行为的监督和审查力度，必要时采取严厉的制裁措施。

第五，在文化建设层面，列宁注重责任担当的模范和榜样示范作用，以加强社会主义精神文明建设。列宁十分注重道德模范和榜样的力量，他曾多次指出无产阶级的榜样才能彰显真正的伟大力量。面对新生的苏维埃政权，在社会主义建设中必须树立和宣传基层模范事例、地方工作榜样，在鼓励他们更好地完成工作的同时，给更多人树立榜样，扩大榜样的示范效应。"榜样是有感染力的"[1]，榜样的力量是无限的。社会主义建设事业需要激发和调动广大劳动群众的激情和力量，共产党员的模范带头作用尤为重要。列宁指出，共产党员要切实担负起榜样的示范责任，"给全民树立榜样"[2]，当好群众的"领头羊"。

（二）社会主义法治建设进程中国家领导人的公民责任思想

国家社会主义民主法治化是一个漫长的过程。法治社会需要公民具有强烈的责任意识和正确的责任观，才能在法治社会运行体系中承担自身的职责与义务，进而以良法为根据，实施其应为的责任行为。中国国家领导人立足于不同的时代背景，结合当时的社会需要，对公民尤其是青年群体应当承担的国家责任、社会责任、个人责任进行了深刻的论述。

1. 对国家的责任

邓小平在1978年3月18日全国科学大会开幕式上明确提出了公民特别是青年群体要承担起促进科学事业不断发展的国家责任，他指

---

[1]《列宁全集》第33卷，人民出版社1985年版，第149页。
[2]《列宁全集》第21卷，人民出版社1990年版，第413页。

出:"科学的未来在于青年。青年一代的成长,正是我们事业必定要兴旺发达的希望所在。"[1] 广大群众要时刻坚守推进现代化事业的重要国家责任,"以热爱祖国、贡献全部力量建设社会主义祖国为最大光荣"[2]。

江泽民在庆祝北京大学建校一百周年大会上的讲话中指出,广大青年群体要承担起振兴中华的历史使命和责任担当[3]。他指出:"越是搞现代化建设,越要教育我们的人民,教育我们的军队,尤其是教育青年一代,不断增强民族自豪感和责任感,把爱国奉献精神大大发扬起来"[4],体现了责任教育在现代化建设中的重要地位。除此之外,广大知识分子也要明确自身在社会主义现代化建设中的重要使命,"我们要提高全民族的思想道德素质和科学文化素质,培育一代又一代有理想、有道德、有文化、有纪律的社会主义新人。在这方面,广大知识分子负有重要职责"[5]。

胡锦涛在五四运动八十周年纪念大会上系统阐述了青年所担负的国家责任和使命,他提到:"青年始终是我们社会中最积极、最活跃、最有生气的一部分力量,……我们的事业取得的全部成就始终与一代又一代青年的英勇奋斗分不开。"[6] 并进一步对青年提出了"要坚定理想,服务人民;要深入群众,投身实践;要勤奋学习,勇于创造;要脚踏实地,艰苦奋斗"[7] 的责任要求和希望。

习近平立足于新时代中国特色社会主义核心价值体系,从国家总

---

[1] 《邓小平文选》第二卷,人民出版社 1994 年版,第 95 页。
[2] 《邓小平文选》第三卷,人民出版社 1993 年版,第 3 页。
[3] 《江泽民文选》第二卷,人民出版社 2006 年版,第 121—126 页。
[4] 中共中央文献研究室编:《江泽民论有中国特色社会主义(专题摘编)》,中央文献出版社 2002 年版,第 404 页。
[5] 《江泽民文选》第一卷,人民出版社 2006 年版,第 125 页。
[6] 胡锦涛:《发扬伟大的爱国主义精神为建设有中国特色社会主义努力奋斗——在五四运动八十周年纪念大会上的讲话(1999 年 5 月 4 日)》,《求是》1999 年第 10 期。
[7] 胡锦涛:《发扬伟大的爱国主义精神为建设有中国特色社会主义努力奋斗——在五四运动八十周年纪念大会上的讲话(1999 年 5 月 4 日)》,《求是》1999 年第 10 期。

体发展布局和发展道路上对青年公民提出了责任要求,即建设富强、民主、文明、和谐的社会主义国家。他指出"建设富强民主文明和谐的社会主义现代化国家,是我们的目标,也是我们的责任,是我们对中华民族的责任,对前人的责任,对后人的责任"①,强调大学生担负历史使命和国家责任的必然性和长期性。

2. 对社会的责任

邓小平责任思想中对社会的责任体现在公民对待工作的态度和原则方面。在对工作的责任方面,邓小平一贯秉持实事求是的责任原则,"比较实际地说,我是实事求是派"②。并且建立分工负责制,以明确公民的责任权限③。针对当时集体负责制存在的弊端,邓小平提出一个很大的问题是无人负责④。因此,如何完善集体负责制是今后工作的重中之重。

江泽民在工作实践中高度重视责任意识,也产生了很多关于责任的重要论述和提法,例如"责任重于泰山"。"责任重于泰山"的责任思想是江泽民在长期工作实践中总结得出的,为江泽民的责任观奠定了理论基础。除了在工作中讲责任的重要性,江泽民还从志愿事业层面指出,青年志愿者助人为乐、扶贫济困正是其社会责任感的完美体现和诠释⑤。

公民承担的社会责任,除了严格履行对工作的责任要求之外,还要不断提高自身的品德修养,自觉引领社会风尚。胡锦涛曾对广大青年公民提出"弘扬传统美德,倡导新风正气,用高尚的道德行为推动全社会文明程度的提高"⑥的责任要求,从而使社会整体道德水平得

---

① 《习近平谈治国理政》,外文出版社 2014 年版,第 170 页。
② 《邓小平文选》第三卷,人民出版社 1993 年版,第 249 页。
③ 《邓小平文选》第一卷,人民出版社 1994 年版,第 230—231 页。
④ 《邓小平文选》第一卷,人民出版社 1994 年版,第 234 页。
⑤ 《江泽民文选》第二卷,人民出版社 2006 年版,第 508 页。
⑥ 胡锦涛:《在纪念中国共产主义青年团成立 90 周年大会上的讲话》,《人民日报》2012 年 5 月 4 日第 1 版。

到提高，社会整体氛围愈加和谐。这是青年担当社会责任的重要体现。

习近平在对处于领导岗位的广大工作者的岗位责任提要求时说道："要始终把人民放在心中最高的位置，牢记人民重托，牢记责任重于泰山。"① 这不仅是他对待工作的责任态度和决心，也是广大普通劳动群众对待自身工作责任和社会责任的标准与要求。

3. 对个人的责任

邓小平对青年公民群体的发展和使命寄予了厚望。他在1987年4月曾明确说过，要证明社会主义的真正优越性，"我们还需要五六十年的艰苦努力。那时，我这样的人就不在了，但相信我们现在的娃娃会完成这个任务"②。在邓小平看来，公民对个人最重要的责任就是不断完善自我精神建设。他提到，公民不仅要加强社会主义的物质文明建设，"还要建设社会主义的精神文明，最根本的是要使广大人民有共产主义的理想，有道德，有文化，守纪律"③，不断提高和发展自己。这就是"四有"新人的经典论断：公民要树立远大的人生理想和崇高的道德品质，在不断学习科学文化知识的基础上，做到以纪律律己律人。

江泽民对公民担负的个人责任的阐述主要体现在"四个统一"上，即"坚持学习科学文化与加强思想修养的统一""坚持学习书本知识与投身社会实践的统一""坚持实现自身价值与服务祖国人民的统一""坚持树立远大理想与进行艰苦奋斗的统一"。④ 除此之外，公民对个人负责的一个重要表现就是公民要积极参与志愿实践，以自己的实际行动丰富自身的实践经验，进而完善自身的责任认知。

胡锦涛对青年公民提出了"坚持远大理想、坚持刻苦学习、坚持

---

① 《习近平谈治国理政》，外文出版社2014年版，第409页。
② 《邓小平文选》第三卷，人民出版社1993年版，第227页。
③ 《邓小平文选》第三卷，人民出版社1993年版，第28页。
④ 《江泽民文选》第二卷，人民出版社2006年版，第124—125页。

艰苦奋斗、坚持开拓创新、坚持高尚品行"①的五点希望，这既是国家对青年群体寄予的殷切希望，也是青年应该自觉承担的个人责任。青年处于人生阶段的黄金时期，无论是精神状态还是身体素质，都是最有力量、最有潜力的阶段。青年要紧紧抓住这个机会，充分挖掘自身潜力，不断完善知识储备，拓宽理论视野，投身社会实践。为自己负责，更是为国家负责。

早在1989年5月，习近平就作了题为《未来属于勇于开拓，奋发进取的青年一代》的讲话。他讲到青年公民要时刻胸怀家国、慎思明辨、勤学苦练、实干笃行。时隔26年，这四点要求在2014年5月4日的北京大学考察时，习近平又重新作了阐释，即"勤学、修德、明辨、笃实"②的责任要求。勤学就是下得苦功夫，求得真学问，是公民履行个人责任的基础；修德就是加强道德修养，注重道德实践，是公民担负个人责任的关键；明辨就是善于明辨是非，善于决断选择，是公民承担个人责任的核心；笃实就是扎扎实实干事，踏踏实实做人，是公民承担个人责任的保障。

（三）中国传统中的责任文化

在中国传统文化宝库中，蕴含着极其丰富的责任思想，特别是儒家传统文化思想中所蕴含的"修身、齐家、治国、平天下"的人伦责任逻辑，成为中国几千年责任文化的重要思想来源，诠释了个人对自己、对家庭、对国家和对天下的责任精髓。

1. 对自己的责任

《大学》中指出，无论是天子还是平民，都要以自我修身、自我完善作为做人的前提。如果无法对自己负责，又怎么面对其他生存和发展的问题？"自天子以至于庶人，壹是皆以修身为本。其本乱，而

---

① 胡锦涛：《在纪念中国共产主义青年团成立90周年大会上的讲话》，《人民日报》2012年5月4日第1版。

② 《习近平谈治国理政》，外文出版社2014年版，第172—174页。

末治者否矣。"① 儒家传统责任伦理为什么将个体的自我责任视为个体最基础的责任要求?《论语》子路篇中提到"其身正,不令而行;其身不正,虽令不从"②,强调国家治理者的个人修行对老百姓行为的影响作用。当国家治理者自身行为端正,即使不下达命令,老百姓也会争相效仿,突出了自我修行、自我正身的重要作用。孔子在与其弟子子路探讨"君子"的一段对话中提到"君子"的两大行为准则,即"修己以安人""修己以安百姓"③。他认为,作为"君子"要修养自己,使自己道德高尚以至所有与你相处的人都感到平安快乐。"修己"即为"君子"的自我责任。而如何能履行自我责任,达到"修己""修身"? 首先要学会反躬自省,反省自己的所做所想,"吾日三省吾身:为人谋而不忠乎? 与朋友交而不信乎? 传不习乎?"④ 其次,要"立德""立功""立言",以完成"三不朽"的自我价值追求。"大上有立德,其次有立功,其次有立言。虽久不废,此之谓不朽。"⑤ "立德"即为树立德行,完善自我道德品行;"立功"即为建立功业,担当责任;"立言"即为传播文化,扩大传承。儒家学者把"三不朽"的思想当作自己的人生目标和理想追求。

2. 对家庭的责任

孟子曰:"天下之本在国,国之本在家。"⑥ 天下的基础是国家,国家的基础是家庭。家庭的重要性不言而喻,家庭道德、家庭责任品质的获得不仅影响个人的发展,也关乎国家民族的兴旺发达,正所谓:"一家仁,一国兴仁;一家让,一国兴让。"⑦《左传》中曾描绘

---

① 《大学·中庸》,王国轩译注,中华书局2006年版,第5页。
② 《论语》,张燕婴译注,中华书局2006年版,第189页。
③ 《论语》,张燕婴译注,中华书局2006年版,第227页。
④ 《论语》,张燕婴译注,中华书局2006年版,第3页。
⑤ 杨伯峻编著:《春秋左传注》(修订本),中华书局1990年版,第1088页。
⑥ 《孟子》,万丽华、蓝旭译注,中华书局2006年版,第150页。
⑦ 《大学·中庸》,王国轩译注,中华书局2006年版,第26页。

了和谐家庭关系的模式,即"父慈而教,子孝而箴;兄爱而友,弟敬而顺;夫和而义,妻柔而正"①。中国传统家庭责任伦理文化是建立在"亲亲""尊尊"的封建思想上,以家庭为本位,以宗法等级为基础,以血缘关系为纽带,形成了"父慈子孝""夫义妇顺""兄友弟恭"的家庭责任内涵,规定了每个家庭成员应当履行的家庭责任和伦理义务。

中国传统家庭责任伦理的基本内涵主要围绕家庭三重关系展开,即父母与子女、丈夫与妻子以及手足之间的关系。一是"父慈子孝"的亲子责任。作为父母,抚养、教育子女是其应尽的责任和义务。父母应做到"赐以优言,问所好尚,励短引长,莫不恳笃"②,"人生至乐无如读书,至要无如教子"③。父母不仅要担负起抚养子女长大成人的职责,还要担负起教育子女成才的义务。作为子女,则负有"孝"的家庭责任,包括关心父母的饮食起居以及尽量满足、顺从父母的要求。"竭力孝养父母,劬劳恩似海深。晨昏省候安否,凡事体顺颜情。当效返哺之义,寻思跪乳之恩。"④ 二是"夫义妇顺"的夫妻责任。夫妻关系在家庭伦理关系中处"人伦之始""五伦之基"的地位。夫妻关系是社会一切关系的基础,没有夫妻就没有家庭,没有"小家"何谈"大家"？在封建等级社会,有严格的夫妻礼仪以规范夫妻之间的责任行为。对丈夫的责任要求是"和而义",丈夫要以礼规范自己的行为,对待妻子要有"义",包括"礼义""情义"和"道义"。对妻子的要求是"柔而顺",即对自己的丈夫要柔和、顺从。"妻柔而顺"的责任伦理思想是伴随着父权制社会"男尊女卑"的观念形成的,因此具有浓烈的封建色彩。三是兄友弟恭的手足责任。兄弟关系是在夫妻关系、父子关系基础上衍生出来的一种亲属关

---

① 杨伯峻编著:《春秋左传注》(修订本),中华书局1990年版,第1480页。
② 《颜氏家训》,檀作文译注,中华书局2007年版,第4页。
③ 翟博主编:《中国家训经典》,海南出版社2002年版,第452页。
④ 翟博主编:《中国家训经典》,海南出版社2002年版,第363页。

系，以血缘关系和长期的共同生活为基础。为什么兄弟手足之间负有相互的家庭责任？颜之推在其《颜氏家训》中阐释了其中的原委："兄弟者，分形连气之人也……虽有悖乱之人，不能不相爱也。"① 这种血浓于水的骨肉亲情决定了他们之间负有友善、尊重、团结、互助的家庭责任。

3. 对国家的责任

如果说对自己、对家庭的责任涉及的是私人领域，那么对国家的责任则强调的是对国家的生存与发展、繁荣与富强所肩负的公共责任和使命。家国同构是传统中国社会政治结构的基本特点。"孝"作为父子关系的责任规范，上升到国家层面即为"忠"；"悌"作为兄弟之间的责任要求，延伸至君臣关系即为"顺"。中国传统文化精神把对国家的责任诠释为两个方面：一是尽忠报国的爱国责任。从"鞠躬尽瘁，死而后已"的奉献决心，到"人生自古谁无死，留取丹心照汗青"的尽忠情怀，再到"精忠报国"的凌云壮志，历史上总是不断涌现出一批批仁人志士甘愿为国家和民族的安定挺身而出，舍身忘我，践行爱国主义的责任行为。在几千年的封建社会时期，尽忠报国、忧国忧民不仅是仁人大夫、君主官吏的职责要求，也是庶民百姓的责任理想。元朝人许衡教导自己的子女做一个忠于自己的国家、信于自己的君王、造福于百姓的人②。二是秉公执事的敬业责任。"政可守，不可不守。吾去岁中言事得罪，又不能逆道苟时，为千古罪人也。"③ 在恪守职责与"人情""礼""义"相冲突的时候，公平、正义、公道是责任要求和责任准绳。只有不惮亲戚、不畏豪强、不顾祸福、不计利害，才能建立公平、公正的社会秩序。

---

① 《颜氏家训》，檀作文译注，中华书局2007年版，第17页。
② 翟博主编：《中国家训经典》，海南出版社2002年版，第487页。
③ 翟博主编：《中国家训经典》，海南出版社2002年版，第306页。

4. 对天下的责任

"天下兴亡，匹夫有责。"中国传统责任伦理文化中对"天下"负责的思想可以从两个方面进行解读：一是对自然生态负有的责任，这一思想基于儒家"万物一体"的价值判断。孟子认为"万物皆备于我矣"①，万物的性质"我"都具备了，"我"与天地万物合为一体、休戚相关。"我"对于整个天地万物负有不可推卸的责任。基于这种对宇宙万物的责任情怀，可以将对天下的责任思想延伸到人对自然万物都应当持有的一种道德责任规范，即维护人类赖以生存及与他人共存共荣的自然生态的可持续发展。二是建立"大同社会"的责任使命。无论是范仲淹的"先天下之忧而忧，后天下之乐而乐"，还是黄宗羲的"盖天下之治乱，不在一姓之兴亡，而在万民之忧乐"，不仅表达了儒家学者对现实社会状态的忧患思考，也蕴含着他们对人类最高理想社会的强烈夙愿和责任担当。

四　马斯洛需要层次理论

马斯洛作为人本主义心理学的创始人，在其《人类激励的一种理论》一书中正式提出人的需要层次理论。这个理论流传甚广、影响极大，是西方心理学界广泛认为能够揭示需要规律的理论。马斯洛的需要层次理论主要对人的七种基本需要及其层次划分进行了全面剖析。

（一）人类有七种基本需要

马斯洛认为，人类的七种基本需要包括生理需要、安全需要、归属与爱的需要、尊重需要、求知需要、审美需要和自我实现的需要。②生理需要（Physiological Need）是人类最本能、最基础的需要，包括吃饭、睡觉、性等生理需要。这种需要主要由体内的生理机能或神经

---

① 《孟子》，万丽华、蓝旭译注，中华书局2006年版，第289页。
② [美]亚伯拉罕·马斯洛：《动机与人格》（第三版），许金声等译，中国人民大学出版社2013年版，第15—23页。

中枢所控制，不以人的意志为转移或消失。安全需要（Safety Need）指人们为了维持生存或发展等基本状态而期望被保护与免遭威胁的心理需求。归属与爱的需要（Belongingness and Love Need）起源于人的两种需要：一是归属感，人自古以来都是群居动物，人的社会属性使得人具有一种归属于某一群体或组织的情感需求；二是爱的需要，人在与其他社会存在物发生某种联系的时候，都有被理解、被关爱的情感需求。尊重需要（Esteem Need）是一种希望被尊重并尊重他人的心理需要。求知需要（Need to Know）是指个人对自身乃至整个物质世界进行了解、理解、探索以及解决问题的需要。审美需要（Aesthetice Need）是指人对理解存在于人与世界关系中无功利的、形象的和情感的特殊形式的心理需求。自我实现的需要（Self-actualization Need）是一种基于对自身更好状态的向往和追求，不断挖掘自身的潜能，充分调动有利因素的需要。这是最高层次的需要。上述七种需要相互联系、相互依赖、彼此重叠，是一个按层次组织起来的系统。

（二）七种需要是由低层次到高层次逐级递升的

马斯洛认为，人类的需要具有层次性特征，可以划分为高低两层，其中生理需要、安全需要、归属与爱的需要以及尊重需要属于低级需要，这些需要可以通过外部条件得到满足。而求知需要、审美需要和自我实现的需要则属于高级需要。

（三）优势需要至关重要

在人生的不同时期，个体需要呈现出不同的优先性和交融性。在某个时期，可能发生多种需要共同存在的现象，其中占主导地位的需要，即优势需要，它对当前行为起关键性的指导作用。

（四）需要的发展呈金字塔形

如图1-2所示，由金字塔底端到顶端分布着个人不同层级的需要。可以看到，金字塔形的需要结构由下而上越来越狭窄。这意味着越靠下层的需要，越是个人最基本的需要，在整个人类占比中具有这种需要的人越多；越靠上层的需要，具有这种需要的人占比越少。最

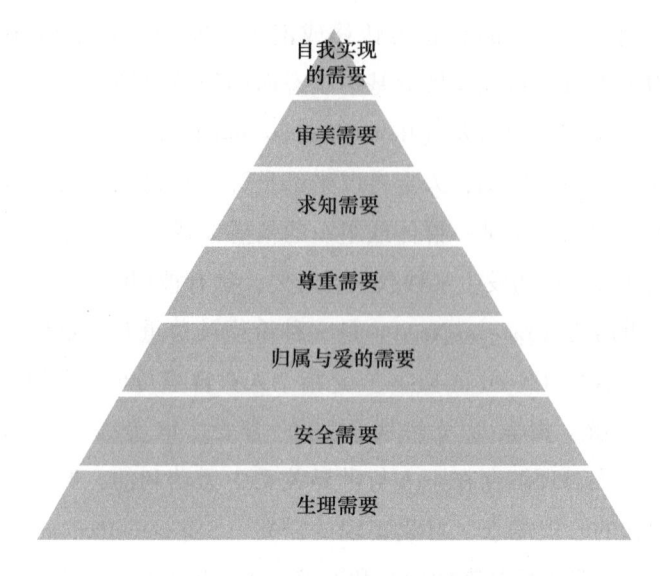

图 1-2 马斯洛需要层次结构图

终满足自我实现的需要的人最少,或是具有自我实现的需要的人只占很少一部分。其主要原因是低层次需要相对容易满足,而自我实现的需要则依赖更多外在条件。

马斯洛的需要层次理论对公民责任教育的积极意义主要表现在:一方面,该理论比较客观地总结出人类需要发展的一般规律,为分析公民责任品质生成的需求动力提供理论参照;另一方面,它将人的需要看作一个有严格组织的层级系统,具有整体性的分析功能。公民责任教育的内容依据公民需要的层级不同,可以系统、完整地划分为体系性的责任内容。需要注意的是,在运用马斯洛需要层次理论分析问题时要避免以下几个误区:首先,不可脱离社会历史条件抽象地谈人的需要和自我实现。个人的需要与社会发展以及环境变化是密切相关的。考察日常生活中公民对责任的内在需求一定要结合特定的社会发展状况和环境因素。其次,不可机械地将人的层级需要看成固定的发展模式,即低级需要得不到满足就不会产生高级需要。在日常生活中,公民责任行为的触发可能出于个体的基本生存需要，也可能出于实现自我的高层次需要。在某种程度上高层次的需要对低层次的需要具有一定的调节作用。

五 品德心理理论

品德即道德品质，是指"个体按照社会道德准则行动时，对社会、对他人、对周围事物表现出的特性或倾向"[①]。区别于那些偶然的、暂时的态度和行为表现，个人的品德是一种稳定、持久的个人的内在特质。它通过与道德判断有关的态度、言论以及一系列的行为举止得以体现。品德和道德是两个关系密切且相互区别的范畴。道德是一种社会集体现象，是经过几千年的历史变迁延续下来的调整人们社会行为和交往活动的规范和准则；品德则是一种个体现象，是社会道德要求在个体个性特征上的具体表现。道德的发生和发展服从于社会发展的规律，具有一定的历史性和客观性，不以个体的意志为转移。品德的形成和发展依据个体生理、心理状态的不同，呈现不同的特点。品德和道德的密切联系表现在品德离不开一定的社会道德规范。人们对一个人的品德做评价时，总是以社会道德标准作为衡量的依据，而个体品德的获得和践行会直接影响社会道德或社会风气的发展走向。

（一）品德的心理结构

品德与其他的心理现象一样，是多层次、多维度的有机统一整体，是多种内在的心理因素交互作用的综合体。深入剖析品德的心理结构，有助于了解品德的形成过程和发展规律。品德心理结构分为道德意识形态和道德活动形态[②]（见图1-3），其中道德意识形态由道德认识、道德情感、道德信念、道德动机、道德意志组成；道德活动形态由道德行为和道德行为习惯组成。

[①] 郭晶晶、钱东霞、胡雯主编：《心理学》，吉林大学出版社2017年版，第158页。
[②] 郭晶晶、钱东霞、胡雯主编：《心理学》，吉林大学出版社2017年版，第158页。

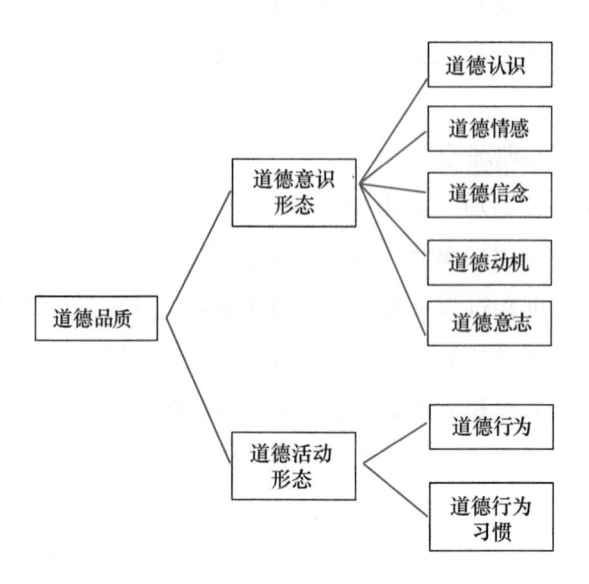

图1-3 品德的心理机构图

（二）品德形成的心理过程

品德形成的过程是品德心理结构各要素之间相互作用、相互影响，最终建立相对稳定的心理状态的过程。品德形成的过程具有顺序性和阶段性，是品德心理结构各要素按照一定的顺序和环节建立起来的循环系统（见图1-4）。

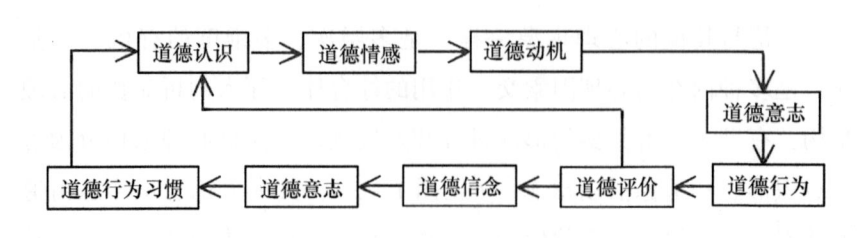

图1-4 品德形成—反馈系统

品德心理理论认为，一种道德品质的形成以道德认识为起点。人们在社会实践与交往活动中，通过接受教育或是观察他人，对社会中存在的道德要求和规范产生一定认知和了解。同时，人们会对自己和他人的道德行为或是社会中发生的道德事件产生内在的喜爱或厌恶、敬仰或憎恨、愉快或悲伤的情绪偏好和倾向，从而形成自己的道德情绪。道德情绪会指引人们产生道德动机，即在具体实践中人们根据自身需要和情绪偏好，选择为某种行为的最基础的内在动机。道德动机是产生道德行为的最基础的决定因素，有道德动机不一定会触发道德行为，但是道德行为的发生一定是基于一定的道德动机。从道德动机到道德行为需要道德意志的不断巩固和强化，供以道德动机源源不断的意志力，进而触发道德行为。道德行为的触发是不是意味着道德品质已经形成？并不然。一次或偶尔的道德行为并不代表个体已经具备一定道德品质。只有当道德行为通过多次、反复的实践，以一种惯常的、持续的、比较稳定的活动方式固定下来，形成道德习惯，道德品质才算最终形成。在反复、多次道德实践过程中，个体会通过道德行为对象或周围他人的评价不断巩固和强化自身的道德认知和道德信念，产生新的道德意志以支撑道德行为习惯的固化。

　　日常生活中的公民责任教育，不论是培养公民新的责任品质还是矫正不良责任行为，都需要遵循责任品质心理结构的运作规律。教育主体按照责任品质形成的规律进行教育活动，进而取得有效的教育效果。这就需要教育主体在实施具体教育时，既不能机械地以先后次序为依据实施教育行为，也不能单一地针对某一要素施加影响。例如，日常生活中的责任教育可以从提高责任认识开始，也可以从激发责任情感着手，还可以从培养责任行为方式和训练责任行为习惯开始。青少年责任教育与成年人责任教育也会有不同，教育主体必须在分析教育客体的年龄特点、原有责任品质状况和教育环境的基础上，选择最适合、最有效的方式作为责任教育的开端。例如，对年幼儿童的责任教育适合把责任行为习惯的培养和责任情感的激发作为起点，而尽量少讲大道理。随着受教育者年龄的增长，有必要增加责任概念和责任伦理的教育内容。但不管在什么情况下，也不管采用什么样的方法，只有当上述心理要素都得到相应的发展时，责任品质才能形成。

六 西方马克思主义理论家的日常生活理论

思想政治教育学科应该如何对待西方马克思主义？习近平总书记曾指出："对国外马克思主义研究新成果，我们要密切关注和研究，有分析、有鉴别，既不能采取一概排斥的态度，也不能搞全盘照搬。"① 如何辩证科学地对待和运用西方马克思主义理论家的日常生活理论，汲取其中有利于新时代中国特色社会主义建设的精华内容，需要时刻牢固把握经典马克思主义基本原理和马克思主义中国化的宝贵理论成果，既要立足于全球化的理论视野，还要扎根中国特殊的现实需要。本书将西方马克思主义理论家的日常生活理论作为一种可借鉴的知识来源和分析工具，结合中国特殊的日常生活存在，分析当前国内日常生活碎片化的内在结构和图式特征，根本目的在于用马克思主义理论指导下的公民责任教育统领日常生活领域中碎片化、琐碎化的责任教育问题，对日常生活中的公民责任教育进行有限建构。

（一）日常生活的内在结构和基本图式

首先，西方马克思主义学者赫勒从社会存在领域和内在活动图式两个方面对日常生活做了深刻的界定，她认为日常生活是"那些同时使社会再生产成为可能的个体再生产要素的集合"②，把日常生活理解为以个体的再生产为主要内容的自在的对象化领域。这个领域十分重要，在任何社会都处于基础的层面。其次，赫勒对作为个体再生产领域的日常生活的内在结构和基本图式从文化学角度进行了深入的分析和诠释。她在《日常生活》一书中详细地分析了日常思维的重复性、自在性、经济化等特征；诠释了"自在的"类本质对象化的重复性、规范性、符号性、经济性、情境性等共同特征；揭示了日常行

---

① 《习近平谈治国理政》（第二卷），外文出版社2017年版，第67页。
② ［匈］阿格妮丝·赫勒：《日常生活》，衣俊卿译，重庆出版社1990年版，第3页。

为与日常知识的实用主义、可能性、模仿、类比、过分一般化式。最后，赫勒对日常生活进行批判的价值取向是使日常生活人道化。虽然赫勒将日常生活理解为自在、自发的自然存在，但她还是坚信日常生活是可以被改造的，使之更为人道化。在为其《日常生活》英文版所写的序言中，赫勒非常明确地指出了这个倾向。在这个意义上，赫勒的日常生活理论并非完全属于解构性的后现代批判视角，也存在着"现代性"的建构立场。

赫勒日常生活理论是对日常生活进行的较为全面且系统的建构性理论，其日常生活的人道化内涵成为本书研究日常生活中公民责任教育的分析依据和理论基础。具体来说，日常生活中公民责任教育的人道化核心是使日常生活的教育主客体建立起自觉的关系模式，通过教育主客体自身的改变而改变责任教育理念，使教育主客体的潜能得以充分发挥和施展。

（二）"交往理性"或可重构生活世界

西方马克思主义主要代表人物哈贝马斯在《交往行为理论》和《合法化危机》中阐述了他的生活世界理论，并将其作为交往行为理论的思想地平线，运用到公共领域的现代性反思中[①]。

首先，哈贝马斯的生活世界概念是为分析交往行动而提出的支撑性理论。在他看来，工具理性主要调节的是系统或体系（system），而交往理性主要调节的是生活世界。因此，需要引入生活世界概念进一步分析交往行动的合理化范围和实现途径。其次，哈贝马斯从文化、社会和个性三个层面深刻揭示了生活世界所具有的内涵[②]。在生活世界中，交往行为者通过文化的知识储备功能获得对事物的理解；通过社会的合法秩序调整与其他交往行为者的关系；

---

① 梅景辉：《生活世界合理化与公共领域的结构转型——哈贝马斯的生活世界理论及其现实意义》，《哲学研究》2014年第12期。

② 梅景辉：《生活世界合理化与公共领域的结构转型——哈贝马斯的生活世界理论及其现实意义》，《哲学研究》2014年第12期。

通过语言和行动方面的个性参与交往过程①。这是在各种生活世界概念中内容比较丰富、结构比较清晰的一种界定。除此之外，哈贝马斯还提出了"生活世界的媒体化"趋势。在价值一般化和大众传媒快速发展的背景下，"声望和影响，我们已当作原始的一代的积极做出成就的结果认识到了：现在媒体的形成已代替了它们"②。最后，哈贝马斯提出了"生活世界合理化"问题。在哈贝马斯看来，用构建系统或体系的工具理性去构建生活世界的合理化是行不通的。生活世界要实现合理化目标就是要以交往合理性概念作为出发点，研究促使个人和集体进行合理行动的生活世界结构。③ 在生活世界中，人们都是作为交往主体和对象存在的，因此需要改造人们的交往行为使"生活世界合理化"。如何改造人们的交往行为，哈贝马斯提出了交往行为的三个有效性特征，使人们能够在自由、平等、理性的基础上进行对话和沟通，以此达到生活世界的合理化样式。

哈贝马斯的生活世界是一种用交往理性构建的生活世界。在日常生活中，责任教育主客体作为交往行为者，需要依靠交往理性完成责任教育的交往实践。交往理性是一种主体间性的交往模式，通过平等、自由、理性的沟通和对话，建立相互信任和依赖的关系，从而构建生活世界的交往样式。这为探索如何在日常生活中开展以交往理性和交往行为为基础的责任教育实践提供了行为理论指导和活动模式思考。

（三）日常生活中人的"自由""自觉"的生成革命

列斐伏尔日常生活批判哲学的基础是马克思的异化理论，其中，关于日常生活二重性的批判思想是其日常生活理论的重要组成部分。作为

---

① ［德］哈贝马斯：《交往行动理论·第二卷　论功能主义理性批判》，洪佩郁、蔺青译，重庆出版社1994年版，第189页。
② ［德］哈贝马斯：《交往行动理论·第二卷　论功能主义理性批判》，洪佩郁、蔺青译，重庆出版社1994年版，第239页。
③ ［德］哈贝马斯：《交往行动理论·第二卷　论功能主义理性批判》，洪佩郁、蔺青译，重庆出版社1994年版，第245页。

一名人本主义哲学家，他的全部理想是"总体的人"[1]在世界历史中的生成。可见，在列斐伏尔看来，总体的人具有自觉、自由的意识，可以在整个物质乃至精神世界中，创造自我、改善自我。同时，列斐伏尔指出这种总体的人迄今尚未生成[2]。在这里所描述的尚未诞生的、需要通过自己的对立物而存在的人就是"异化"的人；人中的非人的东西就是渗透并充斥着日常生活领域中与人之"自由""自觉"本质不符的物质状态。由此，列斐伏尔将关注点聚焦于人之"非人"的日常生活状态。首先，日常生活具有平常性、复杂性、琐碎性和重复性。列斐伏尔认为，日常生活与个人息息相关，涉及个人生存、发展的方方面面，对外呈现出平凡而琐碎的个体活动和日常行为。例如，穿衣、吃饭、生产劳动、消费娱乐、婚姻家庭、人际交往，等等。日常生活作为每一个人直接的、具体的、现实的存在构成了人之生产和再生产的全部内容。其次，日常生活是哲学不可忽略的对象。日常生活虽然是平常的、琐屑的、重复的、通俗的，但是由于其在人类生存和再生产领域的重要地位，依然是哲学不可规避的思辨领域。尤其是在日常生活领域中探讨人之"异化"状态，是排除阻碍"总体的人"生成的重要意识形态革命。最后，列斐伏尔对日常生活批判的根本旨意在于从人的最自然的生存状态和最繁杂的活动模式出发，探寻"总体的人"的生存路径。列斐伏尔指出："解决问题的办法是尝试建立日常生活的清单和分析。"[3] 可见，列斐伏尔的日常生活理论意不在批判，而在构建。通过揭示日常生活碎片化、无序化的存在方式和运行模式，探寻日常生活中人之内在潜力和无限可能，最终构建一种人道主义社会。这与马克思的共产主义理想社会有异曲同工之处。

---

[1] 复旦大学哲学系现代西方哲学研究室编译：《西方学者论〈1844年经济学—哲学手稿〉》，复旦大学出版社1983年版，第190页。

[2] 复旦大学哲学系现代西方哲学研究室编译：《西方学者论〈1844年经济学—哲学手稿〉》，复旦大学出版社1983年版，第191页。

[3] Lefebvrn Henri, *Every day Life in the Modern World*, London: Harper & Row Limited, 1971, p. 13.

上述西方马克思主义理论家的日常生活理论（包括东欧新马克思主义）是以马克思主义的基本社会历史发展观为依据，沿袭马克思主义哲学的批判思辨范式，旨在揭示资本主义社会人之异化现象，探讨向生活世界回归的价值诉求，以寻求人类自由全面发展的未来社会图景。但需要强调的是，这些理论在批判方法、研究内容和现实方法上存在一定局限性：一方面，尽管他们很重视马克思主义的实践观，但在某种意义上，他们仅仅做了解构当前日常生活中出现的现代性问题的工作，将现代日常生活的碎片化存在状态予以呈现和披露，并没有指出具有实践意义的构建意见，或只是提出一种对理想日常生活的向往或诉求；另一方面，西方马克思主义理论的分析视角和方法呈现多元化倾向，可能在一定程度上背离或曲解了马克思主义基本原理的"能指"和"所指"。

七　场域理论

在以往传统公民责任教育的研究中会考察责任教育的外在环境因素。日常生活世界是一个开放性的世界，难以对其环境找到明确的划分标准。然而，日常生活往往会被分割为不同的"场域"。这些"场域"都是不同的力量关系网络，构成了公民责任教育日常生活的空间环境，是对公民责任教育场所环境的拓展和延伸。在这些不同的日常生活场域中，公民责任教育可采用不同的教育方法，并呈现不同的表现形式。

（一）"场域"是一个客观的关系"网络"

"场域"最早源于物理学概念，后被社会学广泛应用，形成"场域理论"。"在高度分化的社会里，社会世界是由大量具有相对自主性的社会小世界构成的，这些社会小世界就是具有自身逻辑和必然性的客观关系的空间。"[①] 场域即可解释为这些"小世界"。人类的客观

[①] [法]皮埃尔·布迪厄、[美]华康德：《实践与反思：反思社会学导引》，李猛、李康译，中央编译出版社 2004 年版，第 134 页。

世界正是由各种"小世界"组成的，其实质是一个关系的网络。在一个场域中，存在着客观的力量作用关系，且逻辑自洽。

首先，场域具有一定的空间性。"我们可以把场域设想为一个空间，在这个空间里，场域的效果得以发挥。"① 可见，场域具有一定的空间性，在空间内的所有对象不再根据原有的内在性质去理解，而在与其他对象相互关联中被解释。在同一个场域空间内，各自独立的对象相互关联，发挥着不同的效用。每个场域通过实践活动逐渐形成专属的内部既定逻辑和规定。

其次，场域具有开放性和关联性。场域是一个关系网络，具有开放性。因此，场域没有具体的界限，无法明确判断一个场域的空间范围。② 虽然场域具有一定的空间性，但没有物理上的边界。空间性指的是场域中的作用关系处于一定空间之内。只有处于特定关系网络之下的对象才属于本场域。不同场域之间的相互关联又是一个极其复杂的问题。场域是一个客观关系的网络，没有固定的结构，是一个处于动态变化过程中的关系网络。也就是说，不同对象由于其与其他对象所产生的场域关系不同，可能属于不同场域内的主体。

最后，场域具有斗争性和流动性。"一个场域的动力学原则，就在于它的结构形式，同时还特别根源于场域中相互面对的各种特殊力量的距离、鸿沟和不对称关系。"③ 场域中各种势力的作用关系具有一定的空间效应，是一种冲突和斗争的效应。这些冲突和斗争维持着或者改变着场域中各方势力的力量结构。场域中不同位置的占据者运用各种策略来维持或改善自己的场域位置。因此，场域又是一个动态的、更新的客观关系网络，表现为内部既定逻辑规则是随着历史环境

---

① ［法］皮埃尔·布迪厄、［美］华康德：《实践与反思：反思社会学导引》，李猛、李康译，中央编译出版社 2004 年版，第 138 页。
② ［法］皮埃尔·布迪厄、［美］华康德：《实践与反思：反思社会学导引》，李猛、李康译，中央编译出版社 2004 年版，第 142 页。
③ ［法］皮埃尔·布迪厄、［美］华康德：《实践与反思：反思社会学导引》，李猛、李康译，中央编译出版社 2004 年版，第 139 页。

的变化不断变动的。

(二)"场域"理论的可借鉴性分析

"场域"是社会学理论中的一个范畴,将其纳入公民责任教育环境的分析可以全面、细致地展现责任教育过程在各日常生活场域中的内在机理,以及责任教育主体之间的作用机制。

首先,分析与场域位置相对应的场域权力。这里讲的"权力并不是个人所拥有的什么,而是人与人之间的一种关系"[1]。任何内容的教育活动从权力角度分析,可以理解为教育者对受教育者进行"控制"的过程。在思想政治教育范畴内,这种"控制"表现为教育者将正确的、普遍的责任思想和观念通过不同的方式"移植"到受教育者的价值观念体系中。责任教育的场域权力根据发生场域的不同,既可以是宏观权力,也可能是微观权力。微观权力则表现为多元化的知识性权力和文化权力。日常生活中,在不同生活场域中存在着大量的微观权力,为公民责任教育提供教育力量来源。例如,家庭权力、社区权力和网络权力等。这些权力作用关系存在于相对应的场域位置中,是日常生活场域主要的规则运行推动力,具有客观的逻辑自洽性。因此,日常生活中的责任教育要剖析与这些微观权力相对应的日常生活场域。

其次,勾画不同主体之间的客观关系结构。存在于特定场域中,占据不同立场和位置的主体为了控制这一场域既定的规则模式,相互"斗争"、竞争,从而形成了不同的场域关系。在不同责任教育的日常生活"场域"中,场域理论可以分析责任教育主客体之间的权力作用关系,即教育主体如何将日常生活中的各种规则机制运用到责任教育的过程中,以维持和改善其在责任教育中的地位和力量。

最后,分析行动者的惯习,即千差万别的性情倾向系统。不同的

---

[1] [美] 丹尼斯·K. 姆贝:《组织中的传播和权力:话语、意识形态和统治》,陈德民、陶庆、薛梅译,中国社会科学出版社 2000 年版,第 64 页。

生活场域中存在着不同的性情倾向系统。在特定的日常生活场域中，教育主体要善于运用存在于这些日常生活场域中的性情倾向系统，将责任教育的内容融于性情倾向的作用过程。这将大大降低责任教育的难度，提高责任教育的实效性。例如，在日常家庭生活场域中，情感倾向在责任教育主客体的作用关系上表现较为突出，而在日常网络生活场域中，技术倾向则是责任教育主客体作用关系的关键影响因素。

第二章

日常生活中公民责任教育的价值取向及体系构建

党的十九大提出中国特色社会主义进入新时代。要想取得新时代中国特色社会主义的伟大胜利，实现中华民族伟大复兴的中国梦，不仅要坚持党的领导和社会主义道路，还要提升公民完整的责任品质。新时代的公民责任教育要顺应时代的发展要求，以创造新时代"美好生活"为价值取向，回归到公民的日常生活基点。公民的日常生活是"美好生活"的土壤基础和现实依据，而"美好生活"则是对日常生活的理论升华和现实重构。只有将日常生活的内在图式和作用机制纳入公民责任教育的考察视野中，才能探索出具有本土特色的新时代公民责任教育体系。

第一节 新时代的"美好生活"：公民责任教育的价值取向

党的十九大报告中曾十四次提到"美好生活"，实现人民的"美好生活"是贯穿于新时代中国特色社会主义事业的核心任务。党的十九大将"美好生活"纳入对当前社会主要矛盾的表述当中，这意味着新时代中国特色社会主义事业的发展方向聚焦于人民最为关切的日常生活需求。在这样的背景下，公民责任教育向"日常生活"的策略转向,既是新时代"美好生活"关注人民日常生活需要的诉求表达,同时也与新时代思想政治教育改革创新的方向相统一。日常生活是"美好生活"的土壤基础和现实依据;"美好生活"是对日常生活的理论升华和现实重构。公民责任教育要以创造新时代"美好生活"为价值取向,深入公民日常生活的内在图式和作用机制,探索出具有本土特色的新时代公民责任教育路径,进而为创造新时代"美好生活"提供必要的个体条件和责任要件。

一 新时代"美好生活"的内在要求

新时代的"美好生活"具有一定的内在要求,它以人民群众的实际生活为基点,以人民群众为主体,在满足人民群众生存、发展需要的基础上,最终实现人民群众自由而全面的发展。

(一)从功能要求上看:新时代"美好生活"以实现人民群众的需要为功能

马克思认为人的需要是人的存在方式的本质体现,"他们的需要即他们的本质"[①]。他还指出,人的需要有层次之分,最基本的需要就是生存的需要,"当人们还不能使自己的吃喝住穿在质和量方面得到充分供应的时候,人们就根本不能获得解放"[②],更谈不上实现高层次的自我发展的需要。人的需要如此重要,它表征着人的存在和生活方式。没有需要,就没有生活。从新时代"美好生活"本身来看,必然是人民群众各种需要得到充分满足的"美好生活"。从创造新时代的"美好生活"角度出发,必须深入人民群众的现实生活,从人民群众的需要和价值追求入手,了解和理解人民群众需求的出发点和源头,以满足人民群众从基本的生存到发展再到实现自我的不同需要。

---

① 《马克思恩格斯全集》第3卷,人民出版社1960年版,第514页。
② 《马克思恩格斯全集》第42卷,人民出版社1979年版,第368页。

毛泽东同志曾经指出："一切群众的实际生活问题，……满足了群众的需要，我们就真正成了群众生活的组织者，群众就会真正围绕在我们的周围，热烈地拥护我们。"① 需要具有阶段性和层级性。一定的需要获得满足之后，又会产生新的需要；较低层次的需要满足之后，就会产生较高层次的需要。习近平总书记在十九大报告中强调："人民美好生活需要日益广泛，不仅对物质文化生活提出了更高要求，而且在民主、法治、公平、正义、安全、环境等方面的要求日益增长。"② 当社会经济生活达到一定水平后，人民群众对美好生活的需要从基本的生存需要开始延伸扩展至制度需要、安全需要、公平需要等方面。人民群众的需要随着社会历史发展而不断变化和更新。要想构建新时代的"美好生活"，就必须要捕捉人民群众当下最关心、最急切的日常生活需要和心理需要，以解决人民群众切实关心的现实问题为切入点，不断创造和搭建人民群众日常利益反映、表达、实现和保障的沟通桥梁，让人民群众真切地感觉到新时代"美好生活"终将成为人民群众日常生活的现实状态。

（二）从主体要求看："美好生活"要求尊重人民群众的主体性地位

马克思指出："历史活动是群众的事业。"③ 人作为历史的主体，在处理与其他事物的关系时表现出来的能动性、自主性、创造性和自为性被称为人的主体性。马克思历史唯物主义在批判资本主义劳动异化的基础上，指出在资本主义生产关系下，劳动者作为物质资料的生产者，却不是物质资料的所有者，劳动被异化为生存方式。同样，劳动者创造了自己的生活，却不是生活的主体，其能动性、自主性、创造性和自为性等主体性特征在日复一日、繁杂的日常生产中被消磨殆

---

① 《毛泽东著作选读》（上册），人民出版社1986年版，第60页。
② 习近平：《决胜全面建成小康社会 夺取新时代中国特色社会主义伟大胜利——在中国共产党第十九次全国代表大会上的报告》，人民出版社2017年版，第14页。
③ 《马克思恩格斯全集》第2卷，人民出版社1957年版，第104页。

尽。劳动者甚至不能决定自己的生活方式，在资本主义生产关系下只能处于被动、被支配的地位。

新时代的"美好生活"尊重人民群众的主体性地位。"人民是历史的创造者，是决定党和国家前途命运的根本力量。必须坚持人民主体地位。"[1] 在习近平新时代中国特色社会主义思想的指引下，人民群众创造历史、创造美好生活的主体性地位得以彰显。人民群众在新时代"美好生活"的主体性地位主要体现在两个方面：一方面，人民群众是新时代"美好生活"的创造者。新时代的"美好生活"依赖人民群众的劳动来实现。马克思指出："劳动首先是人和自然之间的过程，是人以自身的活动来引起、调整和控制人和自然之间的物质变换的过程。"[2] 人民群众作为劳动主体，充分发挥自身能动性和创造性，有目的地作用于大自然中的物质资料，使其成为满足自身生存和发展需要的必需品。人民群众通过劳动不仅创造美好的物质生活，还通过不断的学习、更新知识储备创造美好的精神生活。另一方面，人民群众是新时代"美好生活"的成果享有者。新时代中国特色社会主义坚持人民当家作主，人民群众当家作主的主体性地位不仅落实到国家政治生活中，更体现在人民群众生活的方方面面。人民群众享受了新时代"美好生活"的物质极大丰富，满足了最基本的生存需要，在丰富多彩的精神文明中净化心灵和充实思想，实现高层次的精神需求。

（三）从目标要求看："美好生活"以人民群众的自由而全面的发展为价值目标

马克思从历史唯物主义的观点出发，根据人的发展状况把人类历史划分为三大形态：人的依赖性社会、物的依赖性社会、人的自由全面发展社会[3]。在马克思、恩格斯看来，人类历史发展的三大形态是

---

[1] 习近平：《决胜全面建成小康社会　夺取新时代中国特色社会主义伟大胜利——在中国共产党第十九次全国代表大会上的报告》，人民出版社2017年版，第26页。
[2] 《马克思恩格斯全集》第23卷，人民出版社1972年版，第201—202页。
[3] 《马克思恩格斯全集》第46卷（上），人民出版社1979年版，第104页。

伴随着人的主体能动性的不断增强而演变的。在最初的社会形态中，人几乎没有任何主体能动性。世界的主体不是人，人受制于自然，接受大自然的馈赠，遵循大自然的规律。随着人的主体能动性的发展和扩大，人可以按照自己的意识改造大自然以维持自身的生存和发展。在这个阶段，人的主观能动性在一定程度上受到生产关系和交往关系的限制。直到人的历史发展到第三个阶段，"一个以各个人自由发展为一切人自由发展的条件的联合体"①的诞生，人才能实现真正的自由、全面发展。

新时代的"美好生活"就是在新时代中国特色社会主义建设过程中，实现人类真正的自由、全面发展。习近平总书记在十九大报告中多次强调，新时代中国特色社会主义事业要着力解决发展不平衡不充分的问题，在满足人民在社会各方面日益增长的需要的基础上，更好地推动人的全面发展。新时代的"美好生活"作为新时代中国特色社会主义事业的奋斗目标，不仅是物质财富极大丰富的"美好生活"，也是精神富裕的"美好生活"。精神富裕一方面体现在个人可以想之所想，另一方面体现在个人可以为之所想，实现自我。新时代的"美好生活"遵循"以人为本——人的自由全面发展"的价值取向，在满足人民群众基本需要的基础上，不断实现人民群众自我发展的高层次需要，坚定人民群众追求"美好生活"的意志，创造新的生产方式，推动社会生产力向前发展。因此，创造"美好生活"与个人自由、全面发展互为目标和动力，在建设新时代中国特色社会主义事业中形成完美闭环。

二 新时代"美好生活"与日常生活的内在逻辑

（一）日常生活是新时代"美好生活"的生活土壤和现实基础

从人民群众实践开始的新时代"美好生活"不能绕开人民群众的

---

① 《马克思恩格斯全集》第4卷，人民出版社1958年版，第491页。

日常生活，也无法从人民群众的日常生活中脱离开来。人民群众的日常生活涉及个人衣食住行的方方面面，是个人赖以生存的基础环境。脱离日常生活的"美好生活"将与个人熟悉的生活方式相背离，会受到个体当下生活的拒斥。因此，要重视日常生活对新时代"美好生活"的基础性土壤作用。

首先，新时代"美好生活"要以人们的日常生活经验为依托。所谓生活经验，就是指人类经过长时间的生活实践总结得出的生活知识或技能在意识层面的体现。丰富而生动的生活经验往往是人们通过观察、思考而获得的感性认识。这种与人们日常情感和感悟密切联系的生活体验对于人们理解新时代的"美好生活"具有佐证、注解的意义，经过适当的引导和实践最终将成为创造新时代"美好生活"的工具和手段。正如列宁所说的，"工人特别容易明白和领会社会民主党的纲领，因为这个纲领所说的，全是每一个有头脑的工人看见过、经历过的东西"[①]。

日常生活经验具有很强的亲民性，涉及个人日常生活的方方面面，是游离于人们多种日常生活缝隙之间最有效的润滑剂。日常生活经验根据获得来源可分为直接经验和间接经验。直接生活经验是个人通过自身生活体验获得的生活知识和技能；间接生活经验是个人通过观察他人生活经验的有效性，进而将其内化为自身生活经验的组成部分。日常生活经验之所以能够成为调节公民与社会、公民与公民之间关系的重要连接点，在于它与个人日常生活的联系非常密切，不仅可以帮助个人处理最基本的生存关系，还可以指导公民不断地发现自我、满足自我，最终实现自我。无论是直接经验还是间接经验都是人民群众创造新时代"美好生活"的生活基础和思想来源。将个人日常生活经验自觉地运用到新时代"美好生活"的创造中，拉近新时代"美好生活"与人民群众的距离，更符合"美好

[①] 《列宁全集》第7卷，人民出版社1986年版，第176页。

生活"的内在规律和价值要求。新时代"美好生活"以个体的生活经验为基础。

其次,创造新时代的"美好生活"要深入日常生活的深层机理。新时代的"美好生活"从本质上代表着人民群众的根本意愿,是人民群众对日常生活的美好向往,理应要深入到人民群众日常生活的内部结构中。日常生活的深层机理指的是一般化于公民日常生活中并作用于公民日常生活关系的各种内在机理和基本图式。首先,新时代的"美好生活"必须关注个人日常活动的特性,即自在性、重复性、经验性。创造新时代的"美好生活"离不开个人的日常实践活动,掌握日常活动的特性可以充分挖掘人民群众的活动兴趣点,调动人民群众的劳动积极性。其次,新时代"美好生活"要重视日常生活的"规则"模式,即以传统习俗、经验、常识和道德为主要依据的关系调节模式。在日常生活中,人们常常会根据习俗、经验、常识和道德标准来指导人们的社会实践、调节人们的交互关系。新时代的"美好生活"要善于运用这些"规则"模式规范人们的实践活动,消解掉那些因为科学性、规定性和推理性而晦涩难懂的科学规范的弊端,最终使新时代"美好生活"更贴近个人的情感体验和思想逻辑。再次,新时代的"美好生活"不能忽视以生存本能、血缘关系及其他情感交互关系为基础的日常情感生成逻辑。日常生活中,人们进行日常交往的基础往往是维持自身生存的本能,或是由于人们之间天然存在的血缘关系,抑或是基于某种特殊的情感体验。新时代的"美好生活"要遵循这些情感生成逻辑,挖掘人民群众对新时代中国特色社会主义事业和理论的认同和践行,以情感为依托,构建"美好生活"的情感依赖。最后,新时代的"美好生活"要关注个人的日常行为方式,以正确引导人民群众实施生产、创造实践。在日常生活中,人们的行为方式多以日常交谈和日常模仿为主。新时代的"美好生活"需要贴近人们日常生活的榜样和事例,激励人们对"美好生活"的向往,从而坚定理想信念,实现自己的中国梦。

(二) 新时代的"美好生活"是对日常生活的理论形塑和现实重构

首先,新时代的"美好生活"聚焦于人民群众的日常生活,是新时代中国特色社会主义理论和人民生活现实与时代任务相结合而得出的,是与时俱进的时代精神的体现。一方面,从本质上来说,中国特色社会主义理论是一个不断与时俱进、不断自我更新的理论体系。与时俱进的时代特征要求新时代"美好生活"必须跟随时代发展步伐,采取多元化的方法路径,实现人民群众改善、提高日常生活现实的美好愿望。这不仅强化了人民群众实现新时代"美好生活"的坚定意志,也丰富了新时代"美好生活"的方法途径和实践效果。另一方面,广大人民群众是创造新时代"美好生活"的基础性因素,对于日常生活的发展与潮流的改变,人民群众总是最先感知的群体之一。当今多元化的生活方式和话语模式带给人民群众广阔的获取信息的渠道,使得传统主流意识形态的传播话语影响力式微。如果新时代的"美好生活"一直拘泥于刻板的既定形式而缺乏时代精神,与人民群众的日常生活脱离甚远,则无法形成对人民群体的吸引力,不能激起强烈的认同感和归属感。若寄希望于新时代的"美好生活"在人民群众生存、发展实践中起到引领作用,则必须在人民群众的日常生活中投入精力。

其次,新时代的"美好生活"在现实中聚焦人民群众的日常生活基础,是人民群众对日常物质生活和日常精神生活的美好向往的集合体,是对现实日常生活的重构和超越。一方面,新时代的"美好生活"用"理性精神"重塑公民的日常物质生活。物质生活是人民群众日常生活的基础,是维持人民群众生存发展的保障性领域。在当今物质资料极大丰富的社会现实下,人民群众的基本生存需要已经得到满足,物质财富占有的多寡已经不是"美好生活"的全部内涵。在社会经济稳定发展、物质生产稳健进行的新时代,要用"理性精神"打破人们对经济生活富足的片面追求,用"理性精神"引领日常生产和消费活动,倡导理性生产、理性消费,从而构建可持续的经济发展。另一方面,新时代的"美好生活"用"人本精神"重塑公民的日常精神生活。"满足人民过上美好生活的新期待,必须提供丰富的精神食粮。"[1] 人本精神就是以人为本,以人民的需求和发展作为创作依据。新时代的"美好生活"除了要重塑人民群众对物质生活的追求,还要引领人民群众对美好精神生活的向往。新时代的"美好生活"坚持以人民群众为核心的"人文精神",将马克思主义理论、社会主义核心价值观以及中华优秀传统文化融入思想道德建设和文化艺术创作中,用新时代美好精神重塑公民的日常精神生活。

三 新时代"美好生活"与公民责任教育的内在关系

随着党的十九大的召开,人民群众对"美好生活"的追求和向往成为全党、全国各族人民共同奋斗的根本目标和价值取向。新时代的"美好生活"说到底是人民群众的"美好生活",需要调动人民群众的自主性和创造性。人民群众是"美好生活"的创造者,也是"美好生活"的享有者。因此,人民群众需要不断重塑个人价值观念,升华个人精神境界、优化个人文化心理,激发个人创造潜能,用高层次的道德品质担负起创造"美好生活"的历史使命。其中,作为个人道德品质重要组成部分的责任品质尤为重要。个人责任品质是一种通过责任教育实践获得的,可以支撑和触发个人为一定积极、有效的责任行为的道德品质。新时代的"美好生活"与公民责任教育两者之间存在密切的联系,相互促进,相互依存。

首先,公民责任教育为新时代"美好生活"优化个体条件、丰富实践路径。

公民责任教育对新时代"美好生活"的推动作用并非立竿见影,

---

[1] 习近平:《决胜全面建成小康社会 夺取新时代中国特色社会主义伟大胜利——在中国共产党第十九次全国代表大会上的报告》,人民出版社2017年版,第55—56页。

它是通过针对个体所扮演的不同角色提出不同的责任要求,潜移默化地提升个体的责任觉悟,从而为创造新时代"美好生活"优化个人条件、丰富实践路径。

一方面,公民责任教育优化个体责任品质的形成和发展,为创造新时代"美好生活"提供个体条件。新时代"美好生活"的具体内涵按照新时代中国特色社会主义事业"五位一体"的总体布局,可划分为:经济生活、政治生活、文化生活、社会生活以及生态文明生活。无论哪种美好生活都依赖于具有较高责任品质的个人来实现。责任教育一方面可以让个体获得依据自己所处的环境选择自己的责任行为和明确自己主体性地位的能力,进而在创造新时代"美好生活"的过程中精准定位,自觉担负与自己角色相当的责任要求;另一方面可以让个体获得选择合理的实践样式以及将实践结果控制在一定范围的能力,进而完成新时代"美好生活"的创造实践。

另一方面,公民责任教育是实现新时代"美好生活"的重要途径。创造新时代的"美好生活"依赖经济建设、政治建设、文化建设、社会建设以及生态文明建设五个方面的共同构建。公民责任教育作为社会文化事业的重要体现和组成部分,不仅是实现个人获得完整责任品质的重要途径,也是繁荣中国特色社会主义文化事业、加强新时代中国特色社会主义文化建设的题中之义。新时代中国特色社会主义文化事业以马克思主义为根本指导。马克思主义理论中富含深厚的责任思想和责任观点。如何让这些责任思想和理论融入公民个体的认知体系中,公民责任教育是众多教化方式中最有效、最直接的途径。公民责任教育通过提升个体对社会、对家庭、对单位、对他人的责任内容和规范的认知,进一步将这些认知内化为自身的责任情感和责任意志,使其在具体责任事件中,有效选择和践行适合社会发展的责任行为,养成持久、稳定的责任行为习惯,为个体创造美好生活奠定良好的品质基础。这恰好契合了新时代中国特色社会主义文化事业对培养个体责任意志品质的总体要求。通过公民责任教育,公民的民族责任心和历史责任感可以得到很大程度的提高。这不仅是社会发展的基石，也是社会主义文化建设过程中不可缺少的意志品质。因此，公民责任教育丰富了新时代"美好生活"的方法途径，提高了新时代"美好生活"的整体效应。

其次，新时代"美好生活"与公民责任教育都以马克思主义理论为根本指导，共同致力于个人的自由、全面发展。

新时代中国特色社会主义事业坚持马克思主义的理论指导。只有在马克思主义理论的指引下，才能保证新时代"美好生活"和公民责任教育沿着有利于社会全面进步和社会主义前进的方向有序开展。共产主义理想信念和奋斗目标是新时代"美好生活"和公民责任教育的前提和基石。我国公民首先要明确共产主义的理想信念，坚定为中国特色社会主义事业奋斗的信心，才能在创造新时代"美好生活"和参与公民责任教育实践中获得最高责任品质，为其他层级的道德品质奠定思想基础。新时代的"美好生活"是马克思主义理论运用到中国特色社会主义实践中的伟大创新。

追求人的解放和自由而全面的发展，是马克思主义的主旨，也是新时代"美好生活"和公民责任教育的终极目标。公民责任教育致力于塑造公民个人完整的责任品质。在整个社会道德品质体系中，责任品质居于较高层次，它是社会进步的重要决定性因素，也是引导公民个人践行责任行为的重要保障。完整责任品质的获得，在最终目标上，都是为了公民在社会生活中得到自由、全面的发展。新时代"美好生活"与公民责任教育在促进个人自由、全面发展的目标上是一致的，两者殊途同归，相互促进。只有将公民责任教育融入创造新时代"美好生活"的事业中，才能保证公民责任教育在实现中华民族伟大复兴中国梦的过程中发挥重要作用；新时代"美好生活"也要善于运用公民责任教育这一方法和途径，紧跟时代发展步伐，将人民群众对"美好生活"的追求和向往化为现实动力，以实现创造"美好生活"的终级目标。

四 新时代"美好生活"与日常生活中公民责任教育的内在契合

新时代的"美好生活"以马克思主义为理论指导，是新时代中国特色社会主义事业的根本目标和核心任务。创造新时代"美好生活"的实践要全面指向与人民大众联系最为密切的日常生活。因为日常生活是"美好生活"的土壤基础和现实依据，"美好生活"是对日常生活的理论升华和现实重构。日常生活中的公民责任教育关注公民的日常生活体验，以满足公民日常责任需求为目标，使公民在潜移默化的教育过程中获得完整的责任品质。这不仅是新时代"美好生活"的内在要求，也是新时代"美好生活"契合时代发展的诉求表达。

（一）日常生活中的公民责任教育可以满足公民日常责任需要，彰显了新时代"美好生活"满足人民需求的功能要求

日常生活中的公民责任教育以满足公民生存和发展的需求为主要目标。从责任教育的历史渊源看，责任教育最早产生于人类对日常生活责任需求的满足。在原始社会那里，人们的生存条件极其恶劣，改造自然的能力有限。在长期的生存竞争和优胜劣汰中人们意识到人类需要群居生活，采取合作的方式共同获取物质生活资料，以保障自身的生存不受威胁。在合作关系中就会涉及如何处理个人与他人、个人与群体之间的利益分配与责任义务的问题。由此，道德、习惯、部落规则等原始行为规范应运而生，用来调整人与人之间的物质利益和权责分配关系，保障部落与个人的正常生活。在原始日常生活中，一般部落首领或年长者会通过有意识的语言和行为示范让部落其他成员或青年儿童按照行为规范履行个人的职责和义务。这就是最原初的关于责任意识的培育活动。

可以看出，维持生活的需要，尤其是最基本的生存需要，是原始责任教育得以产生的历史根源。将责任与生存通过生活实践融合到一起是原始责任教育的重要特征。后来，伴随着人类改造自然的能力的不断提升，生存需要不再是人类的主要需要。随着国家的建立、社会

的发展，人们对自身发展的需要、实现自我的需要日益强烈。责任教育也由过去满足生存需要逐渐转变为满足自身发展需要。个人要想在特定社会条件中发展自我，必须要明确自己对社会、对他人、对自己的责任定位。责任教育源于人类日常生存和发展的需要，因人类社会生活的变迁而变迁，没有人类对生活的需要也就不可能有责任的存在，更不可能产生责任教育。在日常生活中进行公民责任教育具有很强的生活根源性，不仅具有满足自我生活需要的功能，也是个人满足他人日常生活需要的保障。

日常生活中的公民责任教育可以使个人获得追求"美好生活"的责任能力，最终满足自我生存和发展的需要。人们创造新时代"美好生活"的前提条件是具备对自身生存和发展负责任的能力。首先，公民个人通过日常生活中的责任教育实践获得责任品质，成为对自己生活负责的行为主体，这是个人满足自我生存发展需要的前提要求。只有人们成为具有物质资料生产能力的主体，才可以进行物质资料的生产和再生产过程，才能满足自己维持基本生存和发展的需要。其次，在日常生活中进行公民责任教育可以使人们获得为他人生存和发展负责任的责任品质，这是他人进行日常生活实践的保障性前提。尊重他人生存和发展的权利，是公民为他人负责任的表现。总体而言，当个人对日常生活有需求时，便可以激发出个体强大的内驱力，进而以积极的行动获得满足日常生活需要的责任品质。这是新时代"美好生活"以满足人民大众需要为核心功能的具体体现，在这一点上，新时代"美好生活"与日常生活中的公民责任教育产生内在契合。

(二) 日常生活中的公民责任教育关注公民的日常生活体验，契合了新时代"美好生活"以人民为创造主体的主体性要求

个体的责任品质是在生活中发生、发展的，人的精神世界（包括道德品质）的形成是通过某些实际体验来实现的。从教育学角度上讲，"情绪体验（换句话说，就是情感）是任何年龄的儿童都有的，

这在日常生活里、游戏里、学习里都有所表现"[①]。个体的责任意识萌发既不是先天性自然生长的结果，也不是外界环境机械性施加压力的后果，更不是先验于人类的超神启示，而是通过主体与自然、主体与主体之间相互作用、相互交往的反复性实践活动获得的。人类在认识大自然、改造大自然、与他人发生联系的过程中，明白如果不履行一定的责任行为，将会带来不利后果。而这些不利后果的具象表现是通过生活中反反复复的生活体验获得的。心理学研究证明，离开真实的个人生活环境和生活体验，就无法触发责任认知的开启；没有责任认知，就不可能经过内化机制转化为自身的责任情感和责任意志；没有责任情感和责任意志的支撑，便无法践行责任行为。只有在个体的生活经历中，在个体内心责任价值选择与周围环境发生冲突时，才真正蕴藏着宝贵的教育时机，才能真正发掘出个体责任品质生成与确立的源头活水。

个人生活体验是公民责任品质形成的重要环节和手段。在日常生活中进行公民责任教育以个人生活体验为主要教育突破口，关注个人作为日常生活的主体所表达出来的在责任认知、责任情感、责任意识、责任行为上的经验体验。这些与责任有关的经验体验是与个人的日常生活和情感体验紧密联系的，更接近公民个人内在的认知体系，可以大大调动公民个人的主体能动性，使责任教育变被动接受为主动探索。作为生活主体的个人对生活中存在的责任事件具有很强的主观能动性。发现并利用好这些主观能动性，可以使责任教育效果增倍。

公民责任教育以个人生活经验为依据，需要充分发挥个人的主体性作用。新时代的"美好生活"要求注重人民群众在创造新时代"美好生活"中的主体地位，充分调动人民群众个人的主观能动性，以人民为中心，把人民对"美好生活"的向往和需要以及个体的自

[①] [苏] JI. B. 赞科夫：《和教师的谈话》，杜殿坤译，教育科学出版社1980年版，第197页。

由全面发展作为新时代中国特色社会主义建设事业的根本目标和衡量尺度。每个个体都有无限的发展潜能。公民责任教育要充分挖掘公民个体的内在潜能，运用人们精神世界道德品质的发展变化规律，把人们对社会、对自身的责任情感和责任意志激发出来，有效地将社会责任要求内化为人们完整的责任品质。聚焦公民当下的日常生活、关注公民个人的日常生活体验，是新时代"美好生活"注重人民群众主体性地位的内在要求，也是公民责任教育顺应时代发展的必然结果。

（三）日常生活中的公民责任教育可以使公民潜移默化地、自然地获得完整的责任品质，实现人的全面、自由发展，体现了新时代"美好生活"的目标取向

人的全面、自由发展依赖于道德品质的提升。从心理学角度看，人的道德品质是由知、情、意、行四个方面组成的，责任品质亦然。每个构成因素的获得都离不开教育。教育既包括观念形态的理论输出，也包括实践形态的行为指引。传统公民责任教育大多为一种观念意识形态的理论输出，是公民获得责任品质的基础。然而，传统公民责任教育由于缺乏日常生活的实践条件，不能有效地将观念中的责任品质通过日常生活实践转化为指导人们日常行为的个人认知系统，转化机制不足。因此，日常生活中的责任教育的优势则得到突显。

在日常生活中进行公民责任教育贴近公民个人的生活习惯和思维模式，不仅可以使观念中的责任品质，通过日常生活中细枝末节且具有潜移默化教育力的作用机制，进入公民的观念体系；还可以根据个人日常生活实践的环境基础和条件预设，有针对性地指导公民进行"负责任"的行为实践。公民个人的责任品质一旦得到提升，则具备了在社会生活中自由而全面发展的素质"筹码"。每个人都离不开日常生活，其构成了活生生的和当下的人之存在的基本形态，在最充分意义上表征着人的自然生存状态。在这种状态下形成的责任品质最符合人之为人的内在生存和发展规律，最能被人所认知，然后内化为自身观念的组成部分，进而指导外在的行为实践。与传统公民责任教育

相比，日常生活中的公民责任教育以公民的切实需求和生存环境为出发点，使公民责任品质的形成更贴近公民道德品质形成的自然规律。在日常生活中进行公民责任教育，形成完整的责任品质本身不是最终目的，最终目的是更好地进行日常生活和自我发展，最终创造新时代的"美好生活"。日常生活中的责任教育更贴近教育的本质，即实现个人的自由而全面的发展，这也是新时代"美好生活"的内在价值要求。因此，日常生活中的公民责任教育在价值取向上与新时代"美好生活"产生了内在契合。

第二节　日常生活中公民责任教育的体系构建

日常生活中的公民责任教育以新时代"美好生活"的内在要求为价值导向，旨在使公民获得完整的责任品质，以满足公民创造"美好生活"的个体责任要求。日常生活中的公民责任教育对创造新时代"美好生活"具有重要的推动作用，一方面可以激发公民对创造"美好生活"的责任意识和责任行为，另一方面公民责任品质的提高也是新时代"美好生活"的重要指征。日常生活中的公民责任教育是思想政治教育不可忽视的理论阵地，需要从理论上对其进行系统构建。

一　问题发现

问题意识是一个研究的基本出发点。当前我国公民责任教育在提高公民的责任品质和责任认识度方面已有一定成效，并将继续发挥其宏观统领的重要作用。但也存在一些隐忧。本书从现实生活中的热点个案观察和已有实证研究的结论中发现公民责任教育实效性不足、脱离公民日常生活的问题。通过进一步分析问题表征和原因，提出公民责任教育回归"日常生活"或可弥补当前公民责任教育的不足。

（一）日常生活中的热点个案观察

社会实践中的热点个案虽然是个别案例，由于其在公民日常生活中传播时效快、受众广，且容易引起大众热议，对公民责任品质的生成具有一定的影响力。对其进行观察，在一定程度上可认清公民的责任心理状态和逻辑。

观察一：巨婴式公民心态，只讲国家责任，忽视个人责任。

巨婴式公民心态一词源于巨婴心理。巨婴心理是一种生理特征和心理特征发生严重冲突和不匹配的心理状态。在家庭生活中表现为成年子女对家长的过分依赖，导致孩子不能承担也不愿意承担本应属于自己承担能力范围之内的责任，而将责任推卸到他人身上。这种心理体现在公民身上，则表现为过分依赖国家。所谓巨婴式公民心态，就是剥离自己的主体责任，把过错完全推给国家，打破公民与国家之间平等的契约关系，像孩子一样要求国家"照顾"。

比较典型的现实例子是 2017 年发生的巴厘岛中国公民大规模撤离事件①。印尼巴厘岛阿贡火山在 2017 年 11 月 21 日首次喷发，受此影响，巴厘岛伍拉莱国际机场自 11 月 27 日 7 时 15 分起临时关闭，400 多趟航班取消，近 6 万名旅客受影响，其中 1 万多名中国游客滞留。11 月 29 日天气好转，中国政府计划撤离中国游客。来自中国的包机从各地赶往巴厘岛，5 天内外交部协调中外航空公司派出 82 个商业航班，累计协助 15237 名滞留中国游客自巴厘岛返回。然而人群中却有这样的声音：机票是自己买的，回来理所当然，又不是免费接我回来。需要注意的是，只有当一个国家陷入"战乱"或突发"严重疫情""严重自然灾害"时才会进行"撤侨"。而此次巴厘岛事件，并非此类事件，所以外交部协调了航空公司去接中国游客，并保证航空公司不会坐地起价。国家保证了公

---

① 搜狐网：《中国外交部怒了：巨婴式公民，请你先学会说谢谢!》，https://www.sohu.com/a/211222785_686909，2021 年 6 月 22 日。

民能第一时间回家,然而有些人却觉得理所应当。当他们忙着向国家索取的时候,却忘记早在9月27日外交部就已经提醒中国游客慎去巴厘岛!这些游客的心理状态就属于一种巨婴式心理。而这种巨婴式心理导致有的人一味讲求国家责任,而忽视个人责任,体现出公民责任教育的问题便是受到工具理性的思想影响,责任认知出现偏差,认为自己付了费用便可以抵消自身全部责任,进而影响责任行为的触发。

观察二:"道德绑架",只讲他人责任,忽视自我责任。

"道德绑架"并非一个专业学术词汇,是在社会生活中总结出来的社会词语,用来形容片面地以道德为评判标准,违背个人意志,用舆论或态势的力量强迫某人为某种行为的活动。"道德绑架"的现实后果或是做了的人因违背个人意愿而少有自豪感和责任感;或是不做的人则会在一段时间内因受到舆论评判和谴责而感到忐忑不安。日常生活中,往往后一种结果居多。中国是一个传统道德型社会,道德是调节人际关系的重要依据。以公交车让座为例子,生活中经常发生公交车上老人因他人没有让座而出言不逊,引起争执,甚至大打出手的事件。2008年发布的《郑州市城市公共交通条例(草案)》中规定:"乘客应主动让位给老人、孕妇等特殊乘客。不履行义务,驾驶员、售票员可以拒绝其乘坐,城市公共交通行政主管部门还可以对乘客处以50元罚款。"[1] 这一草案激起大众热烈的讨论。有的人说这是道德绑架,让座是一种道德责任,而非法律责任,没有强制性。虽然生活中不乏道德冷漠的人为了自己的舒适环境而故意不履行礼让责任,但反思争议突起的原因,大多是因为老年人认为自身有受到保护的权利,而将这种权利获得的途径强制转嫁于他人身上,其心理状态是自己理所应当是受保护者。从另一方面来

---

[1] 央视网:《郑州拟规定乘公交不让座罚款 媒体称滥用罚款权》,https://news.cctv.com/china/20080705/100608.shtml,2021年6月22日。

讲,"道德绑架"是公民对自身责任认知不足,受到权利本位思想影响,将过多的责任通过传统观点和舆论压力转嫁于他人,而没有思考自身责任的行为后果。这也是公民责任教育需要进一步加强的社会动力。

观察三:口号式的"宣言",难以承担的"责任"之重。

河北衡水二中举行的高考百日誓师大会对笔者的触动较大。2018年2月26日,河北衡水二中举行高考百日誓师动员大会,现场打出各色励志标语,为考生们打满鸡血。在大会现场,小公民们高喊口号"我必胜利!我必胜利!",以此激励自己以不懈奋斗绽放自己的青春光彩。现场声音回荡,场面恢宏壮观。舆论也称此为衡水模式、衡水现象,是衡水中学适应当前高考制度而形成的一种应试前动员模式。衡水的教育模式一直以来备受关注,学校如同一座高考加工厂,学生如同工厂中的机器不停运转,纠缠于紧张的备战氛围和题海战术。当然,这种宣言式口号的出发点是为了鼓舞人心,是正能量的,但值得深思的是这样誓师场面的背后,一名马上参加高考的青年,除了可以为自己的学习进行宣誓、负责之外,还能承担起什么样的责任,又如何承担这些责任?这种现象反映公民责任教育的问题便是我们现有责任教育大多是脱离日常生活的责任教育,是宏观书本以及应试性的责任教育,缺少微观化、生活化的责任教育。

观察四:"弑母"之恨,责任道德底线的扭曲。

母亲是给予人类生命之人。网络上有一种说法:"人体最多只能承受45(单位)的疼痛。但在分娩时,一个女人承受的痛却高达57(单位)。这种痛相当于20根骨头同时骨折!"① 这样的描述可能缺乏科学论证,但却形象地表达了生产之痛以及女性在创造生命时的付出。然而,在我们的日常生活中却出现了不少"弑母""活埋生母"的惨痛事件。其中一个令人震惊的例子发生在2020年的陕西靖边,

---

① 薄三郎:《分娩痛=20根骨头同时骨折?!》,《时尚育儿》2012年第6期。

58岁儿子活埋79岁瘫痪老母亲！[1] 据警方透露，儿子嫌弃瘫痪老母亲经常大小便失禁，把家里弄得臭熏熏的。情绪失常并极为不耐烦的儿子就用手推车把母亲推到一个废弃墓坑内掩埋。最终还是儿媳发现婆婆失踪，向民警报案，79岁老人才得以获救。这件事一经披露就惊世骇俗，把母亲活埋这种丧尽天良之事居然能在今天的时代上演。是的，它的确发生了，而且不乏接受过高等教育的高材生弑母事件！[2] 吴某宇从小就被称为"别人家的孩子"，他从小天资聪慧，并以优异的成绩考入了北京大学经济学院。在大学就读期间，吴某宇同样成绩优异，与同学相处融洽。但就是这样一个前途无限的高材生，却在2015年7月11日杀害其母谢某琴。2019年4月21日，吴某宇在重庆江北机场被捕。在被捕后他对自己的犯罪行为供认不讳，并说他杀害母亲是为了帮助母亲解脱。也有人说是因为谢某琴长期的高压教育导致吴某宇表面上的人设是完美的，但是心理的道德底线是扭曲的。无论是什么原因导致吴某宇对其亲生母亲狠下毒手，但有一点可以肯定的是，这位北大高材生在杀害自己母亲的时候，早已将其对母亲的道德责任以及这么多年所接受的良好教育抛到脑后。本该在回报自己母亲的年龄，却亲手结束了她的生命。这些案例不禁让我们深思事件背后的原因。究竟是个案事件，还是我们的责任教育出了问题。抛开子女对父母所担负的赡养责任不说，在对给予自己生命的母亲痛下狠手的时候，单从责任情感而言，他们无疑是缺乏的，已经成为冷漠的机器。这样的人又怎么能担负起对国家、对社会的责任呢？

观察五：公共危机下国外公民责任教育的警示和反思。

美国在公民责任教育的理论和实践方面发展较早，在方法与途径上具有一定的可借鉴性，但其公民责任教育本质上脱离不了自由主义

---

[1] 搜狐网：《因79岁老母瘫痪，儿将她活埋墓穴，3天后侥幸获救：我早已原谅他》，https：//cul.sohu.com/a/721997991_121721691，2021年6月22日。

[2] 搜狐网：《北大学霸弑母案件，细节曝光：与母亲的变态共生》，https：//learning.sohu.com/a/592292965_121124338，2021年6月22日。

思想的桎梏和资本主义私有制的根本性弊端。2019年底开始的这一场席卷全球的新冠疫情危机就印证了这一点。新冠疫情给整个世界造成了前所未有的严重冲击，美国更是首当其冲。在美国因新冠疫情封锁一周年之际，美国总统拜登在演讲中说："美国（因新冠）死亡人数为527726人，比第一次世界大战、第二次世界大战、越南战争和"9·11"事件的总和还多。"[①] 面对突如其来的公共卫生事件，美国所采取的应对措施深刻暴露了资本主义制度的矛盾和弱点，更暴露了美国公民责任教育在公共危机面前的无效和单薄。大量美国公民不服从政府抗疫政策及医学专家的建议，出门不佩戴口罩，不顾疫情严峻参加集会、游行等聚众行为，更有政府官员无视病毒危害，公开与全世界各地抗疫政策和措施叫板。在崇尚权利的自由主义思想以及资本主义私有制等多重因素操控下，美国公民将对他人的责任、对国家的责任乃至对世界的责任抛到脑后，用他人的生命自由来换取自己的绝对"自由"。在全球公共安全危机下，美国公民在抗击疫情中的责任行为选择，深刻揭示了美国公民责任认知、责任情感和责任意志的不足和缺失。发达国家公民责任教育的失效带来的警示和反思是：需要重新审视公民责任教育的标准和原则，以及公民责任品质的层级追求，即公民责任教育的终极目标究竟是什么。

如何让公民积极主动地为责任行为，是一个复杂而庞大的话题。日常生活中的这些热点个案无不在提醒我们，新时代我国公民责任教育存在一些问题，导致公民责任逻辑发生偏差，责任教育实效性不足。究其原因，是我国公民责任教育忽视了公民责任品质形成的大背景和现实生存环境，即日常生活。脱离日常生活的公民责任教育如同脱离社会的家庭教育一般，在一定范围内的实践效果确实得到了提升，但却难以在这一范围之外知行统一。本书探讨社会实践中的热点

[①] 中国新闻网：《疫情尚未结束拜登首次黄金时段演讲呼吁美国民众团结》，https：//baijiahao. baidu. com/s? id =1693994865345914599&wfr = spider&for = pc，2021年6月22日。

个案的逻辑在于：公民责任教育如果脱离日常生活，会带来责任认知偏差，责任知行不统一，甚至责任道德底线扭曲的问题。

(二) 现有实证研究的启示

对公民责任教育现实问题做出客观评估不能缺少实证研究的分析结论。本书对国内学界已经开展的较有影响力的实证研究（以社会调查为主）及其结论进行整理，进一步佐证公民责任教育实效性不足的现实问题。

第一，我国公民的社会公德行为处于中低的层次。

"当代中国公民道德状态调查"① 是一项针对城乡居民道德状况的实证调研。其中，对社会公德素质的分析中将公德行为大致分为高、中、低三个层次②。经过调查显示：其一，选择低层次公德行为的人数占总调查人数的50%—60%，明显多于中、高层次的选择人数。例如，对于"各人自扫门前雪，休管他人瓦上霜"的为人处世原则，选择"非常反对"和"比较反对"的占58.84%，说明大约42%的人认为这样的选择无可厚非。处于中层次公德素质的占40%—50%。例如，受访者被问及当看到公共交通工具上存在行窃行为时，选择"设法报警"的占比最多，约42.39%；其次，19.05%的人选择观察周围他人行为，再选择自己的行为方式；而选择直接正面应对，上前予以制止的仅占15.71%。其二，处于高层次公德素质的占15%—20%。例如，针对受访者如何看待他人见义勇为的行为进行调查，结果显示只有四分之一的受访者认同该行为，并表示自己也会实施同样的行为；有一半以上（56.18%）的人对见义勇为行为表示很钦佩，但不能肯定自己会践行；有一些人明确表示不会实施该行为。可见，社会公德行为的践行与否会受到来自社会各方面压力的

---

① 吴潜涛等：《当代中国公民道德状况调查》，人民出版社2010年版，第107页。

② 低层次的公德行为，即能够在不损害自身利益的情况下，维护社会公德；中层次的公德行为，即能够为了维护社会公德，牺牲一定的自身利益；高层次的公德行为，即勇于挺身而出，哪怕牺牲自己的利益和生命，坚决同破坏公德的行为作斗争。

挑战，其中自身利益是否受损是人们考虑的主要因素。对给自身利益带来较大损害的公德行为，表现出犹豫、退缩或拒绝的占大部分。这说明人们在高层次的道德行为选择上理性考虑较多，公民的社会责任品质层次普遍偏低①。

第二，存在着诸如责任状况不稳定、责任认知与责任行为不统一、知行脱节的问题。

在一项"对大学生网络公民责任意识状况的调查报告"②中显示，青年公民在网络社会中的责任认知与责任行为存在一定的偏差，主要表现为：首先，青年公民具有网络参政议政的责任意识，但积极性不足。超过90%的公民对网络参政议政持支持的态度，但真正将意愿付诸行动的公民却不足20%。其次，青年公民具有维护网络秩序的责任意识，但行动力欠缺。七成以上的公民表示在网络生活中能恪守网络责任规范，但是在涉及举报网上不良信息的行为选择时，仅有一半的青年公民表示会付诸行动。也就是说，虽然青年公民对网络违法行为和不良信息有着明确的是非判断能力，但却很少真正落实到抵制行动上。"中国伦理道德报告"③中对青少年进行的社会公德价值取向调查也证实了这一点。这一报告结果显示我国多数青少年有明确的是非善恶标准，并具有较强的道德认识与判断能力，但由于知行不统一，造成道德认知往往很难转化为道德行动，道德实践能力比较差。在一项针对大学生道德的认知和维护道德行为的关系的调查中④，将大学生关于道德的认知和维护道德的行为（反向计分）进行 t 检验，$t=6.40$，$p<0.001$，对大学生关于诚信的认知和维护道德的行为进行 t 检验，$t=6.90$，$p<0.001$。结果表明，大学生虽然对公共道

---

① 吴潜涛等：《当代中国公民道德状况调查》，人民出版社2010年版，第107页。
② 马佳彬、王永明：《对大学生网络公民责任意识状况的调查报告——以北方某市384名大学生为例》，《理论观察》2016年第12期。
③ 樊浩等：《中国伦理道德报告》，中国社会科学出版社2012年版，第161页。
④ 马向真：《当代中国社会心态与道德生活状况研究报告》，中国社会科学出版社2015年版，第254页。

德和大学生诚信状况的评价不高,但是遇到违反公共道德和不诚信的行为时,大学生出面维护道德和诚信的行为并不是很多。这表明大学生在道德方面的认知和行为也有偏差,道德行为水平低于道德认知,甚至出现一定程度的背离。

第三,在公共生活领域,主流责任价值观受到现实社会心理的挑战。

社会实践中存在不少违反社会公共规则的行为,有些与公民自身利益没有直接关系,公民可以选择制止或无视这种行为,如果制止则可能导致自身利益受到损失。公民如何选择在很大程度上体现了公民责任意识的逻辑倾向。在一项儿童道德发展调查报告中,通过对"在路上看到有人在欺负残疾人或精神病人,我常常会"的数据分析可以发现,3.43%的儿童会在弱势人群被欺负时想"去看看好不好玩";8.93%的儿童则是因为"不想多事",而漠视他人的痛苦和需求;27.68%的儿童有制止欺负弱势人群的倾向,但又因害怕自己惹上麻烦而不敢上前;14.29%的儿童会上前制止欺负弱势人群的行为;45.68%的儿童会在弱势人群陷入困境的时候伸出援助之手,必要时还会寻求周围其他人的帮助①。可见,在遇到欺负行为上,只有14.29%的儿童会直接上前制止,有27.68%的儿童有制止欺负弱势人群的倾向。这在一定程度上体现了主流责任观所倡导的制止欺负行为受到利己主义思想的挑战,导致儿童害怕自身利益受到损失而停止为责任行为。虽然有45.68%的儿童会伸出援助之手,必要时还会寻求周围其他人的帮助,言下之意,不会直接为制止行为,而是找寻更好的解决方法。另一项公民道德状况调查对见义勇为行为做了研究。调查假如受访者看到小偷在公交车上行窃会怎么选择,选择"设法报警"的占42.39%,比例最高;其次是"先看看周围的人怎么做,再

---

① 孙彩平:《中国儿童道德发展报告》(2017),海峡出版发行集团、福建教育出版社2018年版,第250页。

作决定"，占 19.05%；选择"上前阻止"的占 15.71%；选择"无阻止之力，只好听之任之"的占 11.02%；选择"装作没看见，尽快躲开"的占 5.04%。① 这些数据说明公民见义勇为的行为更趋于理性；有一部分公民存在从众心理，一部分公民消极避事。究其原因，是害怕自己利益受到损害。

第四，青少年集体主义价值观教育缺乏对个体的重视，脱离个体的生活实际。

个人与集体、国家的关系是衡量社会文明程度的重要尺度之一，也是日常生活中公民责任教育的核心内容。青年群体是国家发展的中坚力量。能否厘清个人与集体、个人与国家的关系体现了青少年对国家、对集体负责的心理状态。在对一项青少年集体价值取向进行的调查中发现②，在认知层面，当代青少年群体普遍具有较强的民族尊严感，能够正确认识个人与国家的关系。绝大部分学生对祖国都怀有深厚的归属感，对国家和社会发展等热点事件关注度较高，并且在特殊情况下，可通过实际行为予以表现。在涉及当今中国的社会现实时，青少年的集体主义价值观状况有多元化倾向。例如，在关于爱国主义的访谈中发现，当问及"如果在奥运会上，当中国国旗升起，中国国歌奏响时，你会有自豪感吗"，绝大多数青少年都作出肯定的回答。调查中当问及"参加集体劳动，如果你提前完成任务，你是否会帮助他人把任务完成"，结果有约 39.2% 的青少年完全同意，约有 40.6% 的青少年表示部分同意，11.2% 的青少年表示中立。说明青少年具备关心集体的责任素质。除此之外，关于其他问题："你是否会觉得迟到、考试作弊、乱扔纸屑会损害集体荣誉？""如果听到有人正在诋毁你所在的集体，你会据理反驳吗？"结果都有超过 60% 的青少年完全同意。然而，随着进一步深入访谈发现，当下我国进行的集体主义

---

① 吴潜涛等：《当代中国公民道德状况调查》，人民出版社 2010 年版，第 91 页。
② 樊浩等：《中国伦理道德报告》，中国社会科学出版社 2012 年版，第 160—161 页。

和爱国主义价值观教育仍然存在诸多问题：缺乏对青少年个体的足够重视；教育脱离青少年个体的实际；过分注重树立正面典型，忽视对反面事例的剖析等。

第五，在网络虚拟社会中，大学生责任意识缺失、诚信降低的危机凸显。

学者黄河开展过一项针对大学生在虚拟社会中伦理道德发展现状的调查。该调查选取贵州省5所大学发放问卷2000份，有效回收率为99.4%。其中，关于社会责任意识状况的调查结果显示[①]：在问题"网络虚拟社会中您是否使用自己的真实身份"中，选择"从不"的有241人，占样本总数的12.1%，选择"很少"的有518人，占样本总数的26.1%，两种选择加起来有将近40%的大学生不愿意以真实身份在虚拟网络社会中生活。究其原因，是大学生不愿意承担由虚拟网络行为带来的不良后果。在回答"您对虚拟社会中的谎言的态度是"时，有351人赞同"有些合乎道德，不作评价"，占样本总数的17.7%，有314人选择了"与道德无关"，占样本总数的15.8%，这说明有一部分大学生对在虚拟社会中是否需要承担与现实社会中同样的责任没有正确的认知。在问题"网络是虚拟的，我不必为虚拟行为负责"中，有28人选择了"完全同意"，占样本总数的1.4%，有576人选择了"比较同意"，占样本总数的29.0%。这表明在虚拟网络社会中，一部分大学生还不能正确对待自身所担负的行为责任。从这些调查结果中可以看出，大学生社会责任的缺失和交往诚信度的降低，不仅在网络社会中影响大学生道德教育体系的确立和人生观、价值观的塑造，还会延伸到现实社会中影响人们精神领域的健康发展。由此发生的很多犯罪事件，与此难脱干系。我们难以想象，缺乏责任感、缺乏诚信的社会将会是什么样子。社会的正常秩序，人们的财

[①] 黄河：《网络虚拟社会与伦理道德研究——基于大学生群体的调查》，科学出版社2017年版，第295—296页。

产、精神以及生命的安全，同样会遭受巨大的伤害。很多大学生并没有意识到倚仗网络的掩护，"胡作非为"的思想和行为究竟会带来多么严重的后果，直到走上被迫承担责任的道路时，才幡然悔悟。

二 表征与原因分析

通过总结上述热点个案中体现的公民责任逻辑和实证调查研究结果，本书发现均指向公民责任教育实效性差的问题。究其实质，源于公民责任教育脱离了个人的日常生活基础而仅仅停留在观念中，割裂了公民的日常生活需求与实践而难以触发责任行为，做到知行统一。通过分析问题表征及原因，可以更加清晰地看到公民责任教育"遗忘"日常生活的问题实质。

（一）表征分析

公民责任教育脱离日常生活的表征可以从公民责任教育的目标、价值、内容这几个方面进行解读。

第一，公民责任教育目标脱离日常生活需求而过度理想化。

责任教育目标的过度理想化是指用纯粹理想主义思想来设定责任教育的目标。理想对现实有一定的指引作用，但是用理想来取代现实，在一定意义上讲就是对现实生活的脱离，甚至是背离。责任教育目标过度理想化的主要表现是：

首先，过度理想化的责任教育目标以追求至真、至善、至美、毫无瑕疵的责任品质为目标，不顾及责任品质实现的个体条件和现实依据。马斯洛认为，人类的需要具有层次性特征，可以划分为高、低两层，其中生理需要、安全需要、归属与爱的需要以及尊重需要属于低级需要；求知需要、审美需要和自我实现的需要则属于高级需要。人的责任品质根据需要的不同层级具有不同的等级。在满足低级需要时，个人需要具备的责任品质也处于较低层次；而满足高级需要时，个人需要具备的责任品质相对较高。当然，培养完整责任品质的公民是公民责任教育的本质目标，前提是要以个人的现实生活和具体需要为依据。完整责任品质不等同于完美责任品质。在传统责任教育实践中，常常将培养目标表述为与公民现实生活脱离甚远的理想化未来，没有贴近公民的日常生活，没有抓住公民的责任需要，使得责任要求和期望在很大程度上让人望而生畏、高不可攀，影响责任行为的触发。

其次，过度理想化的责任教育目标所设立的责任榜样与公民个人的生活经历相差太远。传统公民责任教育的榜样大多以历史英雄和行业精英为典型，用其"高、大、全"的人格品质净化社会风气，优化公民品德。不可否认，现实社会中这样的典型榜样具有很好的示范作用。但是，这种示范作用能否激起公民的责任认同，进而将这种认同内化为自身的责任认知、责任情感、责任意识，最终践行责任行为还需要进一步研判。这种榜样的选择由于脱离公民日常生活而缺乏现实性、亲切感和真实性，使得公民很难在现实生活中产生共鸣。因此，在选择责任教育榜样时，要充分考虑教育主体的个人日常经验和生活体验，否则，可能会造成教育主体在心理上的逆反和价值观上的解构。

第二，公民责任教育价值脱离日常生活向导而空洞化和工具化。

从一般意义上讲，责任教育空洞化和工具化指的是责任教育片面强调外在的工具价值，即对国家和社会发展的宏观价值，而忽视内在的人文价值，即对个人自由、全面发展的主体性价值。需要注意的是，过分工具化指的是片面强调一种价值，而忽视另外一种价值，在实践中表现为一味强调公民责任教育要以满足社会发展需要为根本目标，忽视个人在责任教育中的创造性和主体性要求。

公民责任教育的过分工具化源于科学主义的盛行。始于17世纪的科技革命以及随之而来的工业革命，把科学的巨大力量迅速扩散到人类社会的政治、经济和思想领域，极大地改变了人类的思想观念和思维方式。科学主义认为科学不仅可以为技术找到理论依据，还能解释自然的奥秘、宇宙和人类的迷思，甚至用科学的方式分解人和社会的本质。事物的价值由其能否被科学的工具所量化和衡量而决定。在科学主义的影响下，人们认为只有科学知识和科学方法才是人类社会发展的唯一动力，使得包括责任教育在内的人类精神活动最终失去了对人的终极关怀，而被工具化为社会发展的棋子。

一味地强调个人责任品质对社会发展的作用，往往会让受教育者产生社会逆反心理，即难以从个人内在心理作用机制层面完成个人责任品质的生成。人除了是社会中的存在，还是存在于自身生活的精神存在。人除了有物质生存的生理需求，还有更高层级的精神需求。

第三，公民责任教育内容缺少日常生活体验而过于知识化。

公民责任教育知识化，是借用高德胜关于"知性德育"研究中的一个范畴，"所谓知识德育就是用道德知识的传授与习得代替真正意义上的道德教育"[①]。道德的学习可以分为三个层次：道德事实知识的学习、道德规范的学习和价值、信念的学习。在知识中心主义思想大潮的冲击下，不幸的是，道德知识教育代替道德规范教育和价值、信念教育，成为道德教育的全部。知识化的道德教育的客观表现形式是道德教育课程化、课程知识化和教学灌输化。

公民责任教育的知识化主要是指用对待自然界、对待物的眼光来审视和对待具有高度人文性的责任教育，将责任教育作为一种知识性文化进行传播，而忽视其自然的生成机制和天然的日常生活基础。从发生学的角度看，责任教育源于生活世界。如前所述，在原始社会里，责任教育是与人们生存发展融为一体的。随着生产力的发展，责任教育从生产劳动中分离出来成为独立的教育事业。从此，被制度化的教育形式固定下来的责任教育从人们的日常生活中分离出来，其工具价值逐渐强化。制度化的责任教育是按照模式化、科学化的教育逻辑展开的，并不是按照责任品质和责任伦理的生成逻辑进行的。因

---

① 高德胜：《知性德育及其超越——现代德育困境研究》，教育科学出版社2003年版，第21页。

此，如果把对责任知识的获得作为责任教育的唯一旨趣，甚至是最终目的，过度关注责任概念和理论的灌输，必定会失去它本真的意义。责任品质的发展与责任知识的获得有着本质的区别：人们可以脱离社会生活集中学习责任知识，却不能脱离生活去获得责任品质。责任是在社会生活中产生的，必须在社会生活中习得。在知识化的责任教育过程中，公民学到的不是沉甸甸的责任知识，而是枯燥的责任语言符号和知识气泡。本来源于生活，充满生活底蕴的责任知识，成了凌驾于生活之上的冰冷教条和行为戒律。

(二) 原因分析

每个社会问题的背后都隐藏着深刻的原因。公民责任教育脱离日常生活的问题表征背后是传统文化、历史发展、社会发展不同层面各种因素交错作用的结果。

第一，传统文化层面。

我国传统文化中的国家天下观是公民责任教育过于宏观化的文化渊源。国家情怀，一直以来是我国对公民应该具备的责任情感的最高要求，它起源于儒家"家国天下"的思想。汉初的《大学》集孔孟思想之大成，把国家观念与个人修养融为一体，形成"家国天下"[①]的系统化思想。可以看到，儒家传统思想将浓浓的国家情怀寓于提高自身修养之中。孔子从来不是就教育论教育，而是从历史兴废存亡的大格局中看教育，他期望通过教育提升人们的仁爱之心，从而奠定立国之本。"所谓治国必先齐其家者，其家不可教而能教人者，无之。故君子不出家而成教于国。孝者，所以事君也；弟者，所以事长也；慈者，所以使众也。"[②] 除此之外，儒家传统思想还将家庭兴旺同国家命运相联系，只有国家繁荣兴旺，才是家庭、个人发展的必要条件。"一家仁，一国兴仁；一家让，一国兴让；一人贪戾，一国作乱。

[①] 《大学·中庸》，王国轩译注，中华书局2006年版，第4页。
[②] 《大学·中庸》，王国轩译注，中华书局2006年版，第26页。

其机如此。"① 所以，他以家喻国，家国同构；以孝为忠，忠孝两全。孔子的衣钵传人孟子，把这个思想向前推进了一大步，他说"人有恒言，皆曰'天下国家'"②，认为天下的基础在国。他还说道："人人亲其亲，长其长，而天下平"③，揭示天下太平其实就是人人爱自己的双亲，尊敬自己的长辈。他引用《诗经》的话说，"刑于寡妻，至于兄弟，以御于家邦"④，如此，"治天下可运之掌上"⑤。这些儒家经典论述无不诠释着传统文化中所蕴藏的"家国天下"的宏观家国观。

儒家"家国天下"观有其生存与发展的社会历史土壤。自古以来，我国自给自足的农耕文化是社会主流的经济形态，区域间、部落间的物资交流融通，只是一种辅助性的经济方式。于是，在这样的社会经济基础之上，随着时间的推移，普天之下，各诸侯国内部，小家庭发展为大家庭，大家庭发展为一个一个的家族，大家族往往成为国之干城。宏观上说，天子御天下、诸侯治国、君子理家，层次分明。在社会的中观与微观层面，家族宗法就是社会凝聚的核心力，族权与王权的相互叠加，尤其是在社会变革的动荡时期，新旧制度的交错与交锋，使得家与国又是那样难舍难分，由家而国，又由国而天下，也是一个社会常态，只是在孔子时代，"国家"还是一个模糊的概念，类似的表达人们用的是"邦""邦国""国""天下"等⑥。秉承着责任担当，孔子的视野，由芸芸小众之家，观照到当时林立的诸侯国，再联想到遍及诸国又凌驾于诸国之上的"天下"，开始把国与家的命运联系在一起思考。我们应当结合当时的社会大背景，理解孔子及其同时代的人们关于家、国的理念。

---

① 《大学·中庸》，王国轩译注，中华书局2006年版，第26页。
② 《孟子》，万丽华、蓝旭译注，中华书局2006年版，第150页。
③ 《孟子》，万丽华、蓝旭译注，中华书局2006年版，第156页。
④ 《孟子》，万丽华、蓝旭译注，中华书局2006年版，第14页。
⑤ 《孟子》，万丽华、蓝旭译注，中华书局2006年版，第69页。
⑥ 谢志岿：《孔孟开创的国家观传统及对中国政治文化的影响》，《学术探索》2004年第4期。

当然，今天审视家国天下观念，其仍然是传统思想中的精华之作。家、国与天下，三位一体，横向有宽度、纵向有深度，公民都应当把个人成才的愿望与热爱国家、报效国家的高尚情操联系在一起，这是中国传统儒学对现代责任教育的一个重大贡献，是给后世子孙留下的一个不朽的思想遗产。但是，也不能忽视国家天下观对公民责任教育的负效应：由于责任教育过于强调国家价值需求，使得宏观化、理想化的责任教育难以与公民自身的存在环境和发展需求相结合，导致知行不一。

第二，历史发展层面。

一直以来，我国公民责任教育作为思想政治教育的重要内容，贯穿于思想政治教育发展的全过程。因此责任教育脱离日常生活的问题症结离不开思想政治教育宏观发展的历史惯性。"思想政治教育是中国共产党的优良传统。"① "思想政治教育"这一概念是伴随着中国共产党的革命和建设实践形成的，经历了从政治工作、思想工作、思想政治工作、政治思想工作等概念演变，最终确立为"思想政治教育"。从某种意义上讲，一部完整的思想政治教育史就是中国共产党的政治工作思想史。毛泽东在《湖南农民运动考察报告》一文中肯定了党在农村的思想政治教育。1929 年 12 月，毛泽东在《中国共产党红军第四军第九次代表大会决议案》（即《古田会议决议》）中指出："红军党内最迫切的问题，要算是教育的问题"②，从而把思想政治建设放到了第一位。在《中央给苏区中央局及苏区闽赣两省委信》提出政治工作"是红军的生命线"③ 之后，政治工作的科学论断不断系统化、理论化。

---

① 张耀灿、郑永廷、吴潜涛、骆郁廷等：《现代思想政治教育学》，人民出版社 2006 年版，第 55 页。

② 中央档案馆：《中共中央文件选集》（一九二九），中共中央党校出版社 1990 年版，第 816 页。

③ 中央档案馆：《中共中央文件选集》（一九三二），中共中央党校出版社 1991 年版，第 310 页。

随着新中国的成立，社会主义革命和建设事业稳步推进，思想政治教育的内容和形式得到不断发展。1951年，第一次全国宣传工作会议上提出了"思想政治工作"。1957年，《关于正确处理人民内部矛盾的问题》进一步使用并阐述了这一概念。直到中国共产党的十一届三中全会以后，"思想政治工作"或"思想政治教育"才成为思想政治工作领域较为统一的标准术语，从而使思想政治教育这一概念具有了科学性和规范性。应该说，无论在战争革命时期还是社会主义建设时期，中国共产党带领广大人民群众组织开展思想政治教育的成效是显著的，不但唤醒了大批群众的政治觉悟，而且丰富了群众的精神文明生活。

从传统"思想政治教育"演变过程可以看出，中国共产党的思想政治教育工作和政治工作紧密联系在一起。新中国成立以来，直到改革开放之前，社会主义建设事业作为全国工作的重中之重，不仅是发展任务，也是政治任务。相应地，思想政治教育目标围绕社会主义建设展开，以社会的发展、国家的发展为价值取向。一切与国家利益相违背的，都是人民群众要丢弃的。思想政治教育的模式以宏观的国家宣传和党内建设为主要形式。直到社会主义市场经济的建立，国家需要具有主体意识的个人参与到社会经济交往中。这个时期的思想政治教育逐步适应社会主义市场经济的发展，在社会主义主流价值观指引下，充分肯定个体多元化的价值取向。

责任教育受思想政治教育发展变化的影响，具有与其相同的特点。不得不承认的是，现阶段传统责任教育还没有完全摆脱社会主义建设时期的思想政治教育模式，主要表现为，在责任教育的价值取向上，忽视教育主体的生活实际，从社会需要的角度来强调责任教育的重要性。

第三，社会发展层面。

现代社会发展的最显著标志就是现代科学技术的迅猛发展。随着近代自然科学技术的快速发展，科学技术成果日渐成为人们生活中不可缺少的重要组成部分，科学主义也作为一种方法论和世界观悄无生息地进入到了社会大众意识形态领域。

19世纪末20世纪初，工业革命席卷整个人类社会。建立在科学技术成果基础上的科学主义思潮在社会生活中蔓延开来，主要表现为片面强调科学技术在社会发展和人类自身发展中的决定性作用。在片面科学主义思潮的影响下，教育事业也以科学知识为主要内容，主张把自然科学的方法应用于其他学科，以期达到科学化、标准化、理性化的结果。片面科学主义关注的是用精确、严密、通用、不容歧义的符号系统来衡量一切事物，忽视了对人的意义和精神的观照，从而引发人类的道德危机和意义缺失。这样一来，人的存在和发展、人的需求和价值、人的情感和生活被排斥在科学研究的大门之外，并且这种取向已经渗透到社会生活的各个领域中。

随着近代以来科学技术在中国社会的不断发展，科学主义思潮也蔓延到中国，并对中国的责任教育乃至整个教育文化事业产生了重要的影响作用。片面科学主义带来的工具理性思想随之泛化，导致公民责任教育在价值取向上趋于知识化和工具化。片面科学主义思潮影响下的责任教育强调责任知识的传授，忽视了对受教育者的责任思维、责任情感以及责任辨别能力的培养。用科学技术的成果丰富人们日常生活无可厚非，但是作为生活主体的人将作为客体工具的科技当成生活的本质进行价值判断，则是本末倒置，人们的生活终将成为无源之水、无本之木。

特别强调，这里探讨科学主义对责任教育工具化的影响，并不是完全否定科学技术对人类社会生活的重要作用，也不是将科学主义归结为责任教育工具化的唯一原因，而是否定那些片面强调责任教育的社会工具性功能，片面强调社会责任规范与责任知识的灌输，而忽略个体责任品质状况以及内在责任需要的教条式责任教育模式。

三 体系构建

本书从社会生活中的热点个案观察和现有实证研究的结论出发，

发现传统公民责任教育存在目标过度理想化、价值过分工具化、内容过于知识化的现实问题，并从传统文化层面、国家制度层面、社会发展层面等因素分析了问题的缘由。创造新时代"美好生活"视角下的公民责任教育需要厘清日常生活中公民责任教育的理论框架和结构体系，以弥补和完善传统公民责任教育的不足和缺陷。日常生活中公民责任教育体系建构依据现代思想政治教育基本理论的主体框架展开，以马克思主义日常生活理论为指导，公民责任教育理论为内容来源，运用马斯洛需要层次理论和品德心理理论，剖析新时代公民责任教育的主体、目标和内容、环境和过程以及方法体系，以丰富新时代公民责任教育的理论和实践。

（一）日常生活中公民责任教育的主体论

传统思想政治教育理论中的主体指的是实施具体教育行为的个人或组织，即在思想政治教育过程中起主导作用的教育者；客体指的是思想政治教育的教育者主体实施教育行为所指向的对象，即受教育者。思想政治教育主客体是思想政治教育系统中最基本的要素。没有主客体，思想政治教育就无从谈起。随着人本主义思潮的盛行，思想政治教育主客体构成发生变化。传统思想政治客体的主体性被诠释、被释放，教育客体也成为了教育的主体，具有了主动教育功能。甚至，在特定教育过程中，教育客体还具有主导性和引领性。因此，现代思想政治教育的主体不仅包括实施具体教育行为的主体，也包括接受教育的客体，要注重主客体的主体性构成与关系互动模式。

日常生活中公民责任教育的主体建设指的是责任教育的教育者与受教育者作为责任教育的主体应该具备何种素质要求、选择何种互动模式。日常生活中的公民责任教育主体，要清晰地认识和把握公民责任教育者和被教育者的功能特点、构成要素及其相互作用关系。在日常生活中讨论责任教育的主体问题最根本的意图在于通过分析人在日常生活中的存在方式以及主客体之间的作用机制，抓住责任教育主体性特征，以教育主客体最贴近日常生活的存在状态来探讨一种更人文、更自然、更自由的责任品质的生成方式。教育主客体身上所具有的巨大潜力是责任教育的切入点。只有公民个人个性和创造力与日常生活的重复性思维和重复性实践发生完美契合时，日常生活中的责任教育变革才具有存在可能和发展意义。

(二) 日常生活中公民责任教育的结构论

张耀灿教授按照结构分析重点的不同，将思想政治教育的结构划分为基本结构、目标结构和内容结构。其中，基本结构包括思想政治教育的主体、客体、介体、环体等基本要素；目标结构和内容结构分别是对思想政治教育的目标和内容的组织安排。思想政治教育的结构整合设置的是否合理，决定着思想政治教育的现实效果以及目的是否达到。本书对日常生活中公民责任教育结构的构建依据现代思想政治教育理论，主要包括两个方面：一是基本结构的构建，将日常生活中的公民责任教育作为一个系统，对其主体、客体、介体、环体等要素进行分析；二是具体结构的构建，对日常生活中公民责任教育的目标结构和内容结构进行详细探讨。

日常生活中公民责任教育是教育和引导日常生活主体，使其具备符合日常生活发展规律并能使自身在日常生活中得到全面发展的责任品质的过程。在这个过程中，一个重要的环节是公民责任教育目标和内容的确立。任何一种道德教育理念和思想的实现都要以具体的教育目标和内容为依托。没有确定的目标，无法指导内容；没有具体的内容，教育的目标就无法达成。合理的教育目标和教育内容的设置是教育理念成功落地、顺利实施的保障。本书分析日常生活中作为生活内容的"日常思维"和"日常知识"的生成特性，总结出确定日常生活中公民责任教育目标和内容的基本性原则。在这些原则的指导下，进一步明确日常生活中公民责任教育的目标体系和内容体系。

(三) 日常生活中公民责任教育的环境论和过程论

思想政治教育的环境论和过程论是思想政治教育理论的重要内

容。其中,思想政治教育环境是"思想政治教育系统的外部条件,是人的思想品德形成和发展的客观基础"[1]。在以往传统公民责任教育环境论研究中都会考察责任教育的外在环境因素,但限于日常生活是一个开放程度较强的范畴,其环境因素较为宽泛,难以找到一个标准来划分环境类型,进行深入分析。因此,本书借用社会学的"场域"理论,主要基于日常生活往往会被分割为不同的"场域",且每个"场域"都是不同的力量关系网络,这样的关系网络中更能体现日常生活中公民责任教育微观化和生活化的内在机理。

思想政治教育过程"是教育者根据一定社会的思想政治要求和受教育者思想政治素质形成发展的规律,对受教育者施加有目的、有计划、有组织的教育影响,促使受教育者产生内在的思想矛盾运动,以形成一定社会所期望的思想政治素质的过程"[2]。日常生活中公民责任教育的过程实质就是把社会对个人所期望的责任品质以及个人对其自身责任品质要求转化为主体自身的道德品质构成的过程。日常生活中公民责任教育过程具有活动性、目的性和互动性,按照需求—认知—内化—行为的过程模式进行。

对日常生活中公民责任教育的场域和过程进行分析,可以展示其在横向空间性和纵向时间性、静态层面和动态层面的不同图景。其中,日常生活中不同场域的分析是对公民责任教育横向空间性的描绘,也是对日常生活中公民责任教育的一种静态层面的研究;而对日常生活中公民责任教育的过程分析则勾勒出公民责任教育的纵向时间性图式,是对日常生活中公民责任教育动态层面的呈现。

(四)日常生活中公民责任教育的方法论

"方法是人们为了认识世界和改造世界,达到一定目的所采取的

---

[1] 张耀灿、郑永廷、刘书林、吴潜涛等:《现代思想政治教育学》,人民出版社2001年版,第234页。
[2] 张耀灿、郑永廷、吴潜涛、骆郁廷等:《现代思想政治教育学》,人民出版社2006年版,第324页。

活动方式、程序和手段的总和。"①方法论比方法更具系统性，包括三个层次的体系结构：哲学方法（如历史的方法、辩证的方法、逻辑的方法等）、通用方法（如自然科学方法、社会科学方法、科学学方法等）以及具体方法。现代思想政治教育学认为思想政治教育方法"就是为了实现教育目标、传递教育内容，是教育者对受教育者所采取的思想方法和工作方法"②。思想政治教育的方法是连接教育主客体的中介因素和纽带，是实现思想政治教育目的的重要手段，是保证思想政治教育效果的重要条件。现代思想政治教育学认为思想政治教育方法作为一种专门方法体系，其所属方法因其适用范围的不同可划分为不同的层次③：思想政治教育的原则方法、思想政治教育的具体方法、思想政治教育的操作方法、思想政治教育方法的运用艺术和技巧。

本书对日常生活中公民责任方法的构建以现代思想政治教育方法论对思想政治教育方法的层次划分为依据，按照方法的内容和层次结构的不同划分为日常生活中公民责任教育的原则方法、具体方法、途径方法以及策略和技巧，完成立题宗旨，构建日常生活中公民责任教育的方法体系。

---

① 张耀灿、郑永廷、吴潜涛、骆郁廷等：《现代思想政治教育学》，人民出版社2006年版，第360—361页。

② 张耀灿、郑永廷、吴潜涛、骆郁廷等：《现代思想政治教育学》，人民出版社2006年版，第362页。

③ 张耀灿、郑永廷、吴潜涛、骆郁廷等：《现代思想政治教育学》，人民出版社2006年版，第364页。

第三章

日常生活中公民责任教育的主体建设

　　日常生活中公民责任教育的主客体是贯穿于责任教育过程中最重要、最基本的要素。传统思想政治教育理论认为，思想政治教育的主体指的是实施具体教育行为的个人或组织，即在教育过程中占据主导地位的教育者；思想政治教育的客体是教育者主体实施教育行为所指向的对象，即受教育者。现代思想政治教育确定了受教育者的主体性地位，并将其作为思想政治教育的主体进行论述。日常生活中公民责任主体建设要清晰地认识和把握日常生活中公民责任教育主客体的特征及其之间的作用模式。

第一节　日常生活中公民责任教育的主体特征

　　对日常生活中公民责任教育主客体的分析应立足于马克思主义主体性哲学理论，将日常生活中公民责任教育主客体以"现实的人"为依据，深入挖掘公民责任教育主客体之于日常生活的特征及其行为特征。

一　教育者与受教育者的统一

　　公民责任教育的主体是责任教育过程中的主动行为者，是具有主动教育功能的组织或个人。依据传统思想政治教育主体论，公民责任教育的主客体指的是责任教育的教育者与受教育者。教育者处于主导地位；被教育者处于被动地位。在反思传统思想政治教育忽视受教育者主体地位和主观能动性的基础上，现代思想政治教育确定了受教育者的主体性地位，并将其作为思想政治教育的主体进行论述[①]。并且，"教育者与受教育者之间的关系是平等互动的关系"[②]。在日常生活中，公民责任教育的教育者和受教育者都是主动行为者，都具有主动教育功能，因而都是责任教育的主体。在日常生活中，公民责任教育的主体是教育者与受教育者的统一。

马克思主义哲学中对"主体性"的阐释全面、深刻地揭示了作为社会活动的主体所具备的特性及其所蕴含的巨大潜能。日常生活中责任教育的主体同样具备马克思主义主体哲学的特性。在日常生活中进行责任教育本身是一种实践，在教育实践中改造自我、改造他人进而改造社会，体现了教育主体的实践性。同时，日常生活中责任教育者也具备主观能动性，在责任教育的过程中，能够自觉地调整、修正自己的教育思维和教育方法，变换自己的教育模式，使受教育者更好地按照教育者所指引的方向发展。受教育者作为责任教育的客体同样也可以通过教育实践改变自身的责任意识和责任行为，进而影响其他人。日常生活中责任教育主体还具备创造性。在反复的教育实践中，不断更新自我思想体系，创造出更为丰富的责任教育理论。教育主体按照责任教育理论，创造性地实施责任教育行为，进而构建出新的责任社会：在这种责任社会中，人们可以自觉、有效地实施责任行为。

具体而言，包括以下几个特征：

首先，教育者与受教育者都具有能动性。

马克思在《关于费尔巴哈的提纲》中，肯定主体的能动性而又反

[①] 张耀灿、郑永廷、吴潜涛、骆郁廷等：《现代思想政治教育学》，人民出版社2006年版，第268页。

[②] 张耀灿、郑永廷、吴潜涛、骆郁廷等：《现代思想政治教育学》，人民出版社2006年版，第271页。

对抽象地发展能动的作用。旧唯物主义的病症在于片面地强调主体对客体的反映作用，没有揭示出主体之于客体的能动的改造作用，也即实践性；而唯心主义则抽象地放大主体的主观意识作用，认为人的意识可以改造一切，割裂了人的意识与实践的关系，忽视了人的意识的主观能动性只能通过实践得以体现。主体意识不只是客观事物的反映，而是通过实践与世界产生关联，进而通过实践将主体意识物质化和具象化。在马克思主义哲学看来，人的能动性是指主体在思想和行为上表现出来的自觉性和主动性。毛泽东曾经指出："思想等等是主观的东西，做或行动是主观见之于客观的东西，都是人类特殊的能动性。"① 能动性是人类创造美好生活重要的主体性特征，如果没有主体能动性，人类则无法前进，社会则无法进步。需要注意的是，主体能动性与实践性是相互依赖的两个特性，离开实践性谈主动性则会陷入抽象的主观意识活动，不会有任何现实效果。因此，责任教育的教育者和受教育者要充分把握和激发自我能动性，通过责任教育的实践行为，促进责任教育事业的发展和个人责任品质的提升。

其次，教育者与受教育者都具有实践性。

马克思主义哲学认为人作为世界的主体，实践是其存在的根本方式。马克思在肯定主体具有能动性之后，重点阐述了"人是如何存在的"。他提出实践是人类生活的基础，是解决社会生活一切问题的合理方式，"社会生活在本质上是实践的"②，同时，人的思维活动也是实践的问题③。马克思指出实践是检验真理的唯一标准，人类思维的真理性以及带有神秘面纱的理论需要通过实践得以证明④。除此之外，语言作为主体实践的中介也是实践的。"语言是一种实践的、既为别

---

① 《毛泽东著作选读》（上册），人民出版社1986年版，第228页。
② 《马克思恩格斯全集》第3卷，人民出版社1960年版，第5页。
③ 《马克思恩格斯全集》第3卷，人民出版社1960年版，第3页。
④ 《马克思恩格斯全集》第3卷，人民出版社1960年版，第5页。

人存在并仅仅因此也为我自己存在的、现实的意识。"① 责任教育的教育者与受教育者作为认识世界、改造世界的主体，也是日常生活的主体。他们在责任教育实践中首先体现出来的就是具有深刻的实践性，能够按照社会中的责任要求通过个人的实践性完成教育实践或是践行责任要求。因为责任教育的教育者与受教育者具有实践性才使得责任教育目标得以实现，因而，实践性是教育者与受教育者最基本的特性。

最后，教育者与受教育者都具有创造性。

马克思唯物主义哲学立足于改变世界，在《关于费尔巴哈的提纲》中提出："环境是由人来改变的"②"在实践中受到革命改造"③以及"而问题在于改变世界"④ 等论断，无不蕴含着主体的创造性思想。主体的创造性主要通过创造性行为和创造性结果予以表现。创造性行为又分为创造性认识行为和创造性实践行为。创造性行为的完成标志着新事物的出现。一是创造出新的精神世界。人的精神世界是可以被创造的、被改变的，即便存在于人的头脑中，看不到摸不着。二是创造出新的物质世界，也即"人类社会"。马克思将生产看作人类的创造性活动。只有主体具备创造性，才能让物质世界的"美好生活"不是空想，而是实实在在的现实可能性。日常生活中，责任教育的教育者和受教育者的创造性表现为通过自己的创造性教育和自我教育行为，创造出新的责任精神世界，或改造原有的责任精神世界，使其与社会发展相匹配。

二 教育者的自我建设

日常生活中，公民责任教育者指的是发起责任教育过程的个人或

---

① 《马克思恩格斯全集》第3卷，人民出版社1960年版，第34页。
② 《马克思恩格斯全集》第3卷，人民出版社1960年版，第7页。
③ 《马克思恩格斯全集》第3卷，人民出版社1960年版，第4页。
④ 《马克思恩格斯全集》第3卷，人民出版社1960年版，第6页。

组织机构。从构成上看，责任教育者包括两个部分：一是进行责任教育的组织机构，如具有责任教育性质的国家机构或社会组织等；二是实施具体责任教育行为的个人，例如，教师、家长等。两者统称为责任教育的教育者。无论是责任教育组织还是个人，都承担着责任教育的功能，是责任教育过程的关键因素，决定着责任教育的成效。

（一）责任教育者的功能

其一，责任教育的教育者具有教育功能。日常生活中责任教育者的教育功能是指责任教育者按照责任教育目标，依据受教育者的责任品质状况和责任发展需要，运用感染、熏陶、启发、诱导和说理等方法，完成责任内容的认知、责任情感和责任意识的转化，以及责任行为和习惯的养成，最终将受教育者塑造成为具有完整责任品质的人。

其二，责任教育的教育者具有管理功能。日常生活中责任教育者的管理功能，是指责任教育者按照责任教育目标，依据受教育者自身的责任品质状况和责任发展需要，运用各种教育管理手段对受教育者责任品质进行塑造和培养的功能。教育者通过纪律和制度等管理手段直接向受教育者传达社会需要的责任品质以及公民需要具备的责任品质。有效的管理手段是责任教育顺利开展的组织和制度保障。

其三，责任教育的教育者具有协调功能。日常生活中责任教育者的协调功能，是指责任教育者运用多种协调手段，整合社会、学校、工作单位、社会群体和家庭等各种教育力量和因素，统一教育目标和教育方法，用责任教育合力推动责任教育实效的最大化。完整责任品质的形成需要多元化的教育力量和因素共同努力。教育者教育力量的整合效果直接关系到责任教育的落实与完善。

其四，责任教育的教育者具有研究功能。日常生活中责任教育者的研究功能，是指责任教育的教育者在责任教育实践的基础上完成对责任教育的经验、本质以及规律的总结、分析和探索。责任教育是一项十分复杂的活动过程，具有其内在的本质和规律。教育者只有把握好这些本质和规律，形成具有体系性的理论成果，才能提高责任教育实效性，实现责任教育的最终目标。

(二) 责任教育者的自我建设

责任教育者在教育过程中处于主导地位，这种主导地位并非传统意义上的上下级领导和附属的关系，而是教育者有意识发起责任教育过程，针对具体情况有序推进责任教育进程的带领地位。责任教育者的自我建设可以是外在于责任教育过程的自我完善，也可以是蕴藏于责任教育过程中的自我反思，这些都会对责任教育的成败产生影响。因此，责任教育者的自我建设尤为重要。

首先，优化责任教育机构的组织结构。

责任教育机构的组织结构主要包括国家机构和社会组织。在国家和社会层面制度化的日常生活领域，优化责任教育机构的组织结构要处理两种关系——横向关系和纵向关系，其中横向关系是不同责任教育机构之间相互配合、相互协调的关系；纵向关系是责任教育机构内部上级与下级的领导关系。在国家和社会层面制度化的日常生活中，优化责任教育机构首先要明确责任教育机构在责任教育过程中的目的和任务。这个目的和任务是为实现责任教育的根本目标服务的，包括围绕责任教育过程中所承担的任务开展具体工作，在民主集中制的基础上，统一机构内部意志和行为。其次要建立高效能的工作原则。为了更好地实现责任教育机构在责任教育过程中的高效运转，提高教育实效性，必须贯彻高效率的工作原则和工作方法。注重分工合理和协调运作，减少机构层次以避免重叠机构和多头领导造成的冗繁工作和相互推诿。明确各责任教育机构在合力协作过程中的具体工作和负责范围，相互配合，以提高责任教育的实效性。最后必须以实际需要为依据，在机构结构、体制编排上合理且高效。要以责任教育具体实施过程中需要的人力资源为参照，精减多余的教育人力，用最合理的人员安排办最高效的责任教育。

其次，完善责任教育者的个人素质。

责任教育者的个人素质不仅会影响教育者自身功能的发挥，还会影响责任教育整体目标的实现。责任教育者需要在日常生活中从以下五个方面完善自我，加强自我建设。一是政治素质。政治素质是责任教育人员最基本的素质，关系到责任教育的目标和方向，包括鲜明的政治立场、正确的政治品德、较高的政治水平和良好的政策觉悟。在琐碎的日常生活中，信息以碎片化、片面化的特征出现，使得责任教育者要时刻保持鲜明的政治立场，提高明辨是非、判断真伪的能力和觉悟，加强对国家政策的理解力和执行力。根据国家和社会对个人的责任要求，开展适合国家发展、社会进步的日常生活责任教育实践，做到以德服人、言行一致、知行合一，这样对受教育者的感染力和影响力是潜移默化且立竿见影的。二是思想素质，包括世界观、人生观、作风等。人的思想素质是构成人整体的思想体系的最基础部分，是人对世界、对社会、对他人的根本观点和态度。在日常生活中，个人的思想素质直接影响个人日常生存和发展所涉及的一切关系。积极完善个人的思想素质，是责任教育者进入责任教育实践的必要前提。三是道德素质，责任教育坚持身教重于言教的教育理念。教育者自身的道德素质决定了责任教育的深度和广度。教育者必须要具备崇高的道德境界，包括无私的奉献精神、崇高的责任感和自觉的反省意识。道德素质是责任教育个体在日常社会道德观念影射下的具体道德体现。道德素质的高低决定着责任教育者对受教育者的影响力是正向的还是反向的。如果一个道德素质低下的教育者，很难说服受教育者践行责任行为。四是智能素质，指的是教育者个人的智力和能力水平，包括知识结构是否完整、智力结构是否稳定以及能力结构是否全面。责任教育者对责任知识占有的多寡决定了其对责任教育内容的把握是否全面，是否能够达到预期的责任教育目标和效果。日常生活中人们说的智慧，包括注意力、思维力、想象力、记忆力和观察力，是责任教育者完成责任教育过程的内在动力和精神支持。除此之外，责任教育者在自学、组织、调查研究、表达、社交、创新以及科研等方面的能力结构在责任教育过程中也至关重要，都是教育者需要不断自我完善、自我建设的方向和目标。五是心理素质，是责任教育者各种心理品质的综合状况，主要包括广泛的兴趣、优良的性格和坚强的自控能力。兴趣是学习的动力和源泉，可以滋养个人的情操和意志，为个人素质的提高提供情绪支持和动力；优良的性格是以科学的态度对待事物、以乐观的情绪接纳问题、以坚强的意志支持信念和以有效的理智获得发展，都是责任教育者需要在日常生活的不同场景和细节中不断优化和完善的内容。

以上五种个人素质共同构成责任教育者的综合素质，其内在是相互联系、相互促进的关系；外在是不断变化发展的过程。责任教育者只有不断完善不同层面的个人素质，才能胜任责任教育的重任。优化个人素质的同时，是自我建设的过程，也是自我责任教育的过程，实现了教育与自我教育的统一。

三 受教育者的二重性："特性"和"个性"的结合

日常生活中，公民责任教育的受教育者指的是责任教育行为指向的对象。"思想政治教育的对象是人"[1]，公民责任教育的受教育者结构比较单一，就是独立的公民个体。虽然是对象，受教育者同样是责任教育过程的主体，具有与教育者相同的主体性特征。除此之外，受教育者还具备二重组合性，也即"特性"与"个性"的结合体。

（一）日常生活中责任受教育者的"特性"：有意识的基本生存特质

马克思在个人与社会发展的"三个形态"论断中揭示了个人最初的存在形态是物的依赖关系，也即个人依赖物的基本生存关系[2]。同时，马克思指出："任何人类历史的第一个前提无疑是有生命的个人

---

[1] 陈秉公：《思想政治教育学原理》，高等教育出版社2006年版，第182页。
[2] 《马克思恩格斯全集》第46卷（上），人民出版社1979年版，第104页。

的存在。"① 也就是说，人类历史的存在以有生命的个人的存在为基础，而有生命的个人具有一定的生存"特性"。这里将个人与生俱来而且将伴随其终生的作为自然禀赋的特质和素质称为"特性"。其中，维持个人基本的生存状态是个人最基本也是最本质的"特性"。如果一个人无法维持其生命存续，又谈何实践。

马克思提出了劳动是维持个人"特性"的基本手段②。人的"生存"也绝不能局限于作为生命体的人的动物般的"存活"，而是一种始终具有超越性的、自觉的、有意识的生命活动实践。"每个人都是带着一系列给定的特质、能力和才能而进入世界之中的特殊的个体。"③这些给定的特质、能力和才能就是生存的能力，也即劳动。个人从来到这个客观世界起，就要不断地适应外在环境，通过个人的劳动实践不断对物质世界的存在方式和自身的存在方式产生认知和反思。为了改造物质世界以支撑自身存在的现实，个人开始培养有助于自身生存和发展的个人素养。在人类不断延续发展的过程中，个人形成了自己自由自觉类存在方式的内在表现形式。而这些支撑自身生存和发展的内在的"特性"久而久之成为其在日常生活中生存的最低限度，最终人的生存特质通过日常生活而被一般化。

人的任何特性都是在人适应所处的环境、社会条件、与他人进行交往并作用于活动对象的过程中培养起来的。这个过程是将自身的生存特质向生存世界对象化转变的过程，是将自己的生存方式和工具通过实践交往一般化的过程。只有将社会意识对象化、一般化为个人"特性"的自我意识，人的生存发展才能实现。在现代心理学看来，这个对象化、一般化过程就是内化的过程。通过个人的生存实践，再将内化的个人"特性"展现出来，也就是人的潜能的激发。没有这

---

① 《马克思恩格斯全集》第3卷，人民出版社1960年版，第23页。
② 《马克思恩格斯全集》第42卷，人民出版社1979年版，第96页。
③ ［匈］阿格妮丝·赫勒：《日常生活》，衣俊卿译，重庆出版社1990年版，第9页。

个转化过程，人的特性只是处于一种潜在的状态。

（二）日常生活中责任受教育者的"个性"：超越自我、发展自我的特质

马克思关于主体"个性"的论述同样需要在个人与社会发展关系的"三种形态"理论中理解。马克思总结了个人与社会发展关系的三种历史"形态"[①]：一是"人的依赖关系"，是个人与物质世界最初的关系形态，即个人的生存完全依赖于物质世界的恩赐，人没有能力改变世界，甚至认识世界都被现实条件所限制。二是"以物的依赖性为基础的人的独立性"，这是第二大形态。在这种形态下，个人逐渐具有认识世界、一定程度上改造世界的能力，人的交往关系、社会关系开始发展，人的主体性有限度地得到发挥。三是"建立在个人全面发展和他们共同的社会生产能力成为他们的社会财富这一基础上的自由个性"，这是人与社会发展关系的第三个阶段。在这个阶段，人的自由、全面发展成为社会发展、社会财物的根本目标，同时，人的自由"个性"得以彰显。从马克思关于人与社会发展关系的三种形态的论断可以看到人的个性发展和社会历史发展关系的基本演进逻辑：在"人的依赖关系"阶段，由于人的认识能力和生产能力的"狭小"和"低下"，人需完全"依赖"自然界和群体才能存活。伴随着"物质交换"和人际交往范围的日益扩展和频繁，人在获得和占有一定物质生产资料之后，人对"关系""能力""发展"的需要被一定程度地激发、拓展和提升。只是这时社会既存的物质财富积累和社会发展状况尚不能满足每个人的充分发展需要。随着物质财富的极大丰富以至可以满足所有人对自由、全面发展需求的时候，人类也就从"以物的依赖性为基础的人的独立性"阶段跨越到了"自由个性"阶段。这个阶段也就是共产主义所描绘的人的全面自由发展阶段。

---

① 《马克思恩格斯全集》第46卷（上），人民出版社1979年版，第104页。

个性是一种自由发展，它是个体作为独立人的终极形态。在马克思主义描绘的未来社会图景中，主体的"个性"不仅仅是个人单独的自由发展，而应该是全人类的自由发展。马克思在《德意志意识形态》中谈到有个性的人时说："它是个人的这样一种联合（自然是以当时已经发达的生产力为基础的），这种联合把个人的自由发展和运动的条件置于他们的控制之下。"① 说明个性具有可操控性，是以人的自由意志为前提的。他还指出："个人的真正的精神财富完全取决于他的现实关系的财富。"② 换言之，个性是一种以人本身的发展为目的并能自由地利用现有条件得以发展的状态。个性彰显的程度在不同时代具有不同的特点，个性的发展处于永恒的变化之中。但有一点是肯定的，人类追求"自由个性"的意愿和为之付出的努力是没有终点的。因此，个体应该把自己的生活作为自己的认识和改造对象，并自觉地激活自己的本质力量和发展潜能，将自己改造成为理想的人。

综上所述，"特性"可以看作人自我生存和自我保护的一种特质和能力。因此，为了人自身的全面发展应该超越"特性"，发展自由的"个性"。在日常生活中，个人具有无限的发展可能，因为其"个性"在自身的发展中还没完全自觉和反映出来。为了个体的无限发展，要充分开发个人的"个性"潜力，以得到个人的全面发展。

这对于日常生活中公民责任教育的启示在于：首先，在日常生活中，个人往往仅具备最本能、最低层次的责任"特性"，这些责任"特性"仅为了满足人们最基本的生存需要。例如，人们为了维持日常基本生存，要外出觅食以及获得必要的物质生活资料。这就表现为一种对自己负责、对家人负责的责任品质，这样的责任品质是最基础、最低层次责任品质，是基于人之生活的"特性"本质。在多

---

① 《马克思恩格斯选集》第3卷，人民出版社1960年版，第85页。
② 《马克思恩格斯选集》第3卷，人民出版社1960年版，第42页。

数情况下，只要个人存在，便具备这样的责任品质，或出于本能，或出于后天环境的影响。其次，人们在日常生活中除了维持基本生存之外，不可避免地要与日常生活中的其他个体或客观事物产生关联和互动。这时候会有个人对他人负责、对社会负责乃至对世界负责的责任品质需要。基于人之生活的"个性"潜能以及超越自我、发展自我的"个性"特征，个人会不断完善自我责任品质，提高自我责任品质的广度和深度。最后，日常生活中公民责任教育不仅要关注对个人最基本责任品质的挖掘，还要善于捕捉和发现存在于日常生活各个环节中的个人责任品质需要和个人发展潜能，遵循个体突破自我、完善自我的"个性"规律，超越个体的责任"特性"，发展个人的责任"个性"。

四 责任教育主体在日常生活中的行为特征

日常生活中公民责任教育的主体行为是一种日常行为。在主体"自在的"存在方式下，公民责任教育主客体日常行为具有一定特征。

（一）重复性

日常生活中公民责任教育主体行为所具有的重复性源于日常行为是一种重复性行为。马克思在批判资本主义劳动异化时，对人作为社会存在物的类本质或类特性进行分析。他在《1844年经济学哲学手稿》中指出："一个种的全部特性、种的类特性就在于生命活动的性质，而人的类特性恰恰就是自由的自觉的活动。"[1] 但是在资本主义生产关系中，作为人的类本质特性的"生活本身却仅仅成为生活的手段"[2]。可见，马克思将人的自由的、自觉的活动看作人的"类特性"，也就是人的日常行为活动。在日常生活中，主客体的这种"类

---

[1] 《马克思恩格斯全集》第42卷，人民出版社1979年版，第96页。
[2] 《马克思恩格斯全集》第42卷，人民出版社1979年版，第96页。

本质"实践行为具有一定的自在性,而这种自在性的类本质活动又是不断重复的。因此,在日常生活中,我们的日常行为是通过或简单或复杂的中介投入到社会一般实践中的,而且这种日常行为是可重复的,按它们的"如是性"(thus-ness)而重复。

日常行为的"重复"性具有三种限定:首先,"自在的"类本质对象化的意义在于它的功能,因此,在"自在的"类本质活动的重复中,"如是性"意味着按其具体功能来重复这一活动。也就是说,日常行为的意义在于其所体现的功能价值,日常行为的重复性是为实现同一种功能而反复操作。其次,从属于"自在的"类本质对象化规范的"如是性"的严格程度是一个历史变量。例如,工具在不同的历史阶段分化程度不一样,使用工具的规范就有变化。作为规范日常行为的规则会随着社会历史的发展而不断变化。日常行为的重复性判定要以一定的社会历史条件为依据。最后,可重复性是"任何人"都可以进行的重复性。这意味着日常行为的重复性是针对社会中所有具备实施这种行为能力的人来说的,并且不需要学习和训练。当一种日常行为可以被社会人无数次地重复时,这种日常行为才能成为人的一种存在方式。重复性是可重复性的基础。因此,从日常生活中主体行为所具有的重复性特征表明,公民责任教育行为在日常生活中是一种可重复完成的过程,不受时间和空间的限制。

(二) 习惯性

教育主体的日常行为具有习惯性。日常生活中,公民责任教育以培养公民负责任的行为习惯为主要任务。日常行为的习惯根源具有四个层次[1]。一是日常生活的基本习惯。基本习惯是支配着日常生活的最常见的前提条件,因此,尽管它们可以采取不同的习惯形式,但都会出现在所有历史阶段和所有社会阶层中。它的特征在于,不同的个

---

[1] [匈] 阿格妮丝·赫勒:《日常生活》,衣俊卿译,重庆出版社1990年版,第163—170页。

人遵守它们的强度差异极小。二是排他主义习惯。排他主义习惯一般存在于特定集体和特定阶层中的人们的生活，是特定集体的利益、目标、价值体系和意识形态的表现形式。[①] 三是"有条件的习惯"（conditional customs），包括许多原则上不能违背的习惯，它们只能被遵守，例如迷信习惯。但是这些习惯不被遵守的话，并不违背任何习俗。四是个人习惯。作为复合体的个人习惯体系，和社会习惯的对象化体系相同，都是唯一的。因此，没有两个人占有完全相同的个人习惯结构体系。

日常行为的习惯形成具有一定的条件。日常行为"成为习惯"的基本含义是"重复性实践的形式"，也就是说，日常行为的习惯性是通过重复性的实践和活动形成的。由于日常生活是我们完成人类自我生产与再生产的领域，人类必须不断重复实践日常行为，使之成为一种类本质的习惯特性。在广义上，一种行为成为"习惯"意味着这种实践活动以及支配其活动的意识和思维"对我们而言成为自然的"。不需要过多思考及训练这种习惯，因为它们已成为个体性格的组成部分。习惯具有养成性，人类可以有意识地培养各种行为习惯，甚至可以养成无条件地屈从于重复性实践和重复性思维所呈现的任何图式的习惯，即习惯性的思维模式和社会规范。"个体性格发展过程的特殊标志在于，个人习惯远远超出凭借习惯世界而占有的那些习惯的范围。"[②] 因此，在日常生活中进行的公民责任教育首先要善于捕捉各种日常行为习惯的来源，满足日常行为习惯的形成条件，引导公民养成自觉的责任行为习惯。只有将责任行为从一种偶然、随机的实践上升为个人习惯化、常态化的行为模式，才能从根本上提高公民责任教育的实效性。

---

① ［匈］阿格妮丝·赫勒：《日常生活》，衣俊卿译，重庆出版社1990年版，第165页。
② ［匈］阿格妮丝·赫勒：《日常生活》，衣俊卿译，重庆出版社1990年版，第169—170页。

(三) 情境性

日常生活中公民责任教育主客体行为的情境性表现在责任教育的行为总是在一定的情境中展开的。日常行为大多数与特定情境联系在一起，除了内在交谈（同自己攀谈构成一个例外），因为内在交谈是没有"情境的"。当我们同自己谈话时，我们不是把语言用作交流的媒介，而是用作思维的手段，因为人的思维运作不需要任何情境。"作为一般规则，每一习惯都同一个情境相联。事实上，学习遵守习俗，也就是学习在什么环境中它是有效的，什么情境中可以加以运用。"[①] 例如，问候与打招呼在一天的不同时候也不尽相同：我们在学校中的举止跟在商场中的举止也不同。因此，"'遵守规则'也是一种实践"[②]。"所有文化都通过把习惯同情境相联而在一定点上'打破习俗'"[③]。言谈与情境之间的联结最为根本，同时也具有最多种类的功能。只有在语言所表达的关联情境中把握语言作用，言谈才是有意义的。一个多义词可以被泰然使用，这是因为它在其中得以表达的情境把某一含义限定为正确的。由于交谈的目的是使他人同意或不同意，如果表达不导致这种结果，即使这个语句本身在这一情境之外有意义，亦是很令人莫名其妙的。

违背日常行为的情境性会使这一行为显得荒谬而不可理解，甚至在一定情况下成为日常生活的灾难。例如，如果有人在公共场所赤身裸体地经过，人们会觉得这样的行为是荒谬和滑稽的，因为这种日常行为不符合公共场所的情境要求。如果这种行为超出一定的社会规则界限，会直接导致行为者日常生活的破坏。那如何判断什么是适当的情境，主要取决于在这种情境下的日常行为是重复性实践和重复性思维的累积结果，而不是凭直觉的或创造的思维所想象

---

① [匈] 阿格妮丝·赫勒：《日常生活》，衣俊卿译，重庆出版社1990年版，第156页。
② [奥] 维特根斯坦：《哲学研究》，李步楼译，商务印书馆1996年版，第121页。
③ [匈] 阿格妮丝·赫勒：《日常生活》，衣俊卿译，重庆出版社1990年版，第157页。

出来的。① 可见，在日常生活中进行公民责任教育一定要符合适当的情境原则，只有在适当的日常情境中对公民进行符合此情境要求的责任教育，才能"因情施教"，提高公民责任教育的实效性。例如，在公交车上，父母可以根据当时情境和事件，对子女进行礼让弱者等责任意识的培养，而这种情境化的责任教育是宏观责任教育无法企及的。

（四）经济性

日常生活中公民责任教育主客体行为具有经济性，主要表现为个人的日常思维和日常行为的动机是实用主义的，遵循经济性原则。就日常行为而言，人们不会强迫自己去选择一种更难的方式或途径来实施一种行为，而是用我们已经践行过的一般化的方式尽快地完成这种行为。如果人们一反常态，选择一种更为复杂的方式去实施这种行为，那这种行为必然不是一种日常行为，而是其他政治行为、宗教行为或艺术行为等非日常行为。非日常行为只是偶然发生在人们的日常生活中，并不具备重复性和习惯性。日常行为的经济性最有力的日常表现就是语言，"语言也和意识一样，只是由于需要，由于和他人交往的迫切需要才产生的"②。日常用语出于人们交往的迫切需求，其语法结构趋向于经济、实用和交流。例如，当我们感觉渴时，会高喊一声"水"，而不是使用"你认为我可以喝杯水吗？"或者"请给我一杯水好吗？"这样的表述。

日常行为的经济性意味着认识和实践的直接统一。人们实施某种日常行为时，总是建立在认识和实践相统一的基础上，我们内心的思维和所做出的行为表达是一致的。只有当反复运用过的方法不再奏效，基于实用主义态度，即对效率性的渴求，才会停下来，询问"为什么""出了什么毛病"。在语言中我们可以发现同样的情

---

① [匈] 阿格妮丝·赫勒：《日常生活》，衣俊卿译，重庆出版社1990年版，第157页。
② 《马克思恩格斯全集》第3卷，人民出版社1960年版，第34页。

形。我们占有语言的方式同占有对象的方式一样，把语言和词汇视作"理所当然"而加以运用。只有当我们一再使用一种用语却不能表达所要表达的思想时，才会考虑这个用语是否出现了问题。日常行为的经济性表明：日常生活中责任教育行为要用最有效、最经济、最易懂的日常表达方式和日常交往方式来完成责任知识的掌握和责任品质的养成。

第二节　日常生活中公民责任教育的主体关系

新时代的公民责任教育要重视教育主客体在日常生活中的互动模式。传统公民责任教育主客体之间是一种主客体关系模式，强调教育主体掌控教育全过程的绝对主导地位，教育客体即受教育者处于被动接受教育的次要地位。在日常生活世界中，每个个体都是一个独立的主体，教育者与被教育者在地位上是平等的、思想上是自由的，并且在一定情形下可以相互转换。因此，日常生活中的公民责任教育主体关系是一种"主体间性"的关系模式。

一　马克思主义经典作家对"主体间性"的诠释

马克思主义经典作家对"主体间性"的诠释脉落清晰。1844年初，马克思在《1844年经济学哲学手稿》中阐释了资本主义生产关系下人的劳动异化现象，从此展开了他经济政治学的哲学批判之路。"劳动异化"现象带来的是主体间的"异化"，他提出要重构主体间关系；1845年初，马克思在《关于费尔巴哈的提纲》中阐释了主体的实践本质，奠定了重构主体间关系的交往实践基础；1945年秋至1946年5月，马克思和恩格斯共同撰写了《德意志意识形态》。其中，马克思通过对生产、分工、交往的分析论证了主体间性的丰富内涵。

(一) 从主体间关系的"异化"开始

马克思对人也即主体的本质的揭示，是从批判人的"异化"现象开始的。资本主义生产关系的"异化"可以从四个层次进行解读：第一个层次是劳动对象的异化，即劳动者作为生产主体创造出来的产品并不为劳动者所有[①]，且劳动者能使用或占有的物质资料并不因为他付出的劳动多而变多，在一定情况下，会出现创造的价值越多，自己的价值却越少的异化现象[②]。第二个层次是劳动本身的异化。"异化不仅表现在结果上，而且表现在生产行为中，表现在生产活动本身中……劳动对工人说来是外在的东西，也就是说，不属于他的本质的东西。"[③] 换言之，劳动作为主体实践的外在表现形式，并不是由实践主体——劳动者自由支配的。作为劳动者类本质存在方式的实践活动并不受劳动者自由控制，仅仅成为个人维持生存的手段[④]。第三个层次是人的类本质特性也即生活的性质发生异化。作为类本质存在方式的生活不是主体有意识之存在，而成了不断重复异化劳动的生活。作为类本质存在的生活，却成为生活的目的，失去了原本的价值和意义。第四个层次是人与人之间关系的异化。第四个层次的异化是建立在前三个层次基础之上的。资本主义生产关系的种种异化都可以在人与人关系的异化中得到体现[⑤]。马克思对资本主义生产关系"异化"的论证遵循了一个由表及里、由现象到本质的路径："人同自己的劳动产品、自己的生命活动、自己的类本质相异化"只是现象，而"人同人相异化"才是本质。可以看出，马克思对主体间性的诠释是从分析作为劳动主体的劳动者，在资本主义背景下与同为劳动主体的其他劳动者之间的"异化"关系开始的。要解决这种主体间关系异化问题，

[①]《马克思恩格斯全集》第42卷，人民出版社1979年版，第91页。
[②]《马克思恩格斯全集》第42卷，人民出版社1979年版，第92页。
[③]《马克思恩格斯全集》第42卷，人民出版社1979年版，第93页。
[④]《马克思恩格斯全集》第42卷，人民出版社1979年版，第96页。
[⑤]《马克思恩格斯全集》第42卷，人民出版社1979年版，第97—98页。

只有在社会主义或者更高级的共产主义社会制度中才能够完成。

(二) 以主体的实践本质为基础

1845年，马克思对费尔巴哈旧唯物主义忽视人的主观能动性进行了深刻的批判，并阐释了以实践为基础的历史唯物主义基本观点。首先，马克思提出了主体具有实践的本质。他批判了旧唯物主义对一切客体进行直观理解、忽视人类实践具有认识世界、改造世界的主观能动性的错误观点。他提出应该从"对象性的活动"的视角出发理解人的活动本身，也就是从实践的角度出发，理解人的存在方式和人的社会关系。其次，马克思指出实践是检验真理的唯一标准，人类思维的真理性需要通过实践得以证明。"人应该在实践中证明自己思维的真理性。"[①] 人类通过实践将自我意识、自我思维转化成现实行动作用于客观物质，从实践中得到启发和感悟，进而指导下一次的实践活动。在不断反复的实践活动中，证明人类思维的对错真伪。最后，马克思提出实践是人类生活的基础，是解决社会生活一切问题的合理方式。"社会生活在本质上是实践的"[②]，任何人类社会中存在的问题都可以从主体的"实践中以及对这个实践的理解中得到合理的解决"[③]，只有通过实践才能实现人与人之间的交往活动，才能形成人的社会关系。如果没有实践作为基础，就谈不上生存，更谈不上与其他主体发生联系。实践是主体间关系的具体运作方式。必须指出，以实践为基础的人类交往活动具有深厚的生活内涵，是主体与主体之间以满足日常生活需要而进行的物质交流和精神交流。因此，实践不仅仅是属人的，更是社会性的、历史性的行为活动。

(三) 用交往解读主体间的关系模式

在《1844年经济学哲学手稿》中马克思对主体的交往实践类型

[①] 《马克思恩格斯全集》第3卷，人民出版社1960年版，第3页。
[②] 《马克思恩格斯全集》第3卷，人民出版社1960年版，第5页。
[③] 《马克思恩格斯全集》第3卷，人民出版社1960年版，第5页。

进行了划分，他认为人的"交往"关系可分为人与自然的自然交往以及人与人的社会交往：其中人与自然的交往是人生存的基本前提和方式①；人与人的社会交往，是社会发展和个人发展的必要条件。可见，人与人之间的交往活动从人类出现的那一刻起就存在着，并且是推动社会发展和进步的重要动力。

在《德意志意识形态》中马克思按照人类活动的目的进一步对人与人的社会交往进行分类：一是以物质资料生产为基础的社会交往②；二是以物质资料再生产为基础的社会交往③；三是以人类自身发展为基础的、为了组建家庭、繁衍后代而展开的社会交往④。除此之外，马克思还按照交往内容将人与人之间的"交往"分为物质交往与精神交往：物质交往是基础，例如物质生产资料的交换、劳动产品的买卖等；精神交往是动力，例如思想、观念、意识的相互沟通、相互融合，以促进人类世界整体的普遍交往。

在交往过程中，人们往往将自己视为交往主体，将交往对象视为交往客体，强调交往主体具有积极的主观能动性和主导性，而忽视交往对象的诉求和需要。主体与客体在交往中采取什么样的交往观念和思维决定了交往活动是否能够顺利进行。马克思主义经典作家阐述了用实践方式来重构主客体的交往关系，强调同作为实践主体的个人和他人都是交往行为的主体，都具有平等的交往地位和交往能力。在改造世界的过程中，人们要采用主体间性的"双主体"交往模式，才能在社会发展的基础上追求更好的自我发展。

二 日常生活中公民责任教育"主体间性"的运作逻辑

日常生活中的公民责任教育以马克思主义主体间性理论为指导，

---

① 《马克思恩格斯全集》第 42 卷，人民出版社 1979 年版，第 95 页。
② 《马克思恩格斯全集》第 3 卷，人民出版社 1960 年版，第 31 页。
③ 《马克思恩格斯全集》第 3 卷，人民出版社 1960 年版，第 32 页。
④ 《马克思恩格斯全集》第 3 卷，人民出版社 1960 年版，第 32 页。

强调责任教育要关注教育者与受教育者的独立、平等地位，倡导二者在平等对话中达到相互理解，在理性交往中实现责任品质的建构。

（一）从重责任"规范"灌输转向以"人"为本的责任感知

传统"主体—客体"式责任教育强调教育主体的主动"传授"和教育客体的被动"接受"，在责任教育过程中往往只注重责任理论、责任知识、责任规范的灌输，将获得知识等同于获得品质。其实，系统的责任理论、丰富的责任知识以及明确的责任规范并不能确保公民获得完整的责任品质、践行责任行为。"因为人的思想品德是在活动和交往中形成，又在活动和交往中表现出来并受到检验。"① 因此，责任教育的目标只有通过主体间的交往实践才能最终实现。责任教育"主体—客体"模式割裂了人的整体性和主观能动性，一方面片面强调责任认知的作用而忽视了责任情感和意志在责任品质形成、发展过程中的重要地位；另一方面一味强调教育者作为责任教育主体的主导作用，磨灭了受教育者的主观能动性，把受教育者视为没有情感的责任规范"器皿"，其实是一种"物化"了的责任教育。

首先，教育行为的实践性要求责任教育关注人的本体地位。责任教育本质上是一种人与人的交往实践，属于精神交往的一种。教育者实施一定教育行为将责任认知通过责任情感和责任意志的强化，内化为受教育者自我责任品质的过程，是一种提升人之道德素养、净化人之灵魂的活动。建立在交往实践基础上的责任教育，必须要以实践的主宰者——人为本体，不仅要重视教育者的实践性和主观能动性，也要关注受教育者的本体地位。其次，责任品质的属人原则要求责任教育关注道德品质形成的内在规律。与客观的责任知识和责任规范相比，人的责任情感和意志更具有长远性和根本性。这里并不是说责任知识和规则不重要，大多数情况下，责任知识和责任规范也是通过大

---

① 张耀灿、郑永廷、吴潜涛、骆郁廷等：《现代思想政治教育学》，人民出版社2006年版，第271页。

量生活实践总结得出的,同样具有很强的属人性质。只是说不能将责任知识和责任规则的获得视为责任品质的完成。如何做一个真正负责任的"人"才是责任教育的本质要求所在。日常生活中的责任教育倡导一种以"人"为本的责任教育理念,通过与"人"联系最为密切的日常生活实践,利用存在于日常生活中的各种微观作用机制,使"人"的责任品质的形成更贴近"人"之生存状态的自然规律。最后,责任受教育者作为责任品质的指向对象,其主体地更要被关注。责任教育的教育者和受教育者都是具有独立性和主观能动性的个体存在,都是责任教育的主体,因此要平等地受到尊重、得到关爱。责任教育的过程不是单向地传授责任知识、责任规范的过程,而是教育者和受教育者多次双向不间断的作用过程,最终使受教育者获得完整责任品质,自由而全面地发展自我。

(二) 用主体间交往活动替代对象化活动

传统"主体—客体"式责任教育是一种单向的对象化活动。对象化活动的一方是教育者,主导整个教育流程;另一方是受教育者,被动接受教育过程。二者在对象化活动中边界清晰,职责明确。教育者把受教育者看作需要认识和改造的对象,按照社会中的责任要求将受教育者打造成"负责任的人";受教育者则按照教育要求机械地完成教育内容,被动接受教育事实。本是充满丰富感性体验和情感交往的实践被枯燥、乏味的说教所代替。教育者与受教育者的地位处于失衡状态,成了教育者施展权威、掌控全场,受教育者被动灌输、服从管束的状态。在这种对象化的活动中,受教育者的独立性和能动性在一次次的教育交往实践中被磨掉、遗忘,最终导致责任教育实效性不济。

日常生活中的责任教育要把关注点放在人与人的交往关系上,倡导用"主体—主体"的主体间交往活动取代"主体—客体"的对象化活动。日常生活中的责任教育就是教育双方进行与责任有关的一种交往实践。这个交往实践需要交往主体相互承认、相互接纳,在理解中达到"共赢"。因为，在日常生活中，每个人都是自己生活的掌控者，都是具有独立思维和主观能动欲望的主体。任何人的发展都要以其他人的发展为前提。尊重每个责任教育参与者的主体性，尤其是主体地位消失已久的受教育者的主体性，是日常生活中公民责任教育需要关注的重点。主体间性是人与人交往的本质属性，是处理人际关系最有效的方法。只有主体地位被认可的人才有能力去认可他人的主体地位，才能实现双主体的交往实践。受教育者主体地位的认可是责任教育效果能否实现的关键因素。只有主体间性的教育模式，才能使教育双方进入彼此的精神世界，来一场精神世界的饕餮盛宴。

  日常生活中的责任教育如何做到主体间性的教育模式。首先，既要充分发挥教育者的主体性，强调其责任价值和教育过程的引导作用；又要充分尊重受教育者的主体地位，注重被教育者责任品质的自主建构。其次，主体间性的教育模式需要开放性思维和交互性沟通的促进。日常生活具有开放性和共生性的特点，在日常生活中的主体通过共同生活体验成为一个不可分割的共同体。因此，要保持教育主体在日常生活中的纯粹性和开放性，因为本真的存在方式和理性的交往实践最符合人之责任品质的生成规律，进而为通往美好生活架起责任的桥梁。

第四章

日常生活中公民责任教育目标和内容的构建

本书对日常生活中公民责任教育结构的论述依照现代思想政治教育结构论体系进行,主要包括目标结构和内容结构。本书分析日常生活中作为生活内容的"日常思维"和"日常知识"的生成特性,总结出确定日常生活中公民责任教育目标和内容的基本性原则。在这些原则的指导下,明确日常生活中公民责任教育的目标体系和内容体系。

第一节 构建依据和原则

"日常知识"和"日常思维"是构成日常生活内在基本图式的重要组成部分,它们的生成规律和内在作用机制具有自身的特点。而日常生活中公民责任教育目标和内容的确定要遵循"日常思维"和"日常知识"的生成和发展规律,进而与日常生活的整体作用机制发生契合,以提高公民责任教育的实效性。

一 回归"日常知识"和"日常思维"

日常思维是运用日常生活中各种日常知识的方式和模式;日常知识则是人们维持自身日常生活的知识要求。其中"日常知识"具有一系列内在特性;"日常思维"具有人本学特征。这些特性和特征正是人在日常生活中最自然的存在状态。

(一)"日常知识"的特性

有学者对日常生活中的知识内涵进行了界定，主要包括"地方语言知识，基本规范知识，特定居住地所特有的习惯和集体形象的知识，操纵在这些场合所使用的生产手段和仪器的能力，等等"①。日常知识具有一定的特性，是指导日常生活中公民责任教育目标和内容设置的重要依据。

第一，日常知识具有时代性。随着社会劳动分工的深化，有些特殊的日常知识在不断减少，这表明日常知识具有时代性。"在社会劳动分工的任何阶段上，都'抛弃'那些对人不再有用的成分"②。人们日常生活的精神文化内涵就像是一个"中心精神数据库"，一些经过历史雨水冲刷遗留下来的传统日常知识，正逐渐被具有现代科技蕴意的日常知识所代替，例如，"那种通过云的迹象预告雨的知识已过时了，现在（至少在欧洲和美国）我们听天气预报"③。

第二，日常知识具有一定的强制性。这种强制性是相对的，并非法律意义上绝对的强制性。"每一主体如欲在其特殊环境中成功地生活与运动，就必须内在化那一定数量的日常知识，这是最低的要求。"④"掌握最低层次的这种知识对每个人而言都是义务。"⑤ 也就是说，一些最低层次的日常知识是人类之所以为人类所必需、强制具备的。这种强制性一方面表现在人类必须占有它，另一方面表现为外在环境根据社会分工所强制在某一类人身上。例如，在日常知识的占有中，对男性的要求和对女性的要求有所不同。男性更需要掌握承担与社会生产和再生产有关的日常知识，而女性只需要掌握与日常生活再

---

① [匈] 阿格妮丝·赫勒：《日常生活》，衣俊卿译，重庆出版社1990年版，第200页。
② [匈] 阿格妮丝·赫勒：《日常生活》，衣俊卿译，重庆出版社1990年版，第200页。
③ [匈] 阿格妮丝·赫勒：《日常生活》，衣俊卿译，重庆出版社1990年版，第200页。
④ [匈] 阿格妮丝·赫勒：《日常生活》，衣俊卿译，重庆出版社1990年版，第199页。
⑤ [匈] 阿格妮丝·赫勒：《日常生活》，衣俊卿译，重庆出版社1990年版，第200页。

生产有关的知识,例如家庭保健知识等。

第三,日常知识具有纯粹倾向性。日常知识的纯粹倾向性通过回答日常"是什么"和"应如何"两个问题来体现,这两个问题是日常知识内容体系中同等重要的两方面,经常联结在一起,且互为条件。"是什么"和"应如何"在日常生活的实用主义引导下具有纯粹倾向性。在日常生活中,有很多针对"是什么"的日常知识,而缺少与"是什么"相对应的"应如何"的日常知识。如果日常生活是具有实用主义倾向的,那么作为日常生活中必须掌握的"是什么"知识也依旧是实用主义的。所以,对于"上帝创世"的知识也即"是什么",很难产生任何实际的行动效果。但是由于生活在具有某些信仰的共同体内,人们只能跟随着这一共同体形成的规范和规则去为某些行为,但这些行为并非人们真正了解"应如何"的行为实践,只是一种纯粹性、倾向性行为。

第四,日常知识具有传承性。日常知识"是由世世代代其生活业已确定的成年人所带有和传播的。一代人的日常知识为后来各代人的日常知识提供基础"[①]。所以,在时间继承方面来讲,日常知识分为传统知识和习得知识。日常生活中是传统知识占有的比例高,还是后来习得知识占有的比例高,主要取决于这个社会的发展方向的开放程度。在开放程度不高的社会中,日常知识的内容主要依赖于以前各代人传承下来的传统知识。而在开放程度高的社会,则表现为日常思维变化的迅速性。

第五,日常知识传播途径具有多元性。在最初的社会发展阶段,日常知识的传递多发于父母对子女的日常知识传递过程中。随着历史时期的变化,日常知识的传递模式会转化为有社会经验的老者对其他社会人的传递。这两种情形中,传播手段具有可复制性。随后,在宗教共同体内,神父扮演了传递日常知识的角色;学校也成为日常知识

---

① [匈]阿格妮丝·赫勒:《日常生活》,衣俊卿译,重庆出版社1990年版,第201页。

传递的中继站。但随着社会公共传播手段的大量产生，出现了收音机、电视等大众化传播工具。需要注意的是，虽然大众传播工具可以将文化阶层的日常知识普遍化为大众的日常知识，但由于其不具备传统"口口相传"传播途径的特点，所以不是一般生活经验的表达，这样的日常知识并不符合特定受众的需求。建立在大众传播基础上的日常知识模糊了阶层和阶级的差别，不能真正表达本阶级的真正"知识"，所以容易成为阶级操纵的工具。

第六，日常知识具有可被引导性。日常知识既可以无意识地渗入日常生活中，也可以有意识地被引导。例如，科学知识是涉及专业领域的特殊知识，本不属于日常知识范畴，通过外在的推广和引导就可以成为日常知识的一种。在日常生活中，由于科学原理的晦涩和科学语言的专业，日常思维其实并不接受科学知识。在思维实用主义的作用下，科学事实渗入日常思维是以碎片化的知识形式同化到日常知识中的。只有那些被认为是理所当然的科学知识才有可能成为日常知识，不包含对科学知识本身进行推理的知识。"传播"日常知识中的科学事实，并非总是被用作实践的出发点，有时只不过是用来满足人们的好奇心。基于世界如何运行的好奇心而获得的有关科学的真实信息也并非科学知识。当然，在某些社会阶层中，这种知识的习得，被视作一般文化的必要组成部分，如今天的科普教育。它的确可以帮助人们在给定的社会环境中获得晋升。这意味着，在间接意义上，科学知识是可以出于实用主义理由而习得的。

（二）"日常思维"的人本学特征

如前所述，日常思维就是运用日常生活中各种日常知识的方式和模式。日常知识的习得都要经历三个日常思维过程，即感知、感受和思考。这三个日常思维过程是人类特有的，具有人本学特征。它们在理论上是独立的，但在日常生活中，常常是不可分割的统一体。日常思维的人本学特征主要表现在以下几个方面：

首先，"日常思维是关切解决'个人'在其环境中所面临的问题的思维"①。马克思在《德意志意识形态》中论述了人的需要是人的存在方式，是人与生俱来的本性。"他们的需要即他们的本性，以及他们求得满足的方式，把他们联系起来。"② 并且，"观念、思维、人们的精神交往在这里还是人们物质关系的直接产物"③。这说明日常思维是解决日常问题的思维，印证了日常生活的实用主义特征。虽然日常知识不是单个"个人"的，而是属于整个社会的，但是"个人"运用这一知识的意图常常是为了解决"个人"在其生活环境中所遇到的生存和发展的问题。这种实用性思维可以确保"个人"能够长期稳定地存在于社会中。实践证明，"个人"从日常经验中获得的日常知识的数量与其生存所需要的日常知识基本相符，这说明个人在获取日常知识时秉持一种实用主义的思维模式，体现了日常知识的人本特点。④

其次，日常思维是具有反思性的思维，而反思特质只存在于人类身上。日常思维的人本学特性的另一个表现就是，日常思维常常处于某种活动的准备之中，或是处于对已进行的具体活动的反思之中。事后的反思并不囿于对个体的行动；个体也可以以完全相同的方式反思他人的行动，并观察结果。这是我们在日常生活中借以获得经验的主要渠道之一。无论怎样，在最终的意义上说，这种日常思维只指向我们自己的实践。日常思维是一个冗长的深思熟虑的过程，使得日常思维可以分为多个相对独立的阶段。日常思维作为一种思维方式，其聚焦于行动。但是日常思维的发动与行动是相对独立的两个过程。在这种情形中，认识有时候在时间上同实践相分离，在空间中也偶尔分离。

最后，日常思维是具有实践性的思维，实践是人的存在方式。马克思提出："人应该在实践中证明自己思维的真理性，即自己思维的

---

① [匈] 阿格妮丝·赫勒：《日常生活》，衣俊卿译，重庆出版社1990年版，第212页。
② 《马克思恩格斯全集》第3卷，人民出版社1960年版，第514页。
③ 《马克思恩格斯全集》第3卷，人民出版社1960年版，第29页。
④ [匈] 阿格妮丝·赫勒：《日常生活》，衣俊卿译，重庆出版社1990年版，第212页。

现实性和力量，亦即自己思维的此岸性。"① 这句话揭示了日常思维的人类实践特质。首先，日常思维通过日常行为等实践活动产生；其次，这种实践活动区别于动物行为，只有人类具备。日常思维一定是一种实践的思维，离开实践谈思维，那就是白日做梦。日常思维同日常实践的关系集中表现为日常实践可以检验日常思维的正确与否。当日常思维的结果同日常实践所指向的结果相吻合，意味着日常思维是"真"与"正确"的；同样，不符合则证明思维的"伪"与"错误"。

二 教育目标和内容的构建原则

日常生活中公民责任教育目标和内容的构建原则要符合"日常知识"和"日常思维"的生成逻辑。传统公民责任教育在构建方式上沿用思想政治教育的思维模式，具有一定的滞后性。日常生活中的责任教育需要创新思维模式，重构教育原则，提高教育实效性。确定日常生活中公民责任教育的目标和内容在一定意义上就是发散传统责任教育思维的过程，是"日常思维"作用于"日常知识"的责任教育过程。本书认为，构建日常生活中公民责任教育的目标和内容要遵循以下几点原则：

（一）生活性原则

生活性原则是指日常生活中责任教育的目标和内容的确定要源于生活，将责任教育的目标和内容融入日常生活的运作机制中。这一原则基于日常责任知识的纯粹倾向性和强制性特征。在日常生活中，人们不会过多地追问日常知识的来源和出处，为了最基本的生存本性，只会顺应日常知识原本的生活特性。

首先，日常生活中的公民责任教育应从人们关注的生活现实话题中挖掘教育的目标和内容。传统责任教育建立在严格的书本教材和教

---

① 《马克思恩格斯全集》第3卷，人民出版社1960年版，第3页。

育场所基础上，具有一定的局限性。日常生活中的公民责任教育可以从现实生活中发生的巧合事件出发，聚焦于人们关注的热点事件，解决人们在思想上、经济上、精神上乃至自我发展上遇到的迫切问题。教育主体在日常生活中偶然遇到的责任问题，是确立责任教育目标和内容的现实依据。在此基础上，通过分析事件发生、发展的过程要素，综合运用教育主体当时所处的环境工具和教育资源，适时展开潜移默化的教育行为。由于教育内容是教育主体所关注的，教育方法是教育主体容易接受的，教育目标自然会在不知不觉的教育氛围中实现。

其次，日常生活中的公民责任教育应按照生活的逻辑确定责任教育的目标和内容。日常生活中的责任教育必须按照生活的而非知识的逻辑组织教育目标和内容。生活的逻辑指的是一种日常思维规律，是人们通过长时间的生活阅历累积下来的用以解决日常生活问题的思维方式和规律，具有传承性和一致性。生活的逻辑是人们长期以来都一以贯之的日常思维模式，这就要求责任教育目标和内容的设立必须与教育主体的生活经历同步，与教育主体惯用的思维模式紧密联系。传统责任教育由于空间和时间上的局限性，教育目标和内容不得不以一种知识传授的方式进行，最后结果就是由于脱离教育主体的实际生活而无法与其思维逻辑相匹配，自然难以提高责任教育的实效性。

最后，日常生活中的公民责任教育要注重潜在的日常教育事件。这往往是构建公民责任教育目标和内容时容易忽视的部分，要善于运用潜移默化的力量完成日常生活中的公民责任教育实践。近年来，责任教育的实践证明公民对传统责任教育抱有越来越强的逆反与抵触心理，导致责任教育缺乏张力。借助于潜在的日常责任事件可以拉近责任教育活动与教育主体内在认同体系的距离，从日常生活事件中寻求教育主体的共鸣，进而提高责任教育的易开展性和实效性。同时，需要从历时性与共时性等层面深化对公民责任教育目标和内容的全方位解读：历时性分析是从时间变化上看日常生活中责任教育目标和内容传承的一致性；共识性分析是从内容上看日常生活中不同力量对责任教育目标和内容的承认与支持。

（二）需求充分原则

所谓需求充分原则，是指在日常生活中进行公民责任教育时要充分考虑公民在日常生活中对责任的需要以及完成责任教育的目标和内容对满足公民自身发展需要的现实可能性。这一原则是对"日常思维"生成的人本性特征的完美诠释。在日常思维的指导下，人们关切的是与个人自身发展最为密切的问题，以充分满足个人各项生活需要为根本。马克思指出人的需要是人的本质属性，是人生存的前提和条件。因此，人的需要是不可以被剥夺的，一切合理需要都应该被满足。恩格斯在《自然辩证法》中把人的需要对象分为"生活资料、享受资料和发展资料"[1]，因此，人的需要从其作用上可以分为生存需要、享受需要和发展需要。

在日常生活中，人的需要集中表现为：日常生存需要、日常享受需要和日常发展需要。首先，日常生存需要是人维持生命活动的最基本的需要。只有解决了人的生存问题，才有发展其他需要的可能性。人的生存需要具有普遍性，即存在于日常生活中的一切个体都有生存的需要。在生存问题上，无论什么社会形态，人的需要都是无差别的。人的生存需要相比其他需要最容易满足，因而层级最低。其次，满足生存需要是人类日常活动的主要目的，但不是唯一目的。在生存需要得到满足之后，人们开始追求更高层次的需要，即享受需要。"人不仅为生存而斗争，而且为享受，为增加自己的享受而斗争。"[2]享受需要指的是人们为了追求更好的生活环境、提高生活质量而产生的内在心理需要。在一定社会历史时期，人的享受需要只为少数人所有，不具有普遍性。随着人类社会的发展，物质资料得到极大丰富，

---

[1]《马克思恩格斯全集》第 20 卷，人民出版社 1971 年版，第 653 页。
[2]《马克思恩格斯全集》第 34 卷，人民出版社 1972 年版，第 163 页。

享受需要成为更多人的追求。"以前表现为奢侈的东西,现在成为必要的了。"① 最后,如果将人的生存需要和享受需要看作对物质层面的需要,那人的发展需要则是人对更高层次的精神需要。发展需要既表现为对客观精神文化的需要,如科学文化、道德文化等;又表现为对主观思想文化的需要,如自由思想、平等思想等。在个人整体需要结构中,生存需要的紧要性由于社会生产力的发展而逐渐衰退,随之而来的是个人对发展的需要日渐增强。享受需要特别是发展需要成为人们奋斗的主要目标。需要说明的是,生存需要的紧要性衰退并不是说生存需要已经不是必需,而是相比其他需要,生存需要更容易满足。

日常生活中,公民对责任品质的需要一部分属于生存需要,一部分属于发展需要。按照不同类型的责任需要,公民责任教育要设置不同的教育目标和内容。没有需要就没有目的,人的需要不同责任教育的目的也不同。日常生活中的公民责任教育也不例外。其主要目的在于通过责任教育,使人们获得完整的责任品质,以满足个人在日常生活中的生存需要、享受需要和发展需要。人的内在责任需要对于责任教育的推动作用不是直接的,只有当行为主体根据自身的责任需要以及外部客观条件积极主动地实施某种责任行为的时候,责任教育的目标和内容才能现实。因此,日常生活中的公民责任教育要善于捕捉个人在日常活动中的内在责任需要,无论这种需要是基于生存的考量,还是享受、发展的思考,都会激发公民内在的责任行为动机,进而形成个人内在的责任品质。日常生活中公民责任教育目标和内容的确定要遵循充分满足公民内在需要的规律。

(三) 针对性原则

针对性原则来源于日常知识的时代性和传承性特征以及日常思维的反思性特质。在日常生活中,日常知识会随着社会的发展变迁而有

---

① 《马克思恩格斯全集》第46卷(下),人民出版社1980年版,第19页。

所变化，因此公民责任教育的目标和内容也要有针对性。虽然学会负责是每个公民共同的道德要求，但是公民在不同人生阶段需要承担的责任内容不尽相同。在日常生活中，公民责任教育主体要根据公民责任需要"视势而为"地设立教育的目标和内容。从公民成长历程看，个体对责任内容的需要遵循从对自己负责到对他人负责、从对家庭负责到对社会负责、从对国家负责再到对人类和自然负责的逐步认识和发展的规律。因此，要根据公民在不同成长阶段的不同责任内容需要，按照责任内容和层次的由浅入深，逐步安排责任教育活动。例如，在教育内容的安排上，应以公民关爱生命的自我责任教育为基础；以夫妻恩爱、敬老扶幼的家庭责任教育为依托；以尊重他人、爱岗敬业的社会责任教育为保障；以爱国奉献、回馈社会的国家责任教育为重点；以维护和谐、保护环境的自然责任为发展，循序渐进、由低层次到高层次、逐步强化公民的责任认知，激发公民的责任情感和意志，提升公民的践行责任行为能力，最终实现完整责任品质的塑造。

在日常生活中，公民责任教育除了依据公民成长阶段选择性的设置教育目标和内容之外，还要根据不同公民群体的心理特征和行为特性有针对性地设置教育目标和内容。如学生群体正处于认识世界、建立人格的关键时期，这个群体的责任教育要有针对性地以培养世界观、人生观、价值观的"三观"教育为主，重点突出爱国主义、集体主义的爱国责任教育，以及刻苦学习、艰苦奋斗的自我责任教育；青年工作者处于发展事业、创造生活的重要阶段，这个群体的责任教育则要以夫妻恩爱、爱岗敬业、回馈社会以及有序参与的家庭责任和社会责任教育为主；领导干部群体的责任教育则要围绕认识权利与义务、民主与法治、自由与责任的关系展开，培养该群体对民族、对社会、对国家的责任意识。在日常生活中，无论公民处于何种时期、属于何种群体，责任教育都会贯穿于整个人生阶段，且不同的责任内容相互交织、互相促进，共同构成个人完整的责任品质。日常生活中公民责任教育的目标和内容更具有针对性，因为，在日常生活中公民的需要表现得更加随意，较之正式、传统的教育环境，在日常生活中更能发现那些细枝末节的公民责任需要，有针对性地实施教育行为，进而使责任品质的形成更符合公民内在个性的生成规律。

（四）时代性原则

日常思维具有反思性特征，日常生活中公民责任教育的目标和内容要坚持时代性原则。面对时代变迁，公民责任教育如何对现有教育目标和内容的合理性进行验证，需要运用反思性的思维。公民的日常生活是时代更迭、社会发展的晴雨表、试金石。无论是科技的进步还是公共事件的突发，公民的日常生活永远都走在时代的最前端，享受着科技带来的福利，同时也承担着公共安全事件的风险。显然，如果把责任教育悬置于日常生活之外，不考虑日常生活的时代背景和环境差异，将责任教育内容看作与生活无关的"客观规范"，用一以贯之的教育理论指导教育实践，那么责任教育将因失去生活基础而脱离时代议题，最终无法满足公民的日常生活需要。在日常生活中，公民责任教育作为引导人们获得完整的责任品质的日常活动，本身就具有鲜明的时代意蕴：随着公民生活的改变而改变；随着公民需要的升华而升华。正是这种时代性对公民责任教育的目标和内容产生了深刻的影响，决定着责任教育目标和内容的发展方向。

因此，日常生活中公民责任教育既要用现有的责任理论、教育方法和思维模式理性地构建教育目标和内容，又要在生活的基础上，反思和批判已有的责任教育实践，不断实现自我升华和自我超越。从这个意义上说，坚持时代性原则并不仅仅是为了提高日常生活中公民责任教育目标和内容的有效性，也不是反思传统责任教育脱离生活弊端的权宜之计，而是一种质的变化，是一种使日常生活中公民责任教育的目标和内容更适应现代社会生活需要的价值选择，本质上是要打破长期以来传统公民责任教育内容与形式、理性与情感、知德与行德、他育与自育相分离的问题，建立开放、和谐、终身的责任教育目标和内容体系。

当今社会正经历着一场重要的时代变革。中国特色社会主义进入新时代，新时代的时代特征是与时俱进。新时代的公民日常生活也被赋予了新的内涵。信息化、知识化、网络化继续改变着人们的日常生活方式，但不同的是我们对传统社会思潮、理论和价值观有了深刻的反思。人们在思想冲击和碰撞的过程中，更加坚定社会主义道路自信、理论自信、制度自信和文化自信，它给人们带来的影响是徘徊后的坚定、疑虑后的确幸。新时代在给公民责任教育带来巨大挑战的同时，也为责任教育目标和内容的确定和创新打开了新的视域。面对建设新时代中国特色社会主义事业的艰巨任务，日常生活中公民责任教育的目标和内容必须以新的视角、新的方式为公民责任品质的形成提供新的可能、新的理想，从而推动新时代中国特色社会主义精神文明建设和文化事业不断向前发展。

（五）实践性原则

实践性原则的依据有两方面：一方面，人的日常思维是一种实践性思维，其最终目的是指导人们的日常生活实践；另一方面，日常知识具有实践性的特性。

日常思维是人的意识范畴，需要通过人的实践活动转化为客观的现实成果，使其不仅仅停留在意识层面。如前所述，品德心理学将人的道德品质分为意识形态和活动形态[①]两种。人的责任品质同样包括意识形态和活动形态两种。意识形态的责任品质是可以通过"知识学习"这种思想活动获得的，但是由于其只停留在人的头脑里，无法直接转化成责任品质的活动形态。脱离生活的"苦心修炼"可以从人的精神世界进行责任意识形态建设，但是不能将责任意识形态直接转化成责任行为和责任行为习惯，也就不能形成完整的责任品质。"生

---

① 郭晶晶、钱东霞、胡雯主编：《心理学》，吉林大学出版社2017年版，第158页。

活不能只是思，生活是需要过的。"① 完整的责任品质不仅需要责任认知，也需要责任行动予以体现。日常知识的实践性决定了日常生活中公民责任教育目标和内容要符合实践性原则，要将日常知识通过实践活动外化为日常行为，在反复践行中形成负责任的习惯。构建完整责任品质不能只是纸上谈兵的教诲、冷眼旁观的点评，必须经由个体切身的生活体验，甚至在生活实践中经历磨难才可能真正形成。

实践性原则要求日常生活中公民责任教育的目标和内容不仅要以引导公民"做什么"为主，也要告诉公民"为什么这样做"，更要教会公民"怎样做"，特别是公民在日常生活中遇到价值冲突和得失选择的时候。传统责任教育由于时空格局的有限性，不能也不可能引导公民在面对生活中具体、现实的责任价值冲突和取舍的时候应该如何做，以至于常常会出现公民责任认知和责任行为不一致的现象。需要注意的是，责任教育目标和内容的实践性原则不能简单等同于公民责任行为习惯的训练和养成。日常生活中的偶然事件太多，我们可以想象日复一日的上课流程和情景，却无法预测明天生活中会遇到的人、会发生的事。这些偶然的、细微的生活细节中都蕴含着丰富的教育可能性和责任潜能。因此，日常生活中的公民责任教育目标和内容必须坚持在"实践中学"，在"实践中教"，公民责任行为和责任行为习惯的养成便水到渠成。

第二节　日常生活中公民责任教育的目标结构

正如思想政治教育的目标是"一定时期内实施思想政治教育活动所要达到的预期结果"②，日常生活中公民责任教育的目标是教育者

---

① 高德胜：《生活德育论》，人民出版社2005年版，第97页。
② 张耀灿、郑永廷、吴潜涛、骆郁廷等：《现代思想政治教育学》，人民出版社2006年版，第251页。

在特定教育环境下对受教育者在责任认知、责任情感、责任意志及责任行为等方面所期望达到的结果。日常生活中公民责任教育的目标根据不同依据可划分为总体目标和具体目标，长期目标和中、短期目标，品德目标、人格目标和行为目标，等等。不同的目标所承担的责任教育任务也不同，它们共同构成一个系统的目标结构。本书认为，日常生活中公民责任教育的目标结构体系由三方面构成：以促进人的全面发展为日常生活公民责任教育的根本目标、以培养公民完整的责任品质为日常生活公民责任教育的核心目标、以引导公民责任教育从他律走向自律是日常生活中公民责任教育的发展目标。

一　促进人的全面发展是终极目标

马克思主义人学理论认为，"发展"作为一种非常典型的人类"有意识的生命活动"①，是人区别于动物自然生存本能的价值活动。如前所述，马克思经典作家将人的需要分为生存需要、享受需要和发展需要。人的全面发展是指个人的各种需要都得到有条件满足的发展状态。最初的责任教育起源于人的生存需要，在社会不断进步、物质财富日益富足的条件下，责任教育慢慢聚焦于满足人的其他发展需要。完整的责任品质不仅是实现人的全面、自由发展的前提和基础，更是人的全面、自由发展的方式与手段。日常生活的本质在于探索人的生存和发展，日常生活中的公民责任教育同样是以人的全面发展为本质目标。公民只有得到了全面而自由的发展，才能更好地创造"美好生活"。

首先，个人的精神文明发展离不开责任品质的支撑。随着社会生产力和生产关系的发展，人的各种需要的变化是个逐渐细化的过程：由对物质文明层面的需要逐渐转变为对被爱、被尊重以及个性发展的精神文明层面的需要，这个转变过程是一个由简单到复杂、由低层次到高层次逐级递进和提升的过程。其中，人的个性的自由发展是精神

---

① 《马克思恩格斯全集》第42卷，人民出版社1979年版，第96页。

文明发展的最高标准。所谓人的个性的自由发展指的是人在追求自我发展、彰显个人潜能的过程中，能够按照自己的意愿、兴趣和情感倾向选择行为模式和行为方式。需要强调的是，个性的自由发展不等同个性的随意发展。自由是在一定责任限度内的自由，是在尊重他人个性发展和社会规范运行基础上的自由。人的个性的自由发展要以履行对他人、对社会、对自然的责任为前提，只有这样，"个人才能获得全面发展其才能的手段"①。人类不仅肩负着创造物质财富的责任，还担负完善自我、发展社会精神文明的重任。否则，人类社会的发展将会失衡，出现道德危机和信任危机。这也是日常生活中公民责任教育的立意所在。

其次，个人的物质文明发展建立在责任实践的基础上。马克思指出，人作为现实生活的主体，通过交换和交往实践与社会及其他个体发生联系，产生相互之间的责任需要②。人作为社会中的人，是关系的集合体。人为了生存发展，与他人产生交往关系，与社会发生归属关系。人与社会、人与他人之间相互的责任需要是在关系中产生的。人满足社会、他人需要的过程也是个人承担社会责任、完成个人社会化发展的过程。因此，人的物质文明发展依赖于个人对社会、对他人履行责任的程度。责任品质与人的物质文明发展相伴共生，也随着社会物质文明的提高得以丰富。

二 培养公民完整的责任品质是核心目标

从心理学层面考察，任何道德品质的形成都包括知、情、意、行四个方面。完整的责任品质指的是包括责任认知、责任情感、责任意志和责任行为在内的稳定的个人道德品质。具体而言，责任品质的形成是建立在责任认知的基础上，通过责任情感和责任意志的内在转化

---

① 《马克思恩格斯全集》第 3 卷，人民出版社 1960 年版，第 84 页。
② 魏安雄：《论主体道德责任》，《现代哲学》1999 年第 1 期。

和激励,最终形成比较稳定、稳固的责任行为习惯的过程。日常生活中公民责任教育的核心目标是以培养公民完善的责任品质,使其成为能真正在日常生活中负起责任的人。这个目标的确立,在日常生活的责任教育中非常重要。日常生活中的责任"知、情、意、行"被渗透于日常生活的各个细微环节中,作为"日常知识",通过"日常思维"经由世代的经验传承下来,因此,更具有生活教育意义,能够满足公民日常生存和发展的需要。

责任品质形成的过程是责任认知、责任情感、责任意志和责任行为四个要素相互促进、相互融合的过程。责任品质的外在表现形式即为我们通常所说的责任意识、责任心、责任感等。首先,责任认知是基础,个人最初关于责任知识、责任规则的了解和掌握都属于责任认知。责任认知的方式和途径有很多,可以是具体的事件或活动,也可以是他人关于责任的行为示范。责任认知的基础性地位表现为:如果在最初阶段个人责任认知出现缺失或偏差,会直接影响其他责任品质要素的生成和激活。其次,当个人对责任有一定认知之后,会与个人原有认知体系进行匹配,产生契合的那一部分由于达到情感共鸣而转化为责任情感,内化为个人认知体系的组成部分。强烈的责任情感是推动个人为一定责任行为的情感动机。责任意志则是通过责任情感的不断升华,越来越坚定履行责任行为的信念,不断加强个人践行责任行为的意志力。最后,在一定的责任需要条件下,个人通过责任情感和责任意志的不断强化实施一定的责任行为,为责任品质的获得迈出现实的一步。偶然的责任行为并不意味着责任品质的获得,责任行为习惯的养成才是责任品质形成的最终标志。责任品质的形成遵循认知—情感—意志—行为习惯的发展规律,这是日常生活中公民责任教育的认知起点,也是日常生活中公民责任教育的核心目标。

传统公民责任教育通过制度化、形式化的灌输教育方式,在提升责任认知的实效上具有显著的优势,但是很难培养公民的责任情感和责任意志，进而激发责任行为的实施。责任情感和责任意志更多地需要通过公民的行为实践获得。只有在日常生活中，公民才更容易、更自然地接受责任事件带来的感官刺激，包括视觉、听觉或触觉等方式，将当下的身心体验融入个人认知体系内，触发责任情感和责任意志的产生。相较而言，日常生活中的责任教育更接近公民责任品质生成的自然规律，更容易使公民获得完整的责任品质。需要注意的是，完整的责任品质并不是在单次责任教育过程中一蹴而就的，可能需要多次教育实践共同完成。在日常责任教育实践中，经常会把责任品质的四个要素拆开单列出来作为责任教育内容，这是没有问题的。但切忌将某个单一责任品质要素的形成视为公民责任品质的获得，割裂公民作为人的完整性以及公民责任品质的完整性。如果将某个单一责任品质要素的形成视为公民完整责任品质的获得则会出现责任知行不一的后果。有效的责任教育应遵循责任品质形成的心理机制，以完整性为导向，充分激发公民的内在潜力和责任需要。

三　从他律走向自律是发展目标

"全部道德文化的主要目的是塑造和培养理性意志使之成为全部行动的调节原则。我们把这样一种德性或美德称为自我控制，……离开了自我控制，就没有自由和个性。"[①] 这种自我控制本质是个体的道德自律。日常生活中的责任教育内蕴着一种发展目标，即在责任教育中尊重和鼓励公民的主体性和自主选择性，以责任品质形成的自律机制为依托，探索公民完整责任品质形成的自然约束力和内发力，强化受教育者责任品质的自主发展。

首先，日常生活为公民提供自律氛围。

---

① [德] 弗里德里希·包尔生：《伦理学体系》，何怀宏、廖申白译，中国社会科学出版社1988年版，第412页。

在责任要求上，现实生活中存在很多法律责任，即公民必须要遵守的责任要求。公民为一定责任行为是出于他律，也就是法律规定，没有个人自由选择的空间。与他律相对应的就是自律，自律是指不受外界约束和情感支配，按自己真实意志行事的行为方式。在日常生活中，道德责任是规范人们日常行为的重要依据，具有非强制性的特点。公民遵守道德责任需要强大的自律精神和自控能力。虽然黑格尔的哲学带有浓厚的唯心主义色彩，片面夸大人的主观意志作用，但他在个人在其精神世界具有自由的主观能动性的观点上是辩证的，也就是个人具有控制自己所思所想的自律能力。日常生活的开放性和自由性为公民提供了自由选择的可能性以及被尊重的主体性，使得公民更愿意遵从自己内心的意愿选择正确的责任行为方式。在日常生活中，责任教育要关注教育主体的独立性和主观能动性。教育者与被教育者不再是控制与被控制、约束与被约束的关系，而是建立在平等对话基础上的交互关系。在轻松、愉悦的生活氛围中，社会责任知识和责任规范更容易被公民接纳，进而激发责任情感和责任意志的产生，主动践行责任行为。日常生活为公民责任教育提供的自律氛围，更利于公民责任品质形成由他律走向自律。

其次，从他律走向自律符合责任品质的生成规律。

责任认知内化为责任情感和责任意志的过程包括：个人对责任知识和责任规则产生一定认知，在与个人原有认知体系进行匹配的基础上，将相互契合且达到情感共鸣的那一部分转化为责任情感和责任意志，进而内化为个人原有认知体系的一部分。责任内容和规范一经行为主体认同，就会产生强烈的责任情感，坚定责任意志，引发自觉的责任行动。人们把外在的具有约束力的责任要求内化为自己的责任品质要素时，能产生自觉的内驱力，从而自觉地实施责任行为，并不断向更高的责任行为习惯攀升。责任内容和规范如果没有与责任主体产生共鸣，那么它仅仅是一种外在的规范和要求，不发挥任何功能。日常生活中的责任教育旨在促进公民的责任品质从他律走向自律。

最后,他律走向自律的公民责任品质更具稳定性。

"道德教育是为着达到自律的教育。"① 在一个理想状态下,当一个人意识到可以自由选择一种行为模式的时候,那么他大概率会自觉地对自己的选择负责任。"道德行为是与人的主观意志相适合的行为,当人的行为发生的时候,必定有主观意志包含于内……道德行为发生后,主观意志应对其负责任。"② 当然,这是应然状态下的论断。现实生活中,往往由于个人趋利避害的利己主义思想作怪,实际状态并非如此。从理论意义上讲,责任品质具有较强的属人性质,即责任品质是人的道德品质;人是责任认知、责任情感、责任意志和责任行为的主体,而且这个人具有一定的指向性,即为"我"的责任品质。因此,基于意识自由支配下的责任选择,是主体主动、自觉地追求的结果,具有较强的主观能动性。自由是责任的基础,责任是自由的保障。出于意志自由的责任选择是自主的,对主体更具有约束性。因此,自律模式下的责任品质的形成更符合主体的自由意志,也更具稳定性。他律模式下的责任要求更多来自外界的影响作用,导致主体被动接受责任知识和责任规则,产生责任灌输的依赖性。由此形成的责任品质可能在一定时期内确实行之有效,但久而久之,则会出现由于缺乏内在驱动力而逐渐退化,甚至消失。比起他律,自律模式下获得的责任品质更长久、更稳定。责任行为的内在本质要求是主体自主、自觉和自为的行为选择,是责任情感和意志的自然流露,并不是外力压制和被动接受的结果。日常生活的责任教育就是使公民通过自我教育等自律模式,形成稳定的、完整的责任品质,以实现责任教育由他律走向自律的崇高境界。

---

① [美] 约翰·罗尔斯:《正义论》,何怀宏、何包钢、廖申白译,中国社会科学出版社1988年版,第503页。
② [德] 黑格尔:《法哲学原理》,杨东柱、尹建军、王哲编译,北京出版社2007年版,第55页。

第三节　日常生活中公民责任教育的内容结构

从前文对公民责任教育概念的界定可以看到，由于责任内涵的丰富性和多元性，公民责任教育的内容也具有一定的复杂性。日常生活中公民责任教育内容结构可以从责任来源、责任对象及责任品质三个维度进行分析。

一　责任教育内容的来源

日常生活中，公民责任教育的内容根据公民责任基本来源不同，可分为来自角色的责任内容、来自契约的责任内容和来自能力的责任内容。

（一）来自角色的责任内容

角色指的是主体在日常生活中依据不同环境和职责要求所承担的身份设置。作为社会的主体，任何一个社会人都必然处于某种社会身份、职业身份、地位身份的角色当中。每个角色都有与其身份相适应的责任要求和内容。责任教育要引导公民根据不同的身份要求，"扮演"好自己的"角色"，承担起相应的责任要求。例如，以家庭血缘关系为基础的家庭角色，要求公民承担起孝敬、抚养、养育等责任；以工作关系为基础的社会角色，要求公民承担爱岗敬业、艰苦奋斗、刻苦学习等责任；等等。这些责任要求有的是法律责任，是公民必须履行的；有的是道德责任，具有一定的选择性，但都是公民存在于社会中必然要面对的责任要求。

（二）来自契约的责任内容

随着现代法治社会的建立，平等、诚信等理念深入人心。调整人与社会、人与人的关系不再单纯依赖道德这一种社会规范，契约也成为重要依据。调整人与社会的关系属于社会契约范畴；调整人与人的关系属于个人契约范畴。建立在平等、诚信基础上的契约关系要求人们按照契约规定履行契约责任。在现代民主法治社会中，这种契约责任要求大多以法律规范的形式出现，也有双方合意的结果，对契约双方具有一定的强制约束力。来自契约的责任与契约规定的权利捆绑在一起。人们依照合法的协议约定，享受权利、履行义务，如果违反契约内容，则要承担契约责任。

（三）来自能力的责任内容

日常生活中还有一种责任，其既不来自角色，也不来自契约，而是来自主体的能力范畴，也即主体具备在某种特殊情况下实施某种行为而使情况不恶化或者停止不良后果继续发生的能力。由于具备这种能力，公民被相应地赋予一定的责任。这种责任大多是一种道德责任，不具备法律意义上的强制性。责任主体即便不实施这种行为，也不会承担来自法律层面的不利后果。日常生活中时常会出现一些事件，如公交车上让座。我们习惯称之为中华传统美德，给老、弱、病、残、孕者让座是年轻人的一种责任。其实，从行为能力上看，这种责任并非来自角色，也非来自契约，而是来自年轻人具备的一种能力。这种能力可以让身体条件不适者不因交通工具的不稳定性而发生危险，使得具备这种能力的人担负了一种责任。在实践中，这种来自能力的责任范畴没有法律强制性，常常会受到其他社会心理的挑战。例如，人们害怕因为扶起老人而带来被冤枉，甚至被敲诈的不利后果，从而拒绝为这种责任行为。因此，这部分责任范畴成为公民责任教育的重点内容，这涉及公民社会心理博弈的复杂过程和社会鼓励机制的设计与完善。

二　责任教育内容的层次

公民责任教育内容的最常见变量就是个体在日常生活中责任对象的定位层次。一般学界比较认可的定位层次从微观到宏观可以划分为：个人、家庭、他人、学校、社区、地区、国家和世界（全球）。

(一) 个人责任

个人责任指的是公民满足自己生存和发展需要的责任要求。人作为一个独立的个体而存在，必须对自己负责。对自己负责是公民对他人、对社会负责的基础和前提。人只有具备对自己负责的能力，才能激发他的内在潜能、发挥创造力，进一步提升对社会、对国家负责的能力。个人责任要求公民对自我责任有清晰的认知，并且具备独立承担责任的能力。由于个人责任往往建立在公民内在自我反思和自我认知的基础上，所以是孤独的、单向的，因此，需要自觉、自律的精神，如"律己""克己""自省""见贤思齐""择善而从、敏行慎言"等个体品格修养。从有生命的活动开始，个人首先要做的就是认识世界、改造世界以维持基本生命活动。在认识世界的过程中认识自我；在改造世界的过程中改造自己。个人责任最基本的要求是珍惜生命。个人首先要对自己的生命，即"存在"负责。个人在物质世界中寻求维持个人生命特征的物质资料，并扩大改造范围以适应更多个人的生存要求。其次，个人责任还指向个人对自身向更好方向发展负责，即追求有价值、有意义的生命存在。人都是有价值的，一是社会价值，二是个人价值。个人价值就是公民发展自我、对自己负责的外在表现。完成人生的使命，实现人生的价值也是我国传统文化"修身"的意义所在。个人责任在一定意义上就是要求每一个人都养成对自己负责的习惯。培养公民珍惜生命，对自己负责的责任品质是建立正确的道德观的重要前提。具体而言，就是要重视个人责任修养，加强锻炼身体与学习本领，从而提高个人对自己负责的能力。

(二) 家庭责任

家庭责任指的是个人作为家庭成员负有的满足其他家庭成员需要以及维护家庭稳定发展的责任要求和内容。中国传统思想中富含深厚的家庭责任文化，"齐家"思想就体现了个人对家庭关系和睦、成员关系和谐所肩负的责任要求。习近平总书记曾多次强调承担家庭责任是实现新时代"美好生活"的必要条件,"引导人们自觉承担家庭责任,树立良好家风,强化家庭成员赡养、扶养老年人的责任意识"①。家庭责任是公民责任教育的重要内容,每个人都不可能孤立于家庭之外,其生存发展都离不开家庭。家庭不仅是个人完成自身再生产的物质场所,也是精神世界的"感情归宿"。家庭责任较之其他责任教育内容不同之处在于:存在和发生的基础具有强烈的情感色彩。可以说,个人承担家庭责任绝大多数是出于情感需求和道德自觉。父母抚养子女,子女赡养老人,夫妻相互扶持,都以一定的家庭伦理情感为基础。因此,家庭责任是一个承载着满满"爱"意的责任内容,是个人承担其他责任内容的基础和保障。对家庭负责是保障国家、社会稳定发展的基本前提。公民作为家庭的一员,首先负有赡养老人的家庭责任。每个人自出生就一直接受父母、长辈的无私馈赠,他们承载着家庭的希望,更要肩负起孝敬父母的家庭责任。孝敬父母不仅是中华传统美德,也是人类伦理道德的起点,更是爱国主义的源头。公民只有热爱自己的父母,才有热爱国家、热爱社会的能力。其次,公民对家庭负责要做到抚养子女以及满足其他家庭成员基本生存和发展的需要。这是创造家庭幸福、维护社会稳定的重要途径。只有家庭成员的生存和发展需要得到满足,家庭再生产环节才能得以良性发展,公民才能获得幸福感与归属感,进而在社会再生产过程中葆有充足的热情和能量,为创造和谐的社会氛围做出贡献。

(三)他人责任

他人责任指的是个人对共生共存于社会中的其他个体所负有的责任要求和内容。由于个人与他人在社会中是共存共生的关系,个人的行为选择必然会对他人产生一定影响。这就要求个人进行行为选择时要以他人的生存发展需要为前提,以他人的利益不受损为底线,尊重他人的存

---

① 中共中央党史和文献研究院编:《习近平关于注重家庭家教家风建设论述摘编》,中央文献出版社2021年版,第25页。

在和发展现实。这也是个人自由发展的责任限度，更是保证社会持续稳定发展的责任要求。我国传统儒家思想中蕴含着丰富的对他人负责的文化内涵。如孔子所云："修己安人""己欲立而立人，己欲达而达人""己所不欲，勿施于人"，以及孟子的"老吾老以及人之老，幼吾幼以及人之幼"等思想无不体现了对个人负责与对他人负责的辩证统一关系。个人不仅要对自己负责，还要在对自己负责的基础上，承担起对他人的责任。个人只有充分认识到他人作为社会主体同样具有独立性和能动性时，才能找到发展自己的机会。人际交往关系的双向性和依赖性决定了人必须相互合作、相互承担责任。每个人的生存发展都以他人的生存发展为前提，对他人负责归根结底是对自己负责。具体而言，对他人负责从法律层面上看，要尊重他人的人身和财产权利；从交往层面看，要尽可能地理解他人，用交往理性代替情感判断；从道德层面看，学会平等待人、乐于助人、宽容于人。总之，公民承担他人责任是公民保证自身存在和发展的前提和基础，也是新时代责任教育的重要内容。

（四）国家责任

国家责任指的是个人对其生存和发展所依赖和归属的国家所承担的责任要求和内容。古人云："国家兴亡，匹夫有责。"中华民族一直以来都以国家民族的兴旺发达作为最高的奋斗目标。"中国人自古以来就具有国家情怀，国是第一位的，没有国就没有家，没有国家的统一强盛就没有家庭的美满和个人的幸福。"[①] 国家民族的兴旺发达是个体生存和发展的必要条件，没有国家的发展，便没有个人的生存。《大学》中"修身、齐家、治国、平天下"思想提出了个人对社会、对国家的责任要求，也体现了在个人所肩负的众多责任要求和内容中，对国家负责是位阶最高、层次最深的。因此，每个公民都必须承担起对国家负责的历史使命。因为个人的生存离不开国家；个人的

---

① 中共中央党史和文献研究院编：《习近平关于注重家庭家教家风建设论述摘编》，中央文献出版社 2021 年版，第 6 页。

自由发展离不开国家的繁荣富强。人们只有对社会、对国家负责，才能共同搭建起民族进步的桥梁和通道，才能在国际社会中占有一席之地，进而为获得个人全面、自由发展提供更广阔的平台。爱国主义是对国家负责的最高层次的责任品质。弘扬以爱国主义为核心的民族精神是新时代中国公民必须承担的责任要求。新时代公民对国家负责，首先应具有高度的政治责任感，以维护国家统一、反对民族分裂为己任，在重大政治事件中，持有坚定、正确的政治立场；其次要具备崇高的历史使命感，将自我的生存发展融入国家历史发展的脉络中，使个人人生目标同国家整体发展目标相一致；最后要将国家的制度、体制和新时代中国特色社会主义事业的相关内容内化为自我认知的一部分，理解国家发展过程中的重大方针、政策，在日常生活中，遵纪守法、兢兢业业。公民在日常生活中履行对自己、对家庭、对他人的责任要求，也是承担国家责任的行为体现。

（五）自然责任

自然责任指的是个人对自然环境所承担的责任要求和内容。自然界是人类的生存环境，也是人类赖以生存的物质世界。人类如何对待自然，在一定程度上也是人类如何对待自身发展的问题。人类的自然环境在越来越快速地恶化，从个人到国家再到全球必须要加强环境保护的责任意识。联合国教科文组织一直注重全球性问题。这些问题包括全球环境问题、全球性经济问题等。党的十九大报告中指出，新时代中国特色社会主义事业要坚持人与自然和谐共生，这是新时代赋予人与自然伦理关系的新要求。报告指出"像对待生命一样对待生态环境"[1]，将自然生态发展与人类命运联系在一起，把人类肩负的自然责任提升到新的理论高度。随着人类社会的不断发展进步，人类从最初的认识自然、利用自然以维持人类生存的基础要求转变为改造自然

---

[1] 习近平：《决胜全面建成小康社会 夺取新时代中国特色社会主义伟大胜利——在中国共产党第十九次全国代表大会上的报告》，人民出版社2017年版，第30页。

以维持人类追求更好发展、人类美好未来的高阶要求。在改造自然的过程中，人们开始肆无忌惮地牺牲自然生态以换取物质资料的富足、科学技术的进步。尤其在全球经济一体化的今天，全球生态伦理成为国际经济竞争的牺牲品，沦为国家进行权力控制的政治手段。人类需要对自己的思想和行为发动一场深刻的自我革命，否则人类的生存将面临灾难。日益多发的极端自然灾害和公共卫生事件告诉我们，人类必须要承担起"对自然生态环境负责"的责任要求，对科学技术征服自然造成的生态破坏及自然灾害进行深刻反省，确立人和自然相互依存、相互成就的自然观。"构筑尊崇自然、绿色发展的生态体系"是新时代中国特色社会主义绿色发展的重要举措。自然责任是每个公民必须担负的责任。公民要追求简约适度、绿色低碳的生活方式、拒绝奢侈浪费和不合理的消费行为。从我做起，从小事做起；积少成多，积羽成舟。

（六）世界责任

世界责任指的是个人对整个国际社会发展所承担的责任要求和内容。从传统文化上解读，世界责任也即构建"大同社会"的理想责任。传统儒家思想中将大同社会描绘成："大道之行也，天下为公。选贤与能，讲信修睦，故人不独亲其亲，不独子其子，使老有所终，壮有所用，幼有所长，矜寡孤独废疾者，皆有所养。"① 这种大同社会就是分享、和平与各得其所的社会。随着全球经济一体化的加速发展，中国对这种"大同社会"的追求映射到世界关系中，即追求一种大同的"世界"。而这种大同世界的构建需要心胸开阔、具备强烈世界责任感的世界公民完成。得益于现代科学技术的发展，国与国之间的距离不再遥远，联系越来越密切。无论是经济上，还是政治、文化上，国际合作普遍存在。特别是近年来突发的各种全球性问题，使得国家与国家之间的利益紧密捆绑在一起。人类已经不能简单地按照

---

① 《礼记·孝经》，胡平生、陈美兰译注，中华书局2007年版，第110页。

国籍来进行责任的划分。在世界问题上，各国公民就是一个命运共同体，牵一发而动全身。联合国教科文组织把唤醒公民对社会的责任感作为世界公民责任教育的重要内容，竭尽全力地推动公民参与社会实践、承担政治责任。对公民进行参与公共社会和政治生活的责任教育，可以使公民获得解释与个人、社会命运有关的重大事件的能力。公民在日常生活中要充分意识到自身所担负的世界责任，避免日常行为活动对人类乃至世界的发展造成不良影响。公民承担世界责任的方式同国家承担世界责任的方式有所差别。公民能做的是从自身开始，在全球性问题上主动承担属于自己的责任。以公共卫生安全事件为例，公民对世界责任的承担体现在其承担国家责任、社会责任上。树立全球化和国际化视野，将人类整体的发展命运作为自身发展前进的方向，个人才能获得长久发展。

从中国传统文化"修身—齐家—治国—平天下"的思想中可以看出，从古至今责任内容的层级递进关系都是按照"个人—家庭—国家—世界"的逻辑进行的。前一层级责任内容是后一层级责任内容的基础，后一层级责任内容是前一层级责任内容的升华。

三 责任教育内容的品质要素

对于任何一种责任教育内容，其最终目的是促使公民形成关于这一责任内容的稳定的内在责任品质。作为一种日常生活中客观存在的责任要求和规则是不会自动转化为个人的责任行为的，即便是传统公民责任教育运用灌输式教育方法也无法达到责任内容直接转化为责任品质的目标。个人责任品质的形成需要外在引导和内在转化的双重运作机制。就某一个具体的责任内容来说，要成为个体稳定的责任品质，需要经历对该责任内容的认知，然后通过内化形成责任情感和责任意志，再外化为责任行为，最后形成稳定的责任行为习惯。

（一）责任认知是基础

日常生活中，公民某一种责任品质的养成始于对这一种责任内容的认知，即公民对该责任内容的内涵及其价值的认识和理解。一般来说，公民个人对社会赋予其责任要求越清晰，越能激发内在认同，形成强烈的责任情感和意志。在日常生活中，增强公民对该责任内容的认知需要经历两个逻辑转变：一是从没认知到有认知，或从只知其一到知其二的逻辑转变；二是从错误认知到正确认知的逻辑转变。通过这两个认知逻辑转变可以提高公民对责任内容的选择、判断、评价的能力，并让公民知道责任认知是责任品质形成和发展的基础。正确理解责任内容的性质和定位，懂得个体与该责任内容的关系是公民明确责任内容要求、依照要求承担责任的基础。责任认知是"参照物"，没有责任认知，公民则无法考量自己行为与责任要求的差距，更无法触发正确的责任行为。

（二）责任情感是动力

如何让公民对外在的责任内容产生内在的认同，需要责任情感的催化作用。公民只有在责任情感的强烈催化下，才会产生践行责任行为的内在动力。责任情感又称责任感，是指个体在责任认知内化过程中产生的情感认同或情感体验，具有一定的倾向性。同样内容的责任认知能够激起何种责任情感，因人而异。责任情感包含两个方面：一是对责任认知内容或某种责任行为产生认同的情感，二是相反的排斥情感。无论是何种责任情感，都会激起公民内在的情感动机，即责任行为的选择。情感是推动人类前进的心理要素，也是人类内心深处最为柔软的部分。没有情感的人，只是社会的工具。正是人类丰富多彩的情感体验，以及拥有的"七情六欲"的情感倾向，才使人类社会变得包罗万象、价值多元。责任认知如何内化为责任情感？当公民通过一定方式获得某种责任认知之后，会与其内在价值体系进行对比，对符合自己原有价值体系的这部分责任认知产生心理认同，由"同理心"内化为自我责任情感。人的内在价值体系会随着人生阅历的积淀而不断丰富。因此，一段时间不能内化为责任情感的责任认知，经过时间的推移，可能在其他时刻完成责任情感的内化。对于那些本身还没有形成一定价值体系的青少年，家庭成员或是同龄玩伴的价值体系会对其责任情感的内化产生重要影响。因此，团体或群体中存在的一些价值体系也是责任品质能否生成的重要因素。

（三）责任意志为保障

责任认知内化为责任情感是不是就意味着公民的责任品质已经具备？其实不然。在日常生活中，我们经常会看到，公民在责任情感的鼓动下，已经开始准备实施或者已经实施某种责任行为，因为遇到来自外界的或是自我的困难与阻碍，最终没有实施该责任行为或者半途而废，中断责任行为。这就是责任意志不坚定的表现。责任意志指的是公民承担责任行为时，排除阻碍、抵制干扰、坚定信念，将责任行为坚持到底的精神力量，包括不可动摇的定力、坚持不懈的毅力以及克服困难的忍耐力。这种精神力量在个体责任品质形成过程中占据着十分重要的地位，在责任情感转化为责任行为的过程中起着推动作用。公民在践行责任行为时通常会遇到一些障碍，包括客观的外在因素和主观的内在因素。客观外在因素有社会条件的限制、公共舆论的影响等；主观内在因素包括自身行为能力的不足、感性情绪的波动等。无论是哪种阻碍因素，公民都要坚定信念，用不被动摇的定力、坚持不懈的毅力以及克服困难的忍耐力面对挑战、克服障碍。

（四）责任行为是关键

责任行为是公民将责任认知内化为责任情感，通过坚定的责任意志，最终实施承担责任的行为活动，是责任认知、责任情感、责任意志的外在表现形式，也是责任品质进入实践环节的具体体现。在责任品质的构成要素中，责任行为是至关重要的。没有责任行为，责任认知、责任情感和责任意志将无的放矢。在日常生活中，公民责任教育的最终目标是形成完整的责任品质。而责任品质如何体现，则需要连续不断地践行责任行为。完整的责任品质不能只停留在意识层面，也不能只体现在一时一事上，而应通过自觉的、经常的、持续的行动予以表现。需要强调的是，公民通过责任认知、责任情感以及责任意志的内在转化，受一定客观条件约束不一定必然触发责任行为。这里一定客观条件通常指的是公民的责任行为能力。就某些特殊责任内容而言，一定阶段的责任主体不具备承担这种责任的行为能力，或是源于法律层面的规定，或是因为自身条件限制。

我们将持续性的、经常性的、稳定的责任行为称为责任行为习惯。责任行为习惯是责任行为的升华。公民责任行为习惯的养成意味着公民完整责任品质的形成。正如黑格尔所说："这并不是说某人做了一件好事，就可以说他具有德；只有当他经常做好事并且把做好事作为一种习惯固定下来的时候，才能说他具有德。"[1]

如图4-1所示，在日常生活中，作为公民责任教育内容的责任品质要素是一个有机统一体，都是责任教育主体需要关注的。在责任教育辩证运动过程中，各个构成要素相互联系、相互依赖、相互制约和相互促进，共同完成责任教育的目标。完整的责任品质离不开各要素功能和价值的实现。其中，责任认知是公民责任教育的起点，也是基础；责任情感是责任行为的内在驱动力，是责任行为的心理依托；责任意志是知、行的催化剂，是责任行为的重要保障；

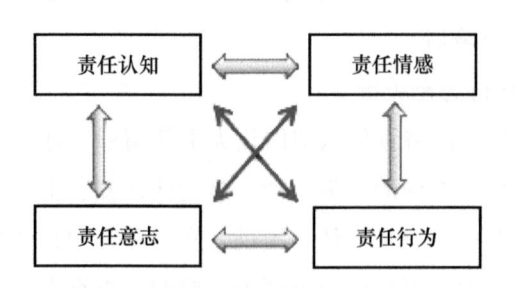

图4-1 责任品质四要素的结构模型

---

[1] [德]黑格尔：《法哲学原理》，杨东柱、尹建军、王哲编译，北京出版社2007年版，第77页。

责任行为和习惯是知、情、意的外在表现,是责任教育进入实践阶段的标志。

四 日常生活视角下公民责任教育内容的开放性和多维建构

综合以上三个维度的公民责任教育内容,本书总结出日常生活中公民责任教育内容的多维框架结构。

如图 4-2 所示,日常生活中公民责任教育的内容框架呈现出一种多维立体式结构特征。其中,X 轴所代表的是根据责任对象层次的不同所划分出来的责任教育内容,包括自我责任、家庭责任、他人责任、国家责任、自然责任和世界责任六种;Y 轴所展示的是根据责任来源的不同所划分的责任教育内容,包括来自能力的责任内容、来自契约的责任内容和来自角色的责任内容;Z 轴所体现的是根据责任品质的构成要素的不同所划分的责任教育内容,包括责任认知、责任情感、责任意志和责任行为。这三维立体责任教育内容的框架结构共同支撑起日常生活中公民责任教育的内容实体,且相互交织、相互重叠。

分析这样的多维内容框架结构可以清晰地定位责任教育的内容属性。以对他人的责任为例,作为日常生活中责任教育的重要内容,对他人的责任可能来自能力,也可能来自契约,还可能来自角色;并且在培养对他人的责任品质时,必然要经历对他人责任的认知—情感—意志—行为的品质形成过程。在日常生活中进行公民责任教育时,首先,要认清责任教育内容的来源,不同的责任来源对责任品质的要求强度不尽相同。例如,来自契约的责任内容对主体的责任要求程度要强于来自能力的责任内容,因为来自契约的责任内容是一种强制性责任要求,受到社会规范、法律法规的监督和保障;而来自能力的责任内容则是一种自觉性责任要求,强调的是责任主体的自觉履行和自律境界。其次,要认识到责任教育内容既包括责任认知,也包括责任情感,还包括责任意志,更重要的是责任行为,且它们之间存在程序上

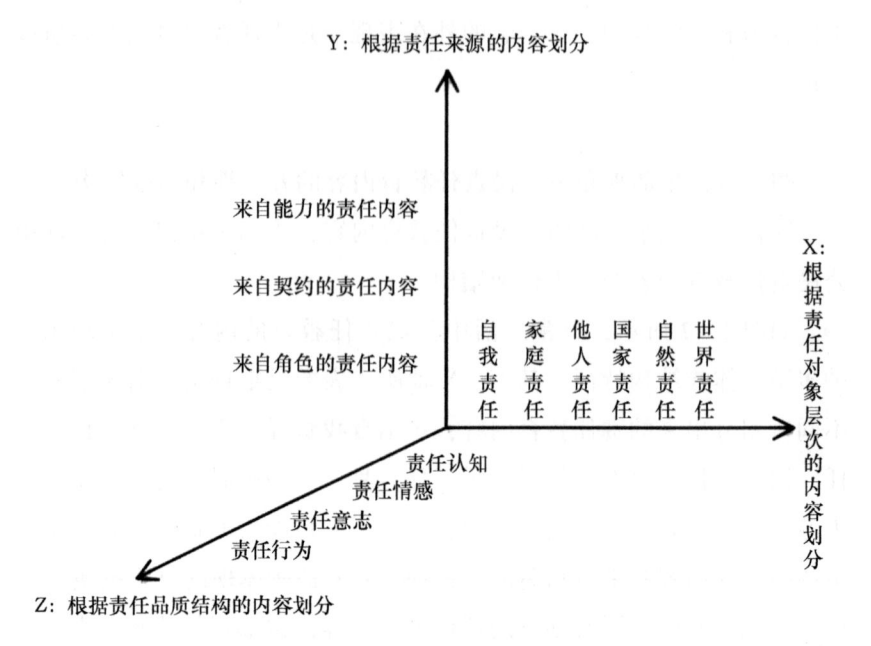

178 新时代日常生活中的公民责任教育研究

图4-2 日常生活中公民责任教育内容的多维结构框架图

的先后关系和程度上的递进关系。在日常生活的公民责任教育过程中，要在加强责任认知的基础上，实时培养责任情感，形成坚定的责任意志，以此来促进责任行为的践履。

第五章

日常生活中公民责任教育的场域整合和过程强化

对日常生活中公民责任教育的场域和过程进行分析，可以展示其在横向空间性和纵向时间性、静态层面和动态层面的不同图景。其中，日常生活中不同场域的分析是对公民责任教育横向空间性的描绘，也是对日常生活中公民责任教育的一种静态层面的研究；而对日常生活中公民责任教育的过程分析则勾勒出公民责任教育的纵向时间性图式，是对日常生活中公民责任教育动态层面的呈现。

第一节 公民责任教育的"日常生活"场域整合

公民责任教育离不开人们的多样化的日常生活场域。本书重点分析公民责任教育常见的几种日常生活场域，包括学校场域、家庭场域、社区场域、网络场域以及工作场域。在这些场域内部，根据公民责任过程发生时场景的不同，又可以划分为多个微观、偶然的小场域。这些日常生活场域虽然没有涵盖现代人的全部日常生活，但是任何一个人都不可能完全游离在这些生活场域之外。

一 学校场域

在日常生活中，学校是非常重要的思想政治教育场域。学校所具有的三个社会职能（继往开来、传播科学文化知识；培养合乎社会需要的人才；移风易俗、改造社会、建设社会精神文明）[①]，使得学校无论在传播文化知识还是建设精神文明方面，都能起到培养适应社会发展的高素质人才的重要作用。

学校场域中的公民责任教育以培养具有完整责任品质的社会人才为根本目标。首先，学校场域中的公民责任教育具有社会主义属性，是传播、宣传社会主义核心价值观的主要阵地。学校对专业知识和精神文化的占有，使得学校相比其他组织在爱国主义精神宣传和思想政治教育方面具有更强的专业性和优越性。其次，学校场域中的公民责任教育具有一定价值引导性，在指引学生树立正确世界观、人生观、价值观和思想道德品质方面具有重要的作用。学校作为与公民联系最为密切的日常生活场域，在公民责任品质塑造方面起着基础性作用。

（一）重视学校场域中责任教育的主体权力来源

在日常学校场域中，同样存在着不同力量的场域"势力"，在相互作用的基础上，完成教育实践。学校场域中的"势力"包括以个人形式存在的教师、学生，以及以组织形式存在的学生组织和学校部门组织等。各种"势力"通过教育过程完成相互的思想"控制"。

在学校场域中，责任教育"势力"的力量来源根据教育者与受教育者的不同组合可划分为：一是知识性权力，表现为主体对责任知识和规范占有的多寡。一般情况下发生在教师和学生之间。教师在长时间的教育与自我教育过程中获得较学生更多、更广的知识内容和道德素养。也正因为教师对知识的占有力和控制力，使得教师在教育实践中占据主导地位，形成对学生的知识"势压"，从而激发学生内在的学习需求和动机。需要注意的是，在道德教育中，知识权力具有相互

---

① 陈秉公主编：《思想政治教育学基础理论研究》，吉林大学出版社2007年版，第315页。

转化性。在一定情况下，知识权力会在教师和学生之间相互转换。在学生具有较教师更为高尚的责任品质和责任行为时，会对教师产生责任"势压"，并在责任教育过程中转化教育身份，作为教育者对教师进行责任教育行为。二是规则性权力。在学校场域中存在一定的学生组织以维护班级场域内各"势力"的正常运作和活动，因此，学生组织承担着一定的责任教育职能。例如，在班级组织中设立班长、学习组长或纪律组长等职能部门。这些班级职能部门基于学校纪律和规则对普通学生形成管理"势压"，在责任教育中形成一种教育力量，进而完成对普通学生的责任教育过程。三是惩罚性权力。学校场域中的纪律规则蕴含着学生对学校、对教师以及对同学的责任要求，是学校对学生进行责任教育的重要途径。纪律规则能够对学生产生教育"势压"源于其具有一定的强制性和惩罚性，即违反纪律规则将会带来不利后果。这些不利后果与学生的学习利益直接相关。因此，学生在对不利性后果产生预判的基础上，根据规律纪律的责任要求履行责任行为。四是评价性权力。学校组织对学生形成责任教育"势压"源于评价性的职能力量。在学校场域中，各组织机构及其成员对学生的在校表现具有综合评价的权力，影响着学生升级、升学等一系列发展过程。这种评价性的教育力量成为学校场域中责任教育实施的重要手段。

（二）发挥校风、学风在学校责任教育的调节机制

在学校场域中，校风、学风是调节场域各力量关系的主要作用机制。首先，校风是在学校场域中，对教师教学、领导管理、纪律运作起指导作用的原则、方法、要求和习惯。校风的表现形式包括成文的校风文件和不成文的校风精神。校风对学校场域内的组织、成员具有约束力，体现着学校整体的教育风气和精神面貌，表现在师生员工的思想和行为之中。校风不仅具有规范行为的功能，还有情感熏陶和精神指引的作用。优良的校风能够助力责任品质的形成，约束不当行为，倡导积极的责任行为。其次，学风是学校场域内，各组织、成员

进行学习、生活的态度和习惯。学风是校风在学习层面的具体体现，是校风的重要组成部分。学风的带动效应是无形且巨大的。在学校场域中，学习往往具有一定的竞争性和结果性。无论是学生的学习还是教师的学习，其成果都要通过一定的考核制度予以体现。因此，建立在良好的学风基础上的学习行为会形成良性竞争，不仅可以提高学生学习效果，还可以进一步优化学风。具体而言，优秀的学风应当包括勤奋、扎实、谦虚、创新等。

校风和学风对责任教育的影响是双向的。将责任教育寓于校风和学风的建设过程中，不仅优化了学校场域的责任氛围和作用方向，还提高了成员的责任品质。同时，成员完整责任品质的形成为校风、学风的树立提供了精神支持和动力来源。

二 家庭场域

在农业文明条件下，家庭是政治社会的直接基础，承载着重要的社会职能。在现代社会，特别是工业文明条件下，以社会契约为基础的非日常社会关系日渐发达，使家庭关系从社会主导关系变成社会从属关系。这是从家庭生活与非日常层面的社会生活的相互关系的角度出发的。但在日常生活中，家庭仍然是主导日常生活的主要场域，家庭关系依旧是日常生活领域中最基本和最恒定的关系。随着家庭从非日常生活的社会活动领域退出，它的主要职能就体现在对日常生活的组织与调控上。家庭的功能可以从其对个人的功能和对社会的功能两个方面考察：家庭对个人的功能包括提供情感的依赖、人身的居所及心理的归属等；家庭对社会的功能包括人类本身的再生产、提供最初的家庭教育，以及对社会经济、社会秩序的遵守等。从古到今，人类的社会结构不断分化与重组，家庭的社会历史定位不断发生变化。但是无论怎样变化，有一个基本点始终没有改变，那就是：家庭是日常生活的重要组织者、管理者和调控者，是公民责任教育重要的日常生活场域。

（一）关注家庭成员在家庭场域中的不同力量位置

在日常家庭生活中，布拉德和沃尔夫认为："夫妇双方的社会经济资源很重要。"① 这说明了经济资源是家庭微观权力的重要来源。之后克伦威尔和奥尔森在1975年出版的书中指出，家庭权力基础远超出社会经济范畴，还需要考虑这些资源②：其一，规范资源，即社会习俗赋予每个人的权利。其二，享有特权的资源，它源于别人对自己的吸引，以及别人和自己的同一性。其三，鉴定资源，即在解决问题中能体现其价值的技术才能。其四，信息资源。其五，满足资源和控制资源。例如，家长制的权力分配规范和人们在外部社会经济资源上的平等要求背道而驰的话，这种权力分配规范迟早会被废弃。父母和子女关系的变化正反映了这一点：从历史上看，社会规范给予父亲的权力会随着其控制孩子的社会经济命运能力的变化而变化。

家庭成员在家庭场域中的不同力量位置主要表现为家庭成员之间的控制力。而这种控制力的权力来源是家庭成员之间的经济依赖、情感需求、生活知识的占有以及价值认同等。这种控制与被控制、服从与被服从的关系在家庭内部的控制机制上与国家宏观权力具有同构性。这源于中国传统社会以家庭为本位、"家国同构"的宗法制度。其次，家庭成员在家庭场域中的不同力量位置具有可逆性，家庭权力的主体之间不是单向度的一方对另一方的控制，而是双方地位会发生反转和逆转。传统教育观念中，责任教育大多是家长对子女进行社会规则、规范的教育，其实我们经常会忽视孩子对家长形成的教育示范作用，因为，人们无法接受作为经济被依赖、感情被需要以及生活知识占有丰富的家长在规则、规范遵守环节也会受到来自子女的作用力量。

---

① ［法］让·凯勒阿尔、P.-Y. 特鲁多、E. 拉泽加：《家庭微观社会学》，顾西兰译，商务印书馆1998年版，第64页。
② ［法］让·凯勒阿尔、P.-Y. 特鲁多、E. 拉泽加：《家庭微观社会学》，顾西兰译，商务印书馆1998年版，第65页。

(二) 把握家庭场域中丰富多彩的情感倾向调控机制

血缘关系是日常情感世界的重要支柱之一。以儒家思想为核心的传统文化中规定了人与人之间的关系所应遵守的五条行为纲常（五伦或五常），即"父子有亲，君臣有义，夫妇有别，长幼有序，朋友有信"[①]。这五伦中，半数以上涉及血缘关系。可见，血缘关系在日常生活中的重要性。家庭不仅仅作为一个空间寓所来为日常生活的悲喜剧提供舞台，它还通过经验和家法家规管理和调控着日常生活主体，为人类丰富多彩的情感世界提供坚实的基地。家庭情感主要作用于人的日常交往，为人的生存提供意义和价值，而它之所以能够在家庭场域中发挥作用，因为它是以"在家"的感觉为基础的。家庭对人之日常存在的意义在于为人的生存和发展提供了一种"在家"的心理归属感和踏实感，这种感觉是人类情感世界的基础和核心。

"家庭是社会的细胞。家庭和睦则社会安定，家庭幸福则社会祥和，家庭文明则社会文明。历史和现实告诉我们，家庭的前途命运同国家和民族的前途命运紧密相连。"[②] 无论是过去、现在还是未来，家庭永远是人类最基础的集合体，家庭关系是一切社会关系的基础。公民责任教育不能离开家庭场域谈责任，不能离开家庭关系谈教育。家庭是责任的源头；是教育的活水。从一定意义上讲，家庭生活场域是日常生活中公民责任教育的第一场域。

三 社区场域

社区场域是联结非日常生活和日常生活中各种复杂关系力量的权力网络体系。在日常生活场域中，社区无疑是一个重要场域，且是公民责任教育的关键场域。

[①] 《孟子》，万丽华、蓝旭译注，中华书局2006年版，第111页。
[②] 中共中央党史和文献研究院编：《习近平关于注重家庭家教家风建设论述摘编》，中央文献出版社2021年版，第4页。

(一）社区共同体是社区场域中责任教育的存在基础

社区共同体是一个实践的伦理实体，有其自身的规范和组织形式。个人必定要生活在共同体之中，且会游离于不同的共同体之间，包括社区共同体。社区共同体对于个体责任品质的形成具有重要的作用。

首先，社区共同体是空间共同体和价值共同体的结合。在现代社会生活中，共同体的形式是多种多样的，可简单概括为真实的共同体和想象的共同体或有形的共同体和无形的共同体。[①] 前者有其实体的表现形式，即规范、组织甚至空间等；后者则主要体现为一种无形的精神或价值的共享，超越了实体的空间和组织，将人联结为一体。实际上，即使是实体的共同体，其存在也需要由某种无形的纽带来联结，否则就只是一种松散的联合。社区共同体则是两者的结合。社区的空间共同体中总是包含着可以共享的无形价值观，而这些无形的价值观也需要在社区的空间共同体中找到依托，得以发挥作用。

其次，社区共同体作为价值共同体，倡导一种在共同空间范畴内向善的价值目标和伦理道德。由于社区共同体具备公共的物质空间性，要求其成员秉持积极、向善的价值目标追求，且行为标准以有优良道德为基础。这是由社区的本质规定性所决定的。社区共同体存在的根本目的在于符合成员共同的发展利益和福祉，而非某些单个个体的便利。社区共同体中的成员不仅共享着公共的生活设施和生存资料，还具有共同的发展目标。因此，需要相同的价值判断和行为准则用来维护公共空间，获取更好的生活环境。从一定意义上讲，社区共同体是一个微观化、生活化的"命运共同体"，社区中的公民就是

[①] 关于共同体的分类，人们使用最多的是滕尼斯在《共同体与社会》一书中的界定，滕尼斯将共同体分为血缘共同体、地缘共同体和精神共同体，三者是依次从前一种中分离和发展起来的，作为与前面各种共同体结合的精神共同体是"真正的人的和最高形式的共同体"（见该书第 65 页）。在很大程度上来看，血缘和地缘共同体更多的是实体的、有形的共同体，精神共同体则是想象的、无形的共同体。

"命运共同体"中的成员,都对"美好生活"存在着向往和追求。在社区共同体中,每个个体都必须有一种意识,即享受公共善是一种权利,更是一种责任。共享公共善,促成完整的道德品质养成不仅是价值共同体的内在要求,更是公民个人自身发展的必要条件。因此,崇德向善的价值共同体对公民责任品质的养成具有积极地推动作用;而在社区共同体中培养具有完整责任品质的公民更是社区价值共同体得以存续的前提基础。

（二）社区场域的空间性和交往性是公民责任教育主体作用力量的主要来源

在社区场域中,当个体成为社区共同体中的成员,就必然会以参与者的身份参与到共同体的生活中,使个人生活社会化。社区场域中的主体（包括管理主体）具有一定的责任教育和责任品质形塑作用,主要源于社区场域具备的空间性和交往性。社区权力是存在于社区共同体内互相作用、互相影响的力量,它在人们的共同生活中被建构出来,在很大程度上起到引导个体形成优秀的责任品质的作用。

首先,责任教育主体受到社区场域的空间权力制约。社区场域的空间权力是指个人因为生活在具有空间属性的社区场域中,而对空间内的共同体产生依赖,进而影响个人的思维模式和行为选择。"人们在创造和改变城市空间的同时又被他们所居住和工作的空间以各种方式控制着。"[1] 这是对空间权力的制约逻辑比较明晰的诠释。在空间权力的制约中,一方面,人们通过各种物质资料的生产活动创造了一个个独立的空间。这时,空间是生产实践的结果。另一方面,人们以既有空间为前提,继续进行生产和再生产实践。这时,空间成了生产实践的制约条件。

在社区场域中,人们的日常生活主要在公共空间和私人空间中进

---

[1] ［美］保罗·诺克斯、史蒂文·平奇:《城市社会地理学导论》,柴彦威、张景秋等译,商务印书馆2005年版,第7页。

行。在居住格局日益紧凑的现代城市中，人们对公共空间环境的依赖性和要求越来越高。有研究表明，社区成员的责任品质和责任秩序并不是一开始就存在的，而是通过公共空间的制约力，居民逐渐意识到"你在院子里的行为或者你的景观，都是整个小区环境的一部分"①。在私人和公共利益的权衡和博弈下，一种向善的共同期望通过日常相处方式和生活秩序，逐渐上升为集体的共同行为意愿，再由长时间地贯彻践行，进而稳定下来。这说明，在一定空间权力的制约下，人们的责任行为习惯是可以相互影响的。在社区场域中，利用公共空间的制约作用规范人们的日常责任行为，更贴近人们日常行为模式的生成规律。

其次，责任教育主体还受到社区场域的交往权力制约。社区场域的交往权力是个人通过一定的交往形式与其他社区主体达成一致意愿，从而对每个交往主体产生行为制约的规范作用。共同生活在社区场域中的主体往往通过言谈、论辩和说服等方式对公共空间内的责任规范达成一致，获得具有相互约束作用的责任行为标准，从而建构公共的社区责任秩序。由于居住环境的隔离化、封闭化，以及生活与工作两极分离化，虽然人们共同生活在一个社区场域中，却有交往不足、参与冷漠和认同缺失的潜在问题。伴随着网络社交技术的发展，社区场域的交往形式也越来越多样化。例如，在社区群组中讨论相关社区事项；由线上延伸出来的线下活动（如团购、亲子互动）；或是基于共同爱好组建的社区社团；等等。多样化的交往形式会达成有效的交往权力，进而影响人们的责任行为选择，形成良好的社区责任秩序。通过社区交往权力，可以不断建构出社区生活的新规则和新秩序，并凭借新方式和新平台扩大人们的生活联系和生活交往，以此来影响社区中个人的责任选择和责任担当。

---

① 吕大乐、刘硕：《中产小区：阶级构成与道德秩序的建立》，《社会学研究》2010年第6期。

四 虚拟网络场域

随着现代网络科技和智能设备的飞速发展，网络不仅扩展了人类生活的丰富度，更成为引领人们创造新生活方式的风向标。人与人之间的交往活动可以跨越时空的界限，随时随地发生。在一定意义上，网络生活成为人们日常生活的主要方式。公民责任教育也要善于打破传统思维，不断更新教育理念，顺应时代发展诉求，将责任教育融入公民的网络生活中。从空间上看，网络生活与现实生活具有一定的同构性，它依托互联网技术搭建了一个无所不能的"虚拟生活空间"。与现实生活相同，人们可以在网络生活中进行生产、消费、娱乐、交往等日常活动。从时间上看，网络生活将是现在乃至今后很长一段时间内人们日常生活的主要方式。伴随智能网联技术的不断发展，人们对网络生活的依赖只会越来越强烈，这对传统日常生活方式造成了排挤。网络生活需要以公民责任品质为依托，构建良好、公正的网络秩序；公民责任品质离不开网络生活这一重要场域。

网络生活比起公民的现实生活，具有新生性，还处于快速发展阶段。网络生活自身的伦理道德、行为规范还不健全，需要通过公民责任品质的不断提升予以完善。与其他日常生活场域相同，网络生活场域也是关系力量的网络。由于具有一定的科技媒介特性，网络生活场域中的责任教育融合了先进的技术介质和平台传播形态，使得责任教育在网络生活中具有很强的传播效果。

首先，日常网络生活场域具有"去中心化"的责任教育趋向。在传统公民责任教育发生场所中，大量责任教育内容经由教育者层层把关、筛选，再经过一定的传播渠道传递给受教育者。在这个过程中，承担责任教育内容把关和筛选任务的教育主体，往往是主导舆论传播的话语权人。网络场域中主体的权力源于对网络技术和知识的掌握、存储、传播和应用能力。在日常网络生活场域中，由于网络生活的虚拟性和开放性，具有传播能力的各方"势力"都可以成为责任教育内容的主导者、责任教育过程的开启者。每个进入日常网络生活场域的人,都具有同等发表自己主张和观点的权利和能力。在网络生活场域中,具备网络技术能力和占有网络设备的任何"势力"方都可以成为教育者,也可以成为受教育者。

日常网络场域中,公民责任教育主体的权力构成主要包括网民权力、精英权力和媒体权力。在日常网络生活中,每个网民都是潜在的责任教育主体,在虚拟空间讨论公共责任事件,发表自己的责任观点,进而对其他网民产生责任教育的影响。这些掌握高端技术的群体,在某种程度上更容易利用其技术资源完成社会事件的参与和讨论,更能表达自我的责任观点和意见,完成责任教育的真正参与。网络中的精英指的是那些原本就在现实社会中占据优势资源的群体,他们将自己的社会身份带入网络之中。网络生活中的公民责任教育需要这样的知识精英用其完善、全面的知识体系和语言影响力来引导更多的网民完成其责任品质的生成。

其次,日常网络生活场域中,责任教育主体的力量关系具有交互性特点。在日常网络生活场域中,责任教育者同时又是责任受教育者,因为信息传播的无条件性,只要进入网络生活,信息发布主体同时也是信息接受的主体。这打破了传统公民责任教育中教育者和受教育者之间的不对等关系,使公民责任教育由单向流动(教育者—受教育者)变为双向甚至多向的网状流动。这种互动模式在网络生活场域中组成了新型的人际关系网络,即基于共同兴趣爱好或经历的人们组成了新型的网络生活共同体。网络生活共同体内的成员分享着相同的兴趣爱好和价值观,因此,成员之间的责任互动更能激发成员的内在心理认同机制,形成有效的责任教育效果。

再次,日常网络生活场域中,责任教育内容和责任教育事件具有海量性和技术性特点。这种海量性的责任教育内容相对于传统责任教育场所中涉及的责任内容和责任规范具有更强的实效性。基于网络存储技术的不断进步,责任教育的内容或社会责任事件可以反复被查询和搜索。例如，日常生活中具有责任教育意义的社会热点事件和评论，不会随着时间流逝，而无法追溯根源。这种特性一方面为人们获取责任教育素材提供了方便，另一方面对实际操作的技术性要求变高了。网络生活场域中的技术权力结合了人类之前所有网络传播技术的精华，给网络场域中各方"势力"带来极大便利的同时，也让掌握网络信息技术成为一个门槛：将一些不具备技术能力的人们排除在外。同时，以网络责任文化为代表的公民责任文化也逐渐流行起来。

五 工作场域

工作指的是人们为了维持日常生活而进行生产或再生产的劳动行为。在现代社会里，几乎每个成年人都有通过工作这种劳动方式换取自身及家人的物质和精神财富的经历。工作的形式具有多样性：有体力工作和脑力工作、室内工作和室外工作、固定工作和临时工作等分类。对于一个社会人而言，工作是其日常生活的主要内容。除了维持自我再生产状态的休息、娱乐时间，工作时间占个人整体时间的比例最大。

工作场域指的是个人进行工作劳动时的关系网络空间。工作场域不同于工作场所，它是一个动态的关系网络。工作场所一般指的是具有固定位置和空间范围的具体物象化的环境，例如传统说法中的"单位""办公室"等。工作场域则是各种工作主体因不同力量的较量和冲突而发生关系的空间网络，是一个各工作"势力"不断"斗争"的动态空间。工作场域中主体之间力量的作用关系使得工作场域成为影响人思想和观念的重要场域。传统研究中，很少有人会关注工作场域中个人道德品质形成问题。工作的精神塑造功能被其经济属性所遮蔽。也就是说，工作的功利主义思想掩盖了工作的社会价值，即在创造社会财富的同时，具有塑造个人精神世界的功能。在工作场域中，存在着多种影响个人思想和行为的"势力"因素，对改造个人思想道德状态具有无形的推动作用。

首先，在工作场域中存在因工作关系产生的工作权力。一是管理权力。在工作场域，无论是国家、事业、企业还是个体性质的工作，都存在占有工作主导地位的管理者。管理者对其权力范围内的工作人员具有领导、管理、安排的权力。管理权力的来源有两种：一种是资本。资本性管理权力多存在于企业和个体性质的工作场域中。资本的占有者即为工作场域中"势力"优势一方，通过聘请和雇佣的方式将其他主体纳入工作场域中，对其进行管理。另一种是职务。职务性管理权力是依据自上而下的职务等级设定，居于职务等级高位者对低位者具有的管理权力。这种管理权力存在于一般化的工作场域中。二是专业技术权力。专业技术权力属于知识权力的一种，指的是具有专业技术优势的个人在专业工作上具有的决定权和话语权。专业技术具有属人性质，且是独占的。在工作场域中，人们术业有专攻，负责的工作内容不尽相同。那些占有专业技术知识和能力多的人会对其他人造成一种"势压"，形成让他人听从或服从的顺势效应，实现"控制"结果。三是人际交往权力。在工作场域中，除了上述两种工作权力之外，还有一种工作权力普遍存在，即人际交往权力。具有人际交往权力的人，可能既没有管理权力也没有专业技术权力，但其拥有高超的人际交往能力，能在各种工作场域"势力"之间左右逢源，运作得游刃有余，使得其他人愿意受其"影响"和"控制"。

综上所述，工作在人们日常生活中具有重要的价值和意义，工作场域中存在的工作权力是开展责任教育的重要推动力。工作场域不仅是创造物质财富的集合地，也是孕育精神文明的阵地。具有工作权力的人员是工作场域中最关键、最活跃的因素。通过具有工作权力的一方开展责任教育实践，不仅可以减少责任教育在工作场域遇到的阻碍，还可以提高责任教育职场化进程，为整体公民责任教育事业添砖加瓦。一要注重提升具有工作权力这类人群的责任品质，使其起到良好的模范示范作用。二是通过工作权力的有效运作，使外在的责任品质要求进入到其他人的责任认知体系，完成责任品质的培育和教育。

其次，工作场域的调控模式是一种以利益诱导和人情交往为主的性情倾向系统。利益诱导指的是在工作场域中通过利益的分配和重组来调节场域中人们的情绪状态和关系模式。这里的利益包括物质性利益和精神性利益。人们进入工作场域，首先是为了获得维持日常生活生存和发展的必要物质条件。因此，通过对收入和福利的分配可以提高人们的工作热情和职场归属感，进一步坚定工作意志，诱发高效的工作行为。精神性利益则表现为通过表彰和荣誉等形成，对工作场域中的优秀主体予以肯定，以激发其更高的工作积极性。工作场域中的责任教育要重视利益诱导的调节机制，通过物质利益和精神利益的诱导作用，提高人们践行责任行为的主观能动性，形成良性的责任教育循环过程。例如，对积极履行工作职责和对工作负责的成员进行奖励，通过福利的分发强化成员对工作的归属感和责任感，提升成员在工作场域中的责任情感和责任意志，进而形成积极有效的责任行为习惯。

除此之外，在工作场域中人际关系也是维持各方"势力"关系的性情倾向系统。人际关系是调节工作场域氛围的重要方式，是影响工作效率的核心要素，也是凝聚工作向心力的重要力量。在工作场域中，人际关系既可以表现为具有竞争性的"势力"斗争，也可以表现为协作性的"势力"合作。无论以什么方式运行，良好的人际关系可以优化工作氛围，舒缓工作心情，激励工作情感，强化工作责任感，最终完成工作实践。其中，具有工作权力的个人的精神面貌和人际关系对整个工作场域的氛围以及作用模式具有决定性作用。因此，工作场域的责任教育中要注重这些关键人物的人际关系建设，以良好的人际关系为桥梁，搭建责任教育的沟通渠道。

第二节　日常生活中公民责任教育的过程强化

日常生活中公民责任教育的过程指的是在日常生活中责任教育者

依据社会对公民责任品质的期望和要求,在遵循责任受教育者自身的责任品质形成规律的基础上,对受教育者实施提高责任认知、强化责任情感、坚定责任意志、激发责任行为等教育活动的过程。

日常生活中公民责任教育过程与公民责任品质的形成过程具有同构性,具有以下几个特点:第一,日常生活中的责任教育过程是一种活动过程,具有动态性和流程性的特点。第二,日常生活中的责任教育兼具目的性与非目的性特点。目的性源于责任教育主体的日常行为是一种经济性行为,其目标是提高被教育者责任意识、养成责任行为习惯;非目的性表现为日常生活中教育者和受教育者的存在方式是自在的、自然的、自觉的。例如,在日常生活中,教育主体可能只是无意识的观点表达和体验分享,却客观上起到了教育的效果。第三,日常生活中的公民责任教育是教育者和受教育者共同参与、相互交往的过程。就具体的阶段而言,日常生活中的责任教育要经历以下几个阶段,如图5-1所示:产生责任内在需求—形成责任认知—责任情感和责任意志的内在转化—实践责任行为和养成责任行为习惯。

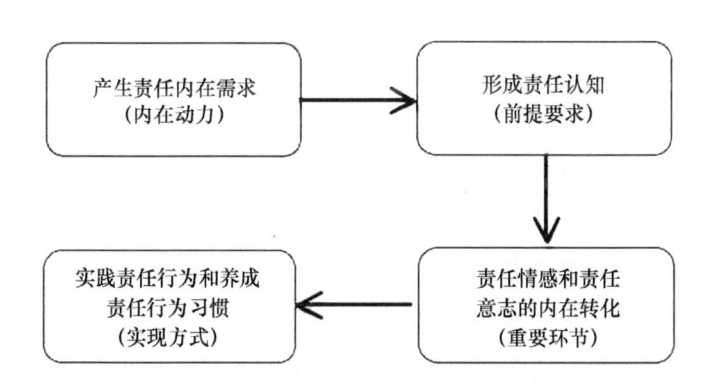

图5-1 日常生活中公民责任教育的过程示意图

一 挖掘责任需要

马克思指出,人的需要是人的本质属性,是人生存发展的前提和动力。需要是一个被满足的过程，低层次的需要被满足了，又会产生高层次的需要，所以需要是推动社会发展的永恒动力。哈贝马斯认为，需求是一种偏向，是可以真实、透明地表达对某一事物的积极知觉①。依据这种积极的表达我们可以判断主体的真实想法。

公民内在的责任需要是公民接受责任教育内容的内在驱动力，它推动公民内在责任品质转化机制的启动和运行，以平衡公民认知系统的供需关系。责任需要产生责任动机，责任动机引发责任行为。当公民对一种责任品质需要越强烈，接受责任教育的动机也就越强，公民践行责任行为也就越积极主动。如果公民对某种责任品质需要不强，或者是接受责任教育并非出于切身的责任需要，就会导致教育过程中的消极应付和抗拒。只有掌握公民生存和发展的责任需要，责任教育才会契合受教育者的责任品质形成规律，才能更容易被受教育者接受。公民的责任需要源于个人对自身社会价值和个人价值的追求以及人之初性中展示出来的对真善美的向往。

在日常生活中，公民责任教育者首先要抓住受教育者在日常生活中所表达出来的对责任内容的偏向或倾向，在遵守日常生活道德规范的基础上，把握受教育者在当下场域中流露出来的现实责任需要，以此为基础，适时实施教育行为。当责任教育内容贴近受教育者的内在需要时，教育者与受教育者在教育过程中可以产生心理"共震"。这样的心理"共震"会让受教育者更愿意接受教育内容。其次，在日常生活中开展公民责任教育，就必须以满足公民的日常需要为着眼点，做到贴近实际、贴近生活、贴近公民。教育者根据日常生活中受教育者的日常需要确定责任教育内容，有针对性地激发受教育者的内在动力，这是责任教育过程的第一个阶段，也是准备阶段，为责任教育过程的其他阶段奠定心理基础。

---

① ［德］尤尔根·哈贝马斯：《交往行为理论：第一卷　行为合理性与社会合理性》，曹卫东译，世纪出版集团、上海人民出版社2004年版，第92页。

二 提升责任认知

所谓责任认知,是指公民对日常生活中存在的责任思想、责任概念以及责任规范进行了解、理解的过程。教育者通过教育行为,使受教育者获得一定的责任知识是责任教育过程的开启阶段。如前所述,责任认知是责任情感、责任意志、责任行为形成的依据和基础。没有责任认知,就无法升华为责任情感和责任意志,也就更谈不上责任行为的践行。

在日常生活中,提升受教育者对责任的认知是责任教育的基础任务。如果说责任需要是一种内在的心理体会,那么公民对责任产生需要并不代表公民具备对责任知识以及责任规范进行提炼的能力,必须经过责任认知的提升过程,才能将责任需要与责任知识相匹配,明白自身的责任需要是何种责任品质。可以说,提高受教育者的责任认知开启了公民责任教育过程的正式阶段,也是责任品质形成的开始。责任认知的过程包括两个方面:一是接受新的责任知识和责任规范,将其纳入自我认知体系中;二是解决原有责任认知与作为教育内容的责任知识和责任规范之间的融合及冲突的问题。因此,在责任认知阶段,必须要注重受教育者的身心发展特点,遵循责任教育的客观规律,设置合理的责任教育目标。具体而言,可以通过外来引导、躬行践履、自省慎独等途径提升公民的责任认知。

首先是外来引导。在日常生活中,提升公民责任认知需要依靠家庭、学校、社区以及网络等场域中的责任教育活动。一要重视家庭场域中的责任认知途径。"家庭是孩子的第一个课堂,父母是孩子的第一个老师。"[①] 在提升公民责任认知过程中家长起着基础性作用。家

---

① 中共中央党史和文献研究院编:《习近平关于注重家庭家教家风建设论述摘编》,中央文献出版社2021年版,第17页。

长作为责任教育者要重视小小公民的责任认知，更要以身作则、身体力行，不断强化小孩对自身责任需要的感知，提升子女的责任认知能力。二是要创新学校场域中的责任认知途径。传统公民责任教育以学校场域的责任教育为主。创新学校责任认知的教育形式，开发多样化的课堂教育活动，以丰富学生责任认知的内容样态。三是在社区场域中建立一个多元化的责任认知平台。社区是社会的缩影，是公民集体性存在的表现形式。社区责任教育者要充分发掘和利用社区场域的衔接作用，将责任认知内容的展示融入多元化的社区活动中。

其次是躬行践履。古人言："行为德之基。"责任认知属于社会意识的范畴，受社会存在的限制。社会实践作为社会存在的表现方式，决定社会意识的内容。提升公民的认知责任，除外来引导之外，还可以通过公民的社会实践。公民通过自觉的社会实践对责任内容和规范产生认知，可以激发其主动性和积极性，为言行一致、知行统一奠定认知基础。责任教育者可以运用丰富多彩的日常文化活动，让公民在轻松、快乐的实践过程中感知和理解责任；还可以利用中国日常传统节日文化，实施责任体验教育。例如，运用春节、中秋节等传统节日中对团结、团聚的价值导向作用，培养受教育者对家庭负责、对他人负责、对集体负责的责任认知。利用这些具有实践价值的节日教育途径，更加凸显了公民的参与性、体验性，有助于公民自觉提升自身的责任认知。

最后是自省慎独。提升公民责任认知的另外一个重要途径就是自省和慎独，它强调公民个人在自我教育中提升自己的责任认知，是公民"反思"精神和"自律"精神的体现。自省慎独向来都是中华民族的优良道德传统，所谓"吾日三省吾身""自省自讼""君子慎其独""心正而后身修"，都是对自省慎独的完美诠释。自省就是公民在自我反省、自我批评、自我调控、自我完善中，感悟优劣、明辨是非，进而提升对责任内容的认知。这要求公民具有一定的"反思"精神。慎独是指公民在独处无人监督的条件下，仍能自觉学习日常生活的责任内容和规范,提升责任认知。这要求公民具有一定的"自律"精神。自省、慎独的责任认知途径,除了能够切实提高责任认知效果,还能锻炼公民的"反思""自律"素养,为今后公民自觉践行责任行为提供精神支持。

三 内化责任情感和责任意志

日常生活中公民责任教育过程的一个重要环节是将责任认知内化为责任情感和责任意志。所谓"思想品德的内化也就是个体对一定的社会思想、社会道德的认同、筛选、接纳。将其纳入自己思想道德结构之中,变为自己的观点、信念,成为支配、控制自己思想、情感、行为的内在力量"[①]。因此,责任情感和责任意志的内化强调的是心理层面上的认同。

社会心理学家凯尔曼总结了价值内化的三个阶段:第一个阶段是顺从,即人们为了获得物质与精神的报酬或避免惩罚而采取的表面的顺从行为。顺从不是人们真实意愿的表达,因而在情感上并未与他人产生共鸣。第二个阶段是认同,即人们自愿接受他人或集体的认知,使其成为自己认知体系的组成部分。认同是建立在自愿基础上,有一定的情感流露,但更多的是一种机械性的跟随过程,表现为人云亦云。第三个阶段是内化,即行为主体真正从心理上认同并接受他人与集体的观点,并将其纳入自己的认知体系。[②] 第三个阶段的内化才是真正意义上的内化过程,是主体真实意愿的表达和体现。

在日常生活中,责任情感和责任意志的内化主要通过情感认同实现。情感认同指的是日常生活中责任教育的受教育者基于某种情感需求对其他主体产生认同、理解、追随的情感体验,其他主体可以是责任教育的教育者,也可以是责任教育事件中的其他人。例如,在大街

[①] 鲁洁、王逢贤主编:《德育新论》,江苏教育出版社1994年版,第273页。
[②] 鲁洁、王逢贤主编:《德育新论》,江苏教育出版社1994年版,第273页。

上遇到摔倒的老年人，有些人会出于同情或担心的情感产生承担援助责任的情感和意志，使得日常生活中两个陌生人基于情感认同发生了联系。

在传统责任教育中，由于缺乏情感体验，责任教育者无法将责任认知内化为责任情感和责任意志，只能按照理性—知识—智慧的逻辑进行教育活动。制度化的教育方式具有局限性：制度性文本和话语作为理性的代名词，跟价值理性以及情感感化有本质的区别。而在日常生活世界里，有大量精神的、感性的人际交往基础存在，因而是孕育情感的温床。公民在日常生活中情感流露也更为直接和自然。因此，在日常生活中，责任教育蕴含着浓厚的情感色彩。在责任教育实践中，如果只是追求责任认知的机械顺从或认同，没有从情感上内化为责任情感和责任意志，即便有责任行为的实施，也是偶然或被迫的。单凭责任认知和责任行为，无法构成完整的责任品质。只有将责任认知内化为责任情感和责任意志，进而触发责任行为才是公民稳定的、长久的责任品质的体现。"离开情感层面，教育就不可能铸造个人的精神、个人的经验世界。"[1] 因此，责任教育者要善于运用日常生活各场域中存在的情感认同契机，激发受教育者的情感需要，把握情感转化时机，将责任认知内化为受教育者的责任情感和责任意志。

如何把握责任情感和责任意志的情感认同，首先要在教育者与受教育者之间搭建一个相互信任的情感交流通道。这个通道既可以单独作为责任教育手段完成责任教育主体之间的责任认同过程，也可以直接通往受教育者内心，使其更愿意去接受他人或社会中存在的责任内容。其次，在日常生活中要注重丰富责任教育者和受教育者自身的情感世界。因为，一个没有情感世界或情感冰冷的人是很难与周围的人发生情感共鸣的。情感认同的先决条件是有情感。受教育者内在情感世界匮乏会导致即使在一定场域中发生情感互动事

---

[1] 朱小蔓：《情感教育论纲》，人民出版社2007年版，第69页。

件，受教育者也会自动屏蔽或无法接受情感感应，最终导致转化无效。最后，教育者要理解并且尊重受教育者的真情实感以及适时把握受教育者情感的变化规律，保护积极性情感体验、消解消极性情感体验。

四 诱导和激发责任行为

在日常生活中，责任认知内化为责任情感和责任意志是责任教育过程的重要环节。责任教育过程的最终阶段是在责任情感和责任意志的激发下，公民实施一定的责任行为。责任行为是责任品质的外在表现和综合反映，是日常生活中公民责任教育过程的实践阶段。如果公民责任认知、责任情感和责任意志仅仅停留在意识层面，不向责任行为的实践层面转化，则会出现知行脱节或知行不一的现象。

日常生活中公民责任行为的发动往往需要一种转化机制来诱导和激发。利用好这些转化机制可以大大提高公民责任教育的实效性。

在现代思想政治教育理论中，机制是"由要素按一定组合方式构成的整体……是有机体事物各要素之间相互适应、相互制约、自行调节的自组织，其功能是耦合的，其形式是动态的"[1]。公民在日常生活中具备充分的责任情感和责任意志，需要通过一定的活动方式和作用机制将责任情感和责任意志外化为责任行为。日常生活中公民责任行为的外化机制主要包括以下几种：利益激励机制、传媒引导机制、场域激发机制。

（一）利益激励机制

关于利益，马克思很早就意识到利益在人类社会发展过程中的催化剂作用，将其与人类奋斗的目标相结合，认为"人们为之奋斗的一切，都同他们的利益有关"[2]。习近平总书记在党的十九大报告中指

---

[1] 张耀灿等：《思想政治教育学前沿》，人民出版社2006年版，第257—258页。
[2] 《马克思恩格斯全集》第1卷（上），人民出版社1956年版，第187页。

出："保障和改善民生要抓住人民最关心最直接最现实的利益问题"①，"必须始终把人民利益摆在至高无上的地位"②，强调"人民利益高于一切"的治国理念。

关于激励。一般意义上，激励是促使人朝着一定目标行动的动机或倾向。"激励的核心问题是动机是否被激发。"③ 而利益激励，就是利用利益在人们日常生活需要中的调节作用，通过利益的分配触发人们内在的行为动机，以激发行为的发生。在利益激励的构成因素中，利益是动机生成的最主要因素，在激发人的行为生成和持续发展中具有决定性作用。

利益激励机制指的是责任教育者在捕捉日常生活中受教育者切身利益需要的基础上，通过对这些利益的许诺、分配、协调、褒惩等方式推动、激励受教育者积极、主动践行责任行为的动力调节系统。利益之所以能够激励人们产生责任行为是因为利益与价值具有密切的内在联系。这里说的利益，不仅包括物质层面的利益，也包括精神层面的利益。例如，在各种先进事迹的表彰大会中，对行为楷模进行精神荣誉上的肯定和鼓励，属于精神层面的利益。如果某种责任行为能够与利益许诺或利益分配自然挂钩，那么受教育者的责任情感和责任意志就能快速地触发责任行为。反之，则会被受教育者置之度外，置若罔闻。由此可见，发现、掌握、满足公民在日常生活中存在的潜在利益可以激励公民积极主动地践行责任行为。

在日常生活中，责任教育者要想充分发挥利益对公民践行责任行为的激励功能，就要确保利益激励机制各运行环节的协同运作和有效运转。首先，责任教育者要明确利益激励的方向和目标。也就是说，

---

① 习近平：《决胜全面建成小康社会 夺取新时代中国特色社会主义伟大胜利——在中国共产党第十九次全国代表大会上的报告》，人民出版社2017年版，第57页。

② 习近平：《决胜全面建成小康社会 夺取新时代中国特色社会主义伟大胜利——在中国共产党第十九次全国代表大会上的报告》，人民出版社2017年版，第57页。

③ 蒋丽君主编、郭伟刚副主编：《管理学原理》，浙江大学出版社2004年版，第238页。

教育者要善于发现存在于公民日常生活中抽象的、潜在的物质和精神利益，并将这些利益具体化、可视化和具象化，使受教育者能够根据自身需要判断利益价值，促进受教育者对利益的评估。其次，责任教育者要确立利益激励的强度和手段。教育者根据责任教育场域以及教育过程环节的具体情况采取适时、适度的利益奖惩方式，让受教育者充分体会到利益兑现的现实性和可行性，调动受教育者的积极性和主动性。再次，责任教育者要做好利益激励的评估与反馈。利益激励评估用来观察受教育者责任行为效果是否与预期的利益激励目标相一致。利益激励反馈是将利益激励评估结果反馈到利益激励的各个环节，对于符合利益激励目标，即践行责任行为的，要及时兑现利益承诺；反之，则要调整利益分配的规则和方法。

（二）传媒引导机制

传媒引导机制是指日常生活中责任教育主体通过报纸、杂志、广播、电视、网络等大众传播媒介的宣传、辐射和渗透，以生动和恰当的表现形式，诱导和激发公民践行责任行为。随着社会科技的进步以及智能化、信息化时代的到来，大众传媒已经渗透到公民日常生活的方方面面。"除了工作和睡觉以外，人们在大众媒介上花费的时间超过了任何其他日常活动的时间。"[1] 大众传媒不仅成为人们重要的日常生活方式，还是人们获取信息、沟通交流、提升个人道德品质的重要渠道。因此，实现公民责任行为的诱导和激发，需要充分重视并发挥大众传媒的引导机制。

大众传媒自身的性质和功能决定了它具有诱导和激发公民责任行为的功能。首先，大众传媒具有引起公众话题并使之快速传播和流通以设置公共价值观念议程的特点。所谓设置公共价值观念议程是指大众传媒通过有选择性地引起公众价值话题，使公众主动或被动接触价

---

[1] [美] 威尔伯·施拉姆（Wilbur Schramm）、威廉·波特（William E. Porter）：《传播学概论》（第二版），何道宽译，中国人民大学出版社2010年版，第15页。

值话题的内容，从而在接触的过程中加深对这一价值话题的认知和内化。就公民责任教育而言，教育者利用大众传媒受众广、信息量大的特点，有选择性地设置责任话题，通过传媒中介进入受教育者视野中。这个过程就是大众传媒设置责任观念议程。重复设置责任观念议程相当于不断地对受教育者输送责任认知，使受教育者在反复认知过程中，加快责任认知的内化。其次，大众传媒在价值观引领方面具有主导性和渗透性。当下现代日常生活盛行传媒文化，人们每天花费大量时间在大众传媒上，用大众传媒填塞日常生活的零碎缝隙。在一定意义上，大众传媒成为主导人们日常生活的生活方式。正因为其毛细血管式的渗透到人们日常生活的各个细节，其在对人的行为和价值选择上发挥的作用也是潜移默化的。因此，责任教育者要充分认识到大众传媒在激发责任行为方面蕴藏的巨大潜能，扩大大众传媒责任教育的受众群体，增加责任教育频率，使受教育者在反复认知过程中，形成稳定的责任行为习惯。

（三）场域激发机制

场域激发机制是指在特定日常生活场域中，责任教育者主动营造或是顺势利用社会态势，对受教育者形成一定的"势压"，使受教育者随着态势的发展，自觉将自己的情感融入当下场域需求中，进而践行一定的责任行为。如前所述，"场"是物理学的一个重要范畴，在物理学原理的启发下，心理学和社会学纷纷将"场"引入自身学科理论中。格式塔心理学派的代表韦特海默、考夫卡等为了将"场"概念引入心理学范畴中，创立了心理场论。之后，社会学家迪尔凯姆将"场"理论引入社会学研究中，提出场域理论。无论在哪个学科背景下考察"场"的存在与运作，都认为"场"对人的心理变化、行为选择和价值认同具有重要的形塑作用。

场域激发机制的心理基础是一种从众心理。从众是指当置身于一定"场域"中时，人们总会自觉不自觉地受到来自"场域"内部的作用力，促使行动者"表现出与群体中多数人一致的行为倾向"①。从本质上看，从众是一种集体心理作用的结果。这种场域内的作用力是无形的，却能影响个人的情感选择。在一定日常生活场域中，个体的情绪会随着场域中其他人情绪的变化而变化。个人为了维持场域惯性，不被排斥，主动与群体的价值取向和情感倾向保持一致。在从众心理作用下，公民会在一定责任教育场域中受到来自场域内群体情感倾向的影响，自觉或不自觉地按照当下群体情感需要践行责任行为，使其符合当下"场域"的情感走势。

场域激发机制的行为基础源于模仿。模仿是指主体在日常生活中通过学习、仿效场域中其他人的思维模式和情感选择，进而做出相同的责任行为选择。模仿有两种类型：一是模仿场域中积极的、先进的典型代表，称为榜样效应；二是模仿场域中消极的、落后的典型代表。践行责任行为主要是以责任榜样、道德榜样为模仿对象。模仿是人类的本能，在一定场域中，榜样和先进典型的行为示范和人格感召的作用主要表现为：日常生活中如果有一个人带头承担责任，并因此得到一致好评和正向反馈，那么在同一场域中的其他个体则会自然而然产生一种模仿或效仿的心理需要，并在此心理需要的驱使下，做出与榜样相同的责任行为选择。

五 养成责任行为习惯

偶然、单一的责任行为从根本意义上讲，不能代表公民已获得完整责任品质。作为责任品质构成要素的责任行为，应该是人们在长期、重复的责任实践中形成的稳定、持久的行为倾向和行为习惯。只有将责任行为养成责任行为习惯，用一以贯之的行为作风不断地充实和指导行为实践，公民责任品质才算找到最终归宿。因此，责任教育中所指的责任行为其实指的就是循环往复践行责任行为的习惯。责任

---

① 沙莲香主编：《社会心理学》，中国人民大学出版社2002年版，第214页。

行为习惯具有自觉意识性、经常性、持续性等特点。

(一) 日常生活中责任行为习惯的养成特点

习惯在日常生活中是一种自在的行为模式，责任教育的直接目的就是培养人们良好的责任行为习惯。行为一经成为习惯，就会产生一种自然而然、自由自觉的力量推动责任行为一以贯之。

首先，责任行为习惯的养成途径和方式要符合个人的个性特点。个性特点也即性格，是一个人对待事物的态度，以及与这种态度相适应的、稳定的行为方式中表现出来的人格特征。人的性格一经形成便比较稳定，但并非一成不变，具有可塑性。也就是说，行为习惯是人的个性特点的外在表现形式。因此，要想养成一定的行为习惯，这种行为方式必须是与个人个性特点相契合的。受教育者责任行为习惯同样是受教育者性格在责任方面的体现。只有把握好受教育者的责任人格特征，才能找到符合受教育者责任行为习惯的养成方式。因此，选择适当的行为方式是责任行为习惯养成过程中不可忽视的重要环节。

其次，在重复性的责任实践中养成责任行为习惯。"'成为习惯'的基本含义是'重复性实践的形成'。"① 一次、两次的责任行为并不代表责任行为习惯的养成。责任行为习惯的养成需要经过反复多次的行为实践，将一种责任行为自觉地与特定责任需要相联系，形成一种关联性的思维惯性。也就是说，在一定责任需求下，公民会自然而然地与某种责任行为联系在一起，出于思维惯性不假思索地践行责任行为，这种行为选择即为责任行为习惯。因此，重复性的责任实践其实是为了形成思维惯性，使个人的责任行为成为一种稳定的选择。

(二) 公民责任行为习惯的养成途径

首先，要持续不断强化责任需要。

责任需要是责任品质形成的心理基础。人的责任需要是开启责任

---

① [匈] 阿格妮丝·赫勒:《日常生活》，衣俊卿译，重庆出版社1990年版，第169页。

认知的内在驱动力，是责任教育过程的指明灯和动力源。它推动责任品质各要素之间的相互转化和和谐发展。公民的责任需要能够激活公民追求完整责任品质的主动性和积极性。因此，责任教育实践越贴近公民的生活需要，教育时效性就越高。深入开展公民责任教育，就必须以满足公民的需要为着眼点。要想形成稳定的责任行为习惯，促成完整责任品质的行为，就要持续不断地强化公民内在的责任需要。坚持贴近实际、贴近生活、贴近群众。教育者要结合社会对责任的要求以及公民自身的责任需要确定责任教育内容，不断强化和优化受教育者获得完整责任品质的主观条件。

其次，要注重知、情、意、行的协调衔接。

责任行为是责任认知内化为情感和意志，再外化为行动的结果，即所谓的"内化于心""外施于行"。通过实践形态的外在责任行为，可以实现责任的知行统一、理论与实践的统一。因此，在责任教育过程中，必须着力抓好知、情、意、行的协调转化工作，重视责任认知的基石作用，建立长效的责任情感和责任意志的内化机制，通过生活化、日常化的实践活动增强责任行为体验，进而促进公民责任行为习惯的养成，形成符合社会要求的完整的责任品质。稳定的责任情感和责任意志对公民的责任行为具有推动作用，同时可以强化公民对责任的认知。因此，还要有意识地通过不同的措施进行责任意志的磨炼，让受教育者学会用责任意志克服各种障碍，积极践行责任行为。

第六章

日常生活中公民责任教育的方法体系

张耀灿指出思想政治教育方法就是"为了实现教育目标、传递教育内容，是教育者对受教育者所采取的思想方法和工作方法"①。他认为思想政治教育方法作为一种专门的方法体系，其所属方法因适用范围的不同而形成不同的层次。如前所述，他将思想政治教育的方法总结为四个层次②：原则方法、具体方法、操作方法和运用艺术及技巧。本书将借用张耀灿教授对思想政治教育方法的层次划分依据，在构建日常生活中公民责任教育的方法体系时按照方法的内容和层次结构划分为以下四种：原则、策略、方法和途径，共同致力于提高日常生活中公民责任教育的可操纵性和实效性。

第一节　日常生活中公民责任教育的原则

日常生活中公民责任教育的原则对公民责任教育全过程起着根本性的指导作用，为其他层次的方法提供方向、准则和要求。日常生活

---

① 张耀灿、郑永廷、吴潜涛、骆郁廷等：《现代思想政治教育学》，人民出版社2006年版，第362页。
② 张耀灿、郑永廷、吴潜涛、骆郁廷等：《现代思想政治教育学》，人民出版社2006年版，第364页。

中公民责任教育的原则应当包括：坚持社会主义核心价值观引领原则；坚持教育主体间性原则；坚持责任教育的开放性原则。

一 社会主义核心价值观引领原则

在当今多元文化盛行的时代，无论是何种意识形态下的社会都面临着一个社会现实，就是多种文化思想充斥着人们的日常生活，解构着人们的核心价值判断依据。碎片化、多元化的信息通过科学技术手段不断地占领人们的思想高地，渗入到日常生活的方方面面。由于缺乏核心价值引领，人们的思想受到冲击，很容易被一些符号的、形象的、抓人眼球的信息吸引，并以此为标准指导自己的生活实践。在此境遇之下，就需要有一种核心价值观来引领公民的日常生活，指引公民责任品质形成的总体方向。核心价值观是一个国家的立国之本，彰显国家、民族精神，是这个国家人民精神面貌的集中体现。习近平总书记曾多次指出："人类社会发展的历史表明，对一个民族、一个国家来说，最持久、最深层的力量是全社会共同认可的核心价值观。"[①]公民的日常生活以一个国家、一个民族为依靠，如果没有核心价值观的引领，公民的日常生活则会混乱无序。培育和弘扬社会主义核心价值观，是日常生活中公民责任教育的基础性原则。

中共十六届六中全会提出，要"建设社会主义核心价值体系，形成全民族奋发向上的精神力量和团结和睦的精神纽带"[②]，并且"坚持把社会主义核心价值体系融入国民教育和精神文明建设全过程、贯穿现代化建设各方面"[③]。社会主义核心价值体系成为指导社会主义现代化建设的主要精神力量。之后，党的十七大进一步阐释了"以爱国主义为核心的民族精神和以改革创新为核心的时代精神"的中国精

[①] 中共中央宣传部编：《习近平总书记系列重要讲话读本》，学习出版社、人民出版社2014年版，第92—93页。
[②] 《十六大以来重要文献选编》（下），中央文献出版社2008年版，第661页。
[③] 《十六大以来重要文献选编》（下），中央文献出版社2008年版，第661页。

神体系。在此基础上，党的十八大从国家层面、社会层面和个人层面提出以"三个倡导"为内容的24字核心价值观，成为社会主义精神文明建设的重要依据，指导人们的日常生活实践。党的十九大进一步阐明了社会主义核心价值观对于建设中国特色社会主义伟大事业的重要性和必要性。公民责任教育作为新时代公民道德建设的重要途径，需要社会主义核心价值观的引领。用社会主义核心价值观引领日常生活中的公民责任教育需要注意以下几个要点：

第一，社会主义核心价值观引导下的责任教育要区分层次、突出重点。社会主义核心价值观从三个不同层面对公民的价值目标体系进行了层次划分，即国家层面要坚持"富强、民主、文明、和谐"的价值导向；社会层面要构建"自由、平等、公平、法治"的价值取向；个人层面要秉持"爱国、敬业、诚信、友善"的价值标准。公民责任教育在社会主义核心价值观的指导下，要注重公民不同层次的责任品质需要以及不同群体的责任品质培养。例如，责任教育要从娃娃抓起。少年儿童是国家的未来，民族的希望。只有从小培养少年儿童的责任品质，才能在日后成长过程中承担复兴中华的历史使命。

第二，社会主义核心价值观引导下的责任教育要立足中华优秀的责任传统文化。社会主义核心价值观植根于中华优秀的传统文化，具有牢固的文化根基。中华文明上下五千年，在历史河流的冲刷下，留下了丰富的责任文化思想。中华优秀的责任传统文化已经渗透到中华民族的日常生活中，深入到中国人的骨子里，潜移默化地影响着公民对责任的认知思维和行为选择。责任教育坚持社会主义核心价值观引领原则，就要充分汲取中华优秀责任传统文化的丰富营养，使其成为涵养公民责任品质的重要源泉。

第三，社会主义核心价值观引导下的责任教育要大力弘扬爱国主义。爱国主义是新时代中国特色社会主义的民族精神，在社会主义核心价值观个人层面处于最高位阶。爱国主义情怀是公民进行一切社会生活实践的情感基础。没有对国家的信仰，如何寻求自我发展。在日常生活中，责任教育必须把爱国主义作为首要主题。首先，将爱国主义与对国家的责任相联系，始终以实现国家富强、民族兴旺为己任，不断强化内在责任需要，提高责任认知。其次，用爱国主义情怀丰富责任情感和责任意志，不断提高对国家的归属感、认同感、尊严感、荣誉感，用饱满的责任情感和责任意志滋养不断生成的责任认知。最后，充分发挥榜样的力量，践行爱国主义的责任行为。善于发现和效仿日常生活中爱国行为榜样，以争做责任道德模范为目标，以先进的事例感染人，以坚定的意志感召人。

第四，社会主义核心价值观引导下的责任教育要在落细、落小、落实上下功夫。习近平总书记强调，要使社会主义核心价值观像空气一样无所不在、无时不有。这正契合日常生活中公民责任品质的生成规律。在日常生活中，公民责任品质的生成规律要求责任教育要与人们的日常生活紧密联系起来，做到春风化雨、润物无声，使人们在日常体验中感知责任、领悟责任、践行责任。例如，可以运用各类文化形式，组织开展形式多样的纪念庆典活动，生动具体地表现主流责任价值取向。在日常活动中增强人们对责任品质的认知和内化，形成有利于培育完整责任品质的生活情境和社会氛围。

二 责任教育主体间性原则

日常生活中的公民责任教育是一种以交往实践为基础的交互性活动，教育主客体之间不是传统"主体—客体"的关系模式，而是主客体地位平等且互为主体的关系模式。人类认识自身是在认识世界的过程中逐渐形成的。随着人类社会的发展，人的主体意识越来越强烈，尤其是现代科学技术的进步将人类足迹发展到了世界以外的空间，更增强了人类作为自我主体的主观能动性。交往关系中每个人都是独立的主体，个人在交往关系中不断地发展自我、表现自我、实现自我。

在日常生活中，公民责任教育要始终坚持责任教育的主体间性原则，在大力发挥教育者主导作用的前提下，充分挖掘受教育者的主体性地位。首先，责任教育者和受教育者在相互尊重的基础上，具有平等的主体性地位。平等地位是责任教育交往实践得以可能的前提条件。如果教育者和受教育者在最初进入教育实践时地位不平等，那么教育实践则不具备交互性，教育过程单向且受教育者的主动性被遮蔽。其次，建立在交往理性基础上，教育者和受教育者要相互理解、相互对话。责任教育的过程就是教育者和受教育者通过对话，对责任认知、责任情感、责任意志和责任行为达成共识的结果。最后，教育者和受教育者要主动发挥主观能动性，以促使完整责任品质的形成。

　　主体间性原则在公民责任教育的具体运用上需要注意以下几个问题：一是要建立主客体间的互主体意识，这是保证教育者和受教育者地位平等的思想前提。教育者和受教育者都必须意识到每个人都是个人生活的主宰者，有独立的思想，能够自由选择行为方式。教育者和受教育者只有建立了互主体意识，才能摒弃责任教育过程中可能存在的"话语霸权"，为教育交往行为构建一种平等、开放、流动的"思想场域"，即使出现不同观念的思维碰撞，也可以保持平等的交往地位，进而达成教育共识。二是主体间地位虽然是平等的，但也存在差异。日常生活中，责任教育者和受教育者具有同等的主体地位并不代表两者之间不存在差异。地位平等以入场人格平等、话语权平等以及思维能力平等为主要表现形式。而两者之间的差异也是不能忽视的：一方面，教育者与受教育者在各自日常生活中承担着不同的社会角色，由年龄、阅历差异引起的心理结构差异是不能忽视的；另一方面，责任教育者和受教育者在责任知识的占有上存在多寡。因此，地位的平等不能掩盖事实上的差异。教育者要根据受教育者的个体差异，尊重并优化受教育者的心理状态和认知层次，不能以"势"压人，更不能以"欺骗"的方式获得认同；受教育者不能滥用其平等话语权，挑战知识的权力。三是教育者是教育交往实践的"主导者"，而非"主宰者"。教育者的"主导作用"体现在：主导发起交往行为、主导沟通、主导交流以及主导达成共识。教育者要从外在于受教育者情感体验的角色转化为与受教育者情感共存的角色；从主导行为转化为主导情感，在新的"主导作用"中，发挥教育主体间性原则。

三 责任教育的开放性原则

日常生活中的公民责任教育应该遵守开放性原则。首先，开放性是日常生活的本质特征。日常生活包罗万象、面面俱到。开放的日常生活朝气蓬勃，充满了可能和潜能，期待人们去探索、去开拓。如果人们在自己生活范围内故步自封、因循守旧，只会造成个人的停滞不前，甚至会影响个人的生存命运。在日常生活中，责任教育必须坚持开放性原则，汲取日常生活的新鲜养分，永葆责任教育的生命力。责任教育开放性包括开放性的教育理念和开放性的教育手段。只有保持不断开拓创新的发展理念和教育原则，公民责任教育才能有更为广阔的发展可能性和实效性。其次，开放性是公民责任品质形成的内在要求。人的责任存在于人与世界的交互关系中，封闭的环境无法造就完整的责任品质。因此，要用长远的理论视野和多样化的责任实践丰富日常公民责任教育活动，培养结实可靠的责任品质。最后，在现代社会条件下，责任教育过程需要具备开放性特征。责任教育本质是一种交往过程，是教育者与受教育者针对如何获得责任品质展开的交互活动。封闭化的责任教育过程不仅带来责任教育主体之间无效的、滞后的交往和沟通，还会造成责任教育实效性不济的后果。保守、守旧的思维方式终将被时代淘汰。新时代的时代精神就是改革创新。创新思维、开放理念始终是日常生活中公民责任教育需要秉持的教育原则。

需要强调的是，在信息大爆炸的时代，日常生活的开放性在给公民带来机遇和希望的同时，也会形成挑战和困惑。开放的日常生活被各种各样的社会思潮和专业信息充斥着，这中间不乏存在消解主流意识形态话语权的观点。这要求公民具备识别真伪、善恶、美丑的能力。不能因循守旧、一味排斥和简单否定不同观点或新鲜事物，更不能人云亦云、偏听偏信；应是在客观分析正反信息的基础上，有选择性、有针对性地汲取、采纳符合社会发展需要、顺应社会发展潮流的有效信息。对责任教育而言，要求教育主体具有明辨责任要求的能力，以国家主流意识形态话语为导向，鉴别、甄选优秀的责任内容，选择积极向上的教育素材，以完成公民完整责任品质的培育。

日常生活具备开放性意味着日常生活总是充满了新事物、新发展，也会出现新的特征。这就要求责任教育者善于运用开放性思维解决受教育者的责任困惑。例如，日常生活中，在集体主义与利己主义的思想冲突下，责任迷茫成为人们日益频繁的思想状态。社会实证调查显示，人们的责任认知处于较高水平，但是责任行为却相对滞后。责任认知与责任行为存在偏差的很大一部分原因来自社会新生事物。老人跌倒，出于同情扶起来，换来的却是无端的责任追究。这种无法预料的不利后果，成为阻止人们践行责任行为的心理障碍。人们对责任认知的迷茫在新生社会现象中越来越强烈。对于人们的这些责任迷茫，责任教育者可能无法简单地下一个结论，给出一个绝对性答案。因为这样会割裂人们的责任认知和个人体验，阻断了责任品质形成的日常生活通道。既然生活是开放的，就应该用开放性的视野和交往关系为公民提供更多体验和实践的机会，让受教育者在生活中感悟，在生活中消解迷茫。当然，鼓励公民在实际生活中探寻答案并不是将个人推到危险的边缘，而是让公民在自我保护的前提下检验迷惑，打消公民对不良后果的顾虑，从而让公民在开放的生活中真正地获得责任品质。

第二节 日常生活中公民责任教育的方法

在当今这样一个生活方式、价值取向、责任观念、文化情境越来越多元化的时代，探索多元化的责任教育方法尤为重要。本书认为在日常生活中，公民责任教育的具体方法可采取以下几种：商谈教育法、角色体验法、故事叙述法和实践教育法。但不限于此。这些方法比起传统公民责任教育的方法更贴近公民的日常生活和行为规律，具有可操作性和强实效性。

一 商谈教育法

日常生活中的责任教育时常发生在责任意识模糊或是冲突的教育主体之间，要想使教育者与被教育者之间达成责任共识或者使受教育者接受责任教育内容，完成责任教育目标，商谈教育方法不失为解决责任观念争端或分歧、寻求理解一致、达成责任共识的一种有效的教育方法。

（一）公民责任商谈教育的基础——"交往行为"

公民责任的"商谈"教育要从"交往行为"论起。马克思主义的交往实践理论对主体之间的交往行为进行了详细的论述，在批判资本主义主体"异化"关系基础上，阐述了交往实践应该遵循主体自由全面发展的终极目标，采用主体间性的交往实践模式。之后，哈贝马斯在马克思批判资本主义视域下，对交往行为进行了系统化的阐述。哈贝马斯的交往行为理论是在揭示资本主义"异化"的人际关系背景下产生的。从人与人交往形式上看，"异化"的人际交往问题主要表现为三个方面：一是人们的交往动机出现异常状况，交往动机被物化和利益化；二是交往的风险性增强，由于缺乏真诚导致人际之间的不信任与猜忌；三是人们交往的空间被不断挤压缩小，经济、科学、政治等公共领域的空间不断扩大，挤压并吞噬着人们赖以生存的生活空间。

在这样的背景下，哈贝马斯提出了自己的交往行为理论。哈贝马斯将人类的生活世界分为主观世界、客观世界和社会世界三种类型。社会世界又包括制度世界和生活世界两种。在行为主义的影响下，以行为的合理性和与世界系统的关联性为基点，哈贝马斯将人的行为分为四类①：目的行为、规范调节的行为、戏剧行为和交往行为。前面三种行为都不同层次地压抑着人的主体性，或者使人变成一种社会符号而异化为某种工具。只有第四种交往行为能让行为主体的主体性在"客观世界""主观世界"和"社会世界"中都得到体现，更符合合理性的要求。公民责任教育作为一种交往行为，是建立在教育者主客体之间，用沟通、交流等手段进行有关责任关系的互动。公民责任教育与哈贝马斯的"交往行为"具有高度的内在契合性。

（二）公民责任商谈教育的有效性要求

日常生活中的公民责任商谈教育法怎样能够在教育者和受教育者之间有效运行？根据哈贝马斯对"交往行为"的解释与理解，"交往行为"具有三个有效性特征：真实性、准确性和真诚性。公民责任商谈教育作为一种"交往行为"就必须遵循这三个有效性特征。

哈贝马斯在交往行为理论中详细论述了三个有效性主张②：

——所作陈述是真实的（甚至于只是顺便提及的命题内涵的前提实际上也必须得到满足）；

——与一个规范语境相关的语言行为是正确的（甚至于它应当满足的规范语境自身也必须具有合法性）；

——言语者所表现出来的意向必须言出心声。

也就是说，交往行为参与者，"要求其命题或实际前提具有真实性，合法行为及其规范语境具有正确性，主体经验的表达具有真诚性"③。公民责任商谈教育同样要具备语言的正确性、表达的真实性以及沟通的真诚性。

首先，责任教育交往中的语言要具有正确性。责任教育的交往行

---

① ［德］尤尔根·哈贝马斯：《交往行为理论：第一卷 行为合理性与社会合理性》，曹卫东译，世纪出版集团、上海人民出版社2004年版，第83—85页。
② ［德］尤尔根·哈贝马斯：《交往行为理论：第一卷 行为合理性与社会合理性》，曹卫东译，世纪出版集团、上海人民出版社2004年版，第100页。
③ ［德］尤尔根·哈贝马斯：《交往行为理论：第一卷 行为合理性与社会合理性》，曹卫东译，世纪出版集团、上海人民出版社2004年版，第100页。

为以语言为依托,语言是交往行为最基本的媒介。因此,语言的正确性是交往行为得以成功的重要依据。语言的正确性要求教育交往过程中所使用的语言不能只是独白式、叙述式的形式语言,而应该是对话式、沟通式的交流语言。在责任教育的交往过程中,如果教育者只注重表达自己的责任观点或教育内容,不以获得受教育者反馈性和交互性信息为目的,那么教育交往行为将不符合交往行为的有效性规则。也就是说,语言的正确性是责任教育有效性的必要条件。语言使用不正确会导致责任教育的无效,培养完整的责任品质更无从谈起。

其次,责任内容的表达要具有真实性,即是一种真实的责任命题。一个命题是否是真实的,哈贝马斯认为,要看这个命题是否拥有一个可以实现的条件环境。而这个实现条件的判断就依赖于交往者的交往理性。交往理性是在批判工具理性的基础上得出的,它不是单纯的"主体—客体"的一种思维施加过程,而是"主体—主体"的思维辩证过程,即"主体间性"。其一,进入责任教育的交往实践后,教育者与受教育者都要具备交往理性,要以承认对方主体性存在为基础,要理性对待双方的主体性地位。教育者和受教育者的"主体间性"是责任商谈教育有效性的要求之一。教育主客体只有具备"主体间性"特质,责任教育内容才是一个真实的责任命题,才能从责任教育设计阶段进入责任教育实践阶段。其二,责任教育者要针对受教育者的责任要求和责任状态设定一个真实的责任命题。例如,对一个无行为能力的人讲法律责任,则超出了责任命题有效性范畴。命题不真实,导致结论无效。

最后,教育交往中的沟通要具有真诚性即交往理解。哈贝马斯认为理解是交往行为的核心要素,是交往行为能否顺利进行的关键所在。日常生活中的公民责任教育需要教育者与受教育者具备相互理解的能力,即真诚性。其一,在教育交往即教育协商之前,要对教育主体自身的责任认知情况进行评价和了解,对现实日常生活场景中存在的责任品质要求进行判断和识别。其二,对客观存在的责任认知偏差以及责任认知分歧要进行充分的沟通和交流。所谓充分的沟通和交流是在平等的沟通氛围中听取各责任教育主体的意见和想法。其三，对商谈教育的责任内容在充分交换意见和思想碰撞之后，达成共识。需要注意的是，在责任商谈教育的过程中要运用对方所能理解的交往语言、表达方式，否则会造成教育交往的失败和无效，进而影响公民完整责任品质的形成。

二 角色体验法

角色体验法指的是通过受教育者实际担任特定情境和特定要求下的社会角色，体验这一角色所需承担的责任内容，使受教育者在亲身感受中形成责任认知，在情感体验中激发责任情感和责任意志，在行为实践中养成责任行为习惯的教育方法。在日常生活中，社会对公民的责任要求根据公民承担的社会角色的不同而有所不同。责任与社会角色有着天然的内在联系。公民体验角色的过程也是公民体验责任的过程。这种通过体验角色生活而获得不同责任认知的方法是一种以"跳脱自我"的视角来审视责任的教育方法，具有虚拟性、客观性和预测性。虚拟性体现为受教育者在体验角色的责任内容时，其实是以角色带入的方式参与到责任实践中的，因此，所履行的责任并非真实的自我责任，而是角色设定的责任要求；客观性体现在受教育者体验角色的责任内容之后的信息反馈是以第三人的角度获得的，更具有客观性。信息反馈可以是对角色责任积极的认知，也可以是消极的认知。由于是跳脱主观思维去评价角色责任承担的效果，受教育者更能找到问题所在；预测性指的是受教育者通过对设定角色的责任内容进行体验，可以对自己现实生活的责任有预测性认知。随着人的成长，人的角色是在不断发展变化的。履行当下角色中的责任要求也是对未来特定时期真实责任要求的提前演练。

角色体验法运用的关键在于受教育者要有一定的角色意识。也就是说，受教育者对该角色设定相关的权利、义务和责任（即"分内事") 具有一定的共情能力, 能够准确把握社会对这一角色的责任要求及期望。这是角色体验法能否有效施实的前提条件。正确的角色意识可以帮助受教育者更好地完成角色设定的责任要求。反之, 则会导致失败的角色体验: 不仅没能体验角色的责任要求, 也无法从角色体验中完成责任教育的目标。因此, 教育者要根据受教育者的角色意识程度安排体验活动。

例如, 在家庭场域中, 家长可以设定情境, 安排小孩进行角色互换的责任体验。通过日常观察父母的责任行为, 小孩对父母的角色意识有一定了解, 在角色体验过程中, 会主动进入角色要求, 履行家长的照顾责任。角色体验可以让小孩设身处地地回忆以及思考家长在养育自己的过程中所做的每一件事。大到困难坎坷的解决方法, 小到端茶倒水的生活细节, 这些人生体验是学校责任教育乃至国家责任教育都无法给予的。角色体验法是培养小孩承担家庭责任最直接、最有效的教育方法,"是走向鲁洁教授所深情倡导的'人对人的理解'的一种努力"[1]。

又如, 在社区场域中, 轮渡做社区管理人员或是服务人员是公民有效承担社会责任的体验教育方法。社区管理人员和服务人员是设定的角色, 其角色责任内容是服务社区共同体中的他人以及维护公共设施。公民生活在社区共同体中, 轮渡管理社区既是公民的一项社会权利, 也是公民要承担的一份社会责任。设置社区角色为公民体验参与社会管理提供了一种可能和尝试。通过这一角色的体验, 公民更能理解社区是大家的社区, 环境是大家的环境, 让公民具备更多的公共意识和责任意识, 更加尊重大家的公共权利和配合社区的公共事务, 在个人体验中学会与人相处的同时, 提高公民的社会交往能力。角色体验活动结束之后的评价工作也很重要, 正面评价可以激发公民责任情

---

[1] 侯晶晶:《班组串换制实验提升道德教—学实效性的十项机制分析》,《教育研究与实验》2005 年第 3 期。

感和责任意志的生成，负面评价可以促使公民进行责任反思。

三 故事叙述法

故事叙述法是指教育者通过讲述和叙述具有责任教育价值的经典或个别、现实或虚拟的故事，利用故事的感染力促进公民责任品质各要素的形成和发展。日常生活中，责任教育最本质的内在要求是贴近生活、贴近事实、贴近个人。逼真、鲜活、生动的责任故事是个人日常生活实践的提炼和总结，可以使受教育者具有深刻的"在场感"。随着故事情节走势的发展，受教育者自觉沉浸在故事氛围中，将故事主人公的情感曲线带到自我情感体验中，从心理上产生情感共鸣，进而引发责任品质各要素之间的内化和外化过程。故事之所以具有强烈的感染力在于：一方面，通过讲故事可以在讲述者与受众之间建立起一座沟通的桥梁，通过故事将两者联系在一起，产生情感联结和思维共鸣；另一方面，人们总是把对美好生活的希望和向往寄托于故事中，用艺术审美的情绪倾听不同的悲欢离合。这个过程中，人们的心理是放松的，情绪是饱满的，因而更容易受故事的感染，强化自身情感知。

善讲故事是古今中外名人雅士传播政治主张、伦理思想、道德观念及教育原则的重要方式。我国优秀传统文化不少是通过讲故事的形式代代相传下来的。这些故事历久弥新、穿越时空，影响着一代又一代中华儿女的道德情操和思想观念，是我们重要的传统文化基础。例如，在孔子与其弟子的对话中总能看到一个个生动的故事，用简单的故事阐明深奥的人生哲理。毛泽东在党的七大闭幕式上用"愚公移山"的故事鼓励中国革命事业坚持下去，以获得人民大众的美好生活。习近平总书记更是讲故事的大家，他讲的故事具体而生动、通俗而深刻，洋溢着"中国智慧"和"中国力量"。

例如，习近平总书记用小时候学习"精忠报国"的故事，阐述了他一生追求的目标。

我看文学作品大都是在青少年时期，后来看得更多的是政治类书籍。记得我很小的时候，估计也就是五六岁，母亲带我去买书。当时，我母亲在中央党校工作。从中央党校到西苑的路上，有一家新华书店。我偷懒不想走路，母亲就背着我，到那儿买岳飞的小人书。当时有两个版本，一个是《岳飞传》，一套有很多本，里面有一本是《岳母刺字》；还有一个版本是专门讲精忠报国这个故事的，母亲都给我买了。买回来之后，她就给我讲精忠报国、岳母刺字的故事。我说，把字刺上去，多疼啊！我母亲说，是疼，但心里铭记住了。"精忠报国"四个字，我从那个时候一直记到现在，它也是我一生追求的目标。①

习近平总书记用自己的亲身经历讲述了一个将国家命运与个人紧密联系在一起的励志故事。"岳母刺字""精忠报国"的历史故事，我们已经非常熟悉。但却很少听过国家领导人是如何将国家命运与个人联系在一起的。习近平总书记用讲故事的方式，将"旧故事"带出了"新效应"，让我们贴近了生活，贴近了责任。

日常生活中，故事叙事法在责任教育中的运用要注意两点。首先，故事选择上要尽量以优秀的、真实的人物事迹为主要来源。一方面，具有高尚责任品质的优秀人物事迹蕴含了积极向上的责任思想和责任内容，对公民自身责任品质的修养具有强烈的示范作用。以优秀人物事迹为题材的故事叙述可以净化公民的责任思想氛围，提升公民的责任认知层次。另一方面，真实的人物事迹是一个有血有肉、完整健全的人物故事，具有广泛的群众基础，是人民群众喜闻乐见的生活元素。故事能否激起人的情感共鸣，在很大程度上取决于人物事迹是否真实发生。只有体现真实生活、真实思想、真实情感的人物事迹才

---

① 人民日报评论部：《习近平讲故事》，人民出版社2017年版，第93页。

能让公民与自我生活建立联结，进而被观念同化、情感同化。

其次，运用故事叙事法要符合与时俱进的时代特征。日常生活中，责任教育者可以采用多样化的故事叙述形式。口头叙述是日常生活中讲故事的最基础形式，教育者通过语言的中介作用将故事内容讲述出来。除此之外，教育者可以利用可视化技术手段，将故事叙述形式多元化，例如通过可视化的图像技术或音频、视频相结合的方式将故事叙述出来。生动多样的故事叙述形式可以第一时间抓住受教育者的眼球，提高故事叙述内容的关注度，进而由形式带动内容，使受教育者对责任故事产生兴趣。兴趣是第一大老师。有了兴趣，就有了内动力；有了内动力则会产生需求，进而引起责任品质各要素的形成和发展。

四 实践教育法

实践教育法是一种通过实践活动或实践行为培养受教育者完整责任品质的教育方法。实践教育法的理论基础是马克思历史唯物主义的实践观。马克思提出实践是人类生活的基础，是解决社会生活一切问题的合理方式，并且人类思维的真理性需要通过实践得以证明。除此之外，语言作为人类实践的中介也是实践的。

教育学家杜威认为，日常生活中的实践经验是教育的基础。公民可以通过两种途径获得知识：一是从与教育者的直接对话中学习知识；二是从所参与的实践活动中学习知识。其中第二种方式称为伴随学习，即伴随实践活动进行的学习。他认为，实践活动不仅可以让受教育者获得传统课堂教育无法企及的日常生活经验和技能，还为受教育者提供了把日常生活经验和技能应用于各种实际生活场景的机会。不仅如此，杜威还深信，引导公民将日常生活经验和常识性知识用来发展他们的社区，是培养负责任公民的重要渠道。

在杜威经验学习理论的基础上，20世纪80年代，服务学习法在美国公民教育中开始盛行并迅速发展，成为美国实践教育方法中的重要组成部分。它是通过学校和社区的合作,将课程与社区服务相结合的一种公民教育实践方法。在社区服务过程中,公民可以获得适应社会发展的社会责任品质,同时也可以提高解决问题、与其他成员协作配合的社会能力。服务学习法的主要目标是培养满足社会需要的、可以承担社会责任的社会公民。服务学习法作为实践教育法的一种对提高公民社会责任意识,强化公民社会责任感具有明显的积极作用,主要体现为:参与服务学习的公民开始关注他人的福利以及对他人的责任。有调查显示,94%的参与服务学习的公民懂得怎样与同伴和教师相处得更好,以及怎样在一个集体中工作得更好[1],也即懂得如何在集体中生活,这是培养社会责任感的前提和保障。20世纪八九十年代以来,北美社会中青少年与社区关系日渐疏离,引发了美国教育界与理论界的广泛关注。为了解决这一问题,许多学校开始强调向学生提供参与社区服务的各种学习与活动。有教育家提出,要想增强青少年作为一名合格公民的责任感和归属感,社区服务是最行之有效的途径和方式[2]。这种学习旨在将课堂中的学术知识转化为直接的服务体验,让学生在为学校或社区服务的真实体验中,获得个人对责任知识的更深层次的理解。[3]

　　服务学习法作为美国本土的责任教育实践对中国的责任教育具有一定的可借鉴价值。一方面,从根本上说,服务学习法符合我国"与生产劳动相结合,与实践相结合"的教育方针,只不过在具体组织公民进行社会服务和实践活动方面会有差异。另一方面,在日常生活中,社区是与公民联系最为密切的最基本的社会组织,在社区中实行服务学习法具有一定可操作性和现实性。只不过,当前还

---

[1] 单玉:《"服务学习"(SL)与负责任公民的生成》,《外国中小学教育》2004年第3期。

[2] J. Kahne and J. Westheimer, "In the Service of What? The Politics of Service Learning", *Phi Delta Kappan*, Vol. 77, No. 9, 1996, pp. 593–599.

[3] J. J. Cogan and R. Derricott (ed.), *Citizenship for the 21th Century: An International Perspective on Education*, London: Kogan Page, 2000, p. 71.

没有完全形成全社会共同参与的氛围和意识。随着责任教育实践的深入发展，服务学习法将会成为今后日常生活中培养公民责任品质的主要方法。

学无定法，教亦无定法。在日常生活中，公民责任教育的方法有很多种，不限于书中所阐述的这四种。责任教育者可以针对不同的受教育群体或个体，采用其中一种方法或与其他方法相结合使用；还可以通过观察日常生活中存在的潜在的教育契机，适时调整教育方法以适应具体的责任教育内容。日常生活中，培养公民完整责任品质的教育活动是一个开放的、有机的、系统的工程，是一项具有无限潜能又瞬息万变的事业。因此，责任教育主体需要具备无限的教育激情和智慧，发现更多的微观教育方法。

第三节　日常生活中公民责任教育的途径

日常生活中，公民责任教育的途径是公民责任教育的原则方法和具体方法在不同场域、不同条件下的具体应用。

一　参与式社区责任教育

参与式社区责任教育指的是采用参与式的社区教育模式在社区中开展责任教育，是一种公民责任教育实践在社区场域中的具体实现形式和途径。社区教育模式指的是"意在巩固城市基层政权建设，提高居民综合素质，加强社区整合力、向心力、自治力的社区各级各类教育的统合、运作机制和工作方略"[1]，包括社区教育的组织形式、管理体制和运行机制。参与式的社区公民责任教育就是利用现有社区教育模式的优势，提高公民在社区责任教育中的参与度，使公民在参与中获得完整的责任品质。

---

[1] 黄焕山、郑柱泉主编：《社区教育概论》，武汉出版社2005年版，第64页。

(一) 我国社区教育模式的本土经验

1. 地域体制模式

社区教育的地域体制模式，是以区（县）或街道（乡、镇）为主体的社区教育管理体制模式。这种地域体制模式的社区教育是由政府以及政府相关部门主导，以行政力量为推动力，在社区范围内开展的教育活动，具有高权威性、强统筹性以及广覆盖性的优势。这是国家制度化、体制化社会生活融入公民日常生活的主要途径和渠道。

2. 辐射型体制模式

社区教育的辐射型体制模式是以学校为主体（中心），由社区、学生家庭联合组建而成的社区教育管理体制模式。这种辐射型体制模式主要包括两种形式：一是以学校为主体，形成"学校—社区"双向服务的多渠道、多形式的社区教育委员会体制模式；二是以学校为主体，形成"学校—家庭—社会"三方结合的社区教育管理体制模式。

3. 实体型体制模式

社区教育的实体型体制模式是以社会教育实体为主体（如社区学校）主导区域性社区教育活动的社区教育管理体制模式，包括文化性、职业性、专业性社区教育[①]。社会教育实体主要包括两种形式：一是正规形式的社区学校；二是非正规形式的社区培训中心、学习中心等。这种实体型体制模式的社区教育具有形式灵活、内容丰富、时间自由等特点，对建立学习型社区具有促进作用。

(二) 社区责任教育活动的日常参与规划

无论哪种模式的社区教育，都离不开教育主体的深度参与。日常生活中社区责任教育需要通过公民的自主参与，建立一种参与式社区教育模式。什么是参与？参与是否等于简单的出席呢？有学者指出：

---

① 黄焕山、郑柱泉主编：《社区教育概论》，武汉出版社 2005 年版，第 76—77 页。

"参与绝不等于形式上的出席……参与实际上包括着更广泛的内涵。"① 社区中的日常责任教育要建立一种参与式教育模式，让公民深度参与到日常社区责任教育的活动中。这不仅仅是空间和地域范畴的简单出席，而是对教育活动中各种物质和精神要素进行全程跟踪和选择决策的过程。

公民参与社区责任教育模式的运作程序包括以下几点：

第一，责任教育参与者通过实际观察掌握社区基本情况，包括对责任内容和规范的认知以及对自我内在责任需要的评估。这样既可以增强参与者对社区全面化、系统化、条理化的理解，同时还可以借助其他人的阐述了解社区情况。参与者对社区责任基本情况的了解和掌握，是开展社区责任教育的前提和基础。

第二，在了解社区责任基本情况的基础上，责任教育参与者分析社区中存在的责任认知偏差和不当责任行为问题。第一步，尝试描述社区中存在的缺乏责任意识的现象和现状。第二步，尝试分析这类缺乏责任意识的行为发生的原因。第三步，提出改变这种缺乏责任意识行为的有效途径。第四步，展望社区发展中责任行为的目标和要求。

第三，确定社区责任教育目标及责任活动计划。在参与者已经对社区基本情况有所了解，并对社区发展中需要的责任行为的问题和现状进行分析以后，指引参与者确定社区责任发展目标，包括目标归类、分析删除、排序等几个环节。

第四，制定完善的责任活动计划。例如，在社区中开展社区管理人员一天式体验参与活动。让社区责任教育的参与者进行为期一天的社区管理人员工作体验，真正了解作为社区成员需要履行的责任。

第五，参与者总结体验感想和完善意见，并在社区范围内进行宣

---

① 叶敬忠、陆继霞：《是参与还只是出席？——对"参与"的理解》，载叶敬忠、李小云主编，詹姆斯·莫瑞·唐纳德·麦克菲副主编《社区发展中的儿童参与》，中央编译出版社2002年版，第34页。

传和展示。鼓励参与者把自己的参与体验与其他人交流，以增强和扩大参与式社区责任教育的影响范围和感染力。可通过以下几种途径：一是让参与者在家庭场域内把自己的想法与家庭成员进行交流，这个过程也是公民责任再教育的过程；二是把参与者的想法在特定时间、特定地点展示给社区其他人看，可以是面对面形式的语言交流，或者以海报张贴的方式展示。

第六，把参与者的心声、想法融入下一次的社区责任教育中，使社区责任教育得到良好的循环发展。

二 弘扬家训、家风中的优秀责任文化

家庭是组织开展日常生活的重要场域。日常生活中的责任教育要挖掘和弘扬传统家庭文化中优秀的家训、家风责任思想。

（一）挖掘家训文化中的责任内涵

家训，又称家诫、家规，指的是在一定社会背景中逐步形成的，由家族成员共同遵守并代代相传的成文或不成文的礼法、仪规、戒律、条例、行为规范。家训是中国家庭传统文化中最具特色的组成部分和内容形式，其作用和功能是规定和约束家庭成员的行为，调节家庭内的人际关系。传统家庭文化中的家训涉及日常生活的衣食住行、饮食男女、婚丧嫁娶、礼尚往来、道德礼仪、财产继承等各个方面，在社会规范中具有很强的权威性。从西周开始，一些大家族极力完善和丰富家训的内容和形式，形成系统性的成文规范。如周公作《多士》《无逸》以告诫子孙后世在治理国家时不可骄奢淫逸。之后，家训类成文规范不绝如缕，如西汉司马谈的《命子迁》、曹操的《遗令》、诸葛亮的《诫子书》、颜之推的《颜氏家训》、张英的《听训斋话》、张履祥的《训子语》以及朱柏庐的《朱子家训》等。家训不仅包括书面形式，也包括不成文的口头形式。

中国传统家训文化中蕴含着丰富的责任内涵。自初汉起，各门各户无不重视家训在塑造子孙后代责任品质的重要作用，其中不但包含

"修身""齐家"等个体层面的责任思想,还包括对"天下"集体和国家的责任担当。中国历史上第一部内容丰富、体系庞大的家训[①]《颜氏家训》中,关于教子、治家、立身、处世、为学等方面都蕴含了丰富的责任思想。例如,在《教子篇》中,提出了父母负有尽早实教于子女的责任,"当及婴稚,识人颜色,知人喜怒,便家教诲,使为则为,使止则止"[②];任何人都需要不断地学习以完善自我,"所以学者,欲其多知明达耳"[③];后人要尽守社会责任,做对国家、社会有用的人,"士君子之处世,贵能有益于物耳,不徒高谈虚论,左琴右书,以费人君禄位也"[④];等等。无论是何种形式的家训,在责任品质塑造中都坚持多维责任品质相结合、情感感化与家规约束相结合、言传和身教相结合的原则。在这些原则指引下,传统家训中的责任规范和要求成为历代家庭约束成员思想和行为的重要手段,并代代相传,持续不断地发挥着调节社会责任伦理和塑造社会责任价值观的重要作用。不仅如此,他们还非常注重将家训中的责任要求融入日常家庭生活的运作过程中,使其成为一种家风,潜移默化地影响家庭成员的行为举止。

  运用好富含责任内涵的家训教育途径是丰富公民责任家庭教育的重要一环。首先,要注重传统家训教育与公民责任教育的同构工作。传统家训文化中的责任内涵脱胎于中国封建社会的传统文化,不可避免地带有封建家庭伦理思想的烙印。公民责任在新时代背景下被赋予了新的时代要求和历史使命。这两者所处的时代境遇截然不同,但就其本质而言,都是育人、树人的重要途径。因此,运用传统家训的责任教育形式丰富新时代公民责任教育的实践路径时,需要做好两者之间价值同构与内容同构的工作。具体而言,一方面要挖掘传统家训责

[①] 《颜氏家训》,叶玉泉译注,岳麓书社2016年版,导言1。
[②] 《颜氏家训》,叶玉泉译注,岳麓书社2016年版,第5页。
[③] 《颜氏家训》,叶玉泉译注,岳麓书社2016年版,第92页。
[④] 《颜氏家训》,叶玉泉译注,岳麓书社2016年版,第172页。

任文化的核心价值观念，筛选符合当前社会主义核心价值体系的优良责任价值取向，甄别传统家训中责任价值的古今之别，使其在价值理念上与新时代公民责任教育同构；另一方面要对传统家训文化中具体的责任内容进行"取其精华、去其糟粕"的扬弃工作。传统家训中的责任内容不仅蕴藏着"老吾老以及人之老，幼吾幼以及人之幼"，以及"尊老爱幼、男女平等、夫妻和睦、勤俭持家、邻里团结"等优秀责任内容要求，也包括带有浓郁封建色彩的"三从四德"等责任规范。新时代公民责任教育在运用传统责任家训文化时，要摒弃那些不符合当前社会发展的责任规范和责任要求，弘扬积极、正确的责任内容。

其次，要关注传统家训形式的现代转化工作。中国传统家训文化扎根于世代流传下来的经典文本资料，如周公作的《多士》《无逸》、司马谈的《命子迁》、曹操的《遗令》、诸葛亮的《诫子书》、颜之推的《颜氏家训》、张英的《听训斋话》、张履祥的《训子语》以及朱柏庐的《朱子家训》等。近年来，这些经典家训之作受到包括中华书局、中州古籍、崇文书局在内的多个优秀出版社的关注，累计出版上百万册之多。这不仅为我们了解传统家训文化提供了历史资料，也为新时代家训文化的丰富和发扬起到了推波助澜的作用。需要强调的是，这些经典家训之作距今多的有三千多年历史，少的也有三四百年之久。其中的文字文法、断句语义都以一定的社会历史传统为背景，与现代的日常生活场景和活动相去甚远。在学习和理解传统家训的责任文化过程中，会给读者造成一定的技术制约和文本困扰，导致不爱读或读不懂的后果。因此，关注传统家训文化的现代转化工作还需要解决文本翻译和内涵解读的形式转化问题，使古今家训责任文化形成有效对接。

（二）重视家风建设中的责任精神

所谓家风主要是指一个家庭乃至整个家族世代相传的生活作风和价值准则，体现了家庭成员的精神风貌、道德水平以及品质气质等。

在家风所调整的范围内，家庭成员具有相同的行事交往风格。家风与家训不同，其作用发挥源于一种不成文的隐性约束力，看不见摸不着却对家庭成员的价值判断和行为选择形成强烈、稳定、持久的制约和规范作用，是一个家庭共同文化的集中体现。

首先，以情感为依托，强化家风的责任教育途径，营造"负责任"的家庭风气。家是人的情感归宿，家风中蕴含着丰富的感性因素。自党的十八大以来，习近平总书记曾多次在不同场合强调家风在社会各个方面的重要作用，用优良家风净化社会风气。2013年10月，习近平总书记在全国妇联新一届领导班子成员集体谈话中指出："千千万万个家庭的家风好，子女教育得好，社会风气好才有基础"，强调妇女在家风建设以及家庭教育中的核心地位和重要作用。家风是社会风气的基础要素，只有好的责任家风，全社会才会有好的责任风气。2014年3月，习近平总书记在兰考会见焦裕禄子女时，曾夸奖焦裕禄家庭的"好家风"。焦裕禄二女儿对总书记坚定地说："我们一定继承好父亲的精神，把家教家风一代代地保持传承下去。"2015年春节团拜会上，习近平总书记用一首家喻户晓的《游子吟》诠释了家庭建设、家风建设的重要性。他用真切的情感触动了无数人民的心弦，尤其在春节这个对中国人来说具有特殊含义的节日里，给广大人民上了一堂深入人心的爱家、爱国的思想课。

其次，以制度为导向，完善党员领导干部的家风建设规范，促进全社会的责任效仿。家风建设不仅仅是一项道德任务，对于党员领导干部来说更是一项政治任务。2015年10月修订颁发的《中国共产党廉洁自律准则》中将"廉洁齐家，自觉带头树立良好家风"首次写入党员干部廉洁自律规范中，倡导党员领导干部加强家风建设，构建和谐家庭关系。2016年，习近平总书记分别在十八届中央纪委六次全会和中国共产党第十八届中央委员会第六次全体会议上强调要将家风建设与领导干部的廉洁工作相结合，并且通过了《关于新形势下党内政治生活的若干准则》，要求"领导干部特别是高级干部必须注重家庭、家教、家风，教育管理好亲属和身边工作人员"，"禁止利用职权或影响力为家属亲友谋求特殊照顾"，从党内制度层面将领导干部的家风建设义务予以规定下来。

最后，以优良家风建设个案为范本，宣扬和倡导全社会对优良责任家风的效仿。2016年12月12日，我国举办了第一届全国文明家庭表彰大会。在会上习近平总书记盛赞代表们的事迹"温暖了人心，诠释了文明，传播了正能量，为全社会树立了榜样"。与此同时，他强烈"动员社会各界广泛参与，推动形成爱国爱家、相亲相爱、向上向善、共建共享的社会主义家庭文明新风尚"，在全国上下掀起一阵崇尚好家风、践行家庭责任的新浪潮。2017年3月5日召开了第十二届全国人民代表大会第五次会议，习近平总书记在参加上海代表团审议时了解到，上海奉贤区的"奉贤"之义源于当地人崇尚贤人的风俗习惯，再一次肯定了当地人民构建良好家风、民风的优秀传统。2018年春节之际，一个名为《牵妈妈的手》的短视频席卷网络。视频中习近平总书记牵着妈妈的手陪她散步的画面令人心生暖意，他身体力行地给广大人民示范了一堂生动的爱家、爱亲人的责任家风之课。

无论何种形式的家训文化，其最终目的都是构建良好、健康的家风，形成一以贯之的处世风格。在日常家庭生活场域，要善于运用家训和家风对责任教育的推动和指引作用，弘扬优秀家庭责任文化。"家风是社会风气的重要组成部分"[1]，"好的家风引领人向上向善，不良的家风却会败坏社会风气，贻害无穷"[2]。进行家风建设可以构筑公民完整的责任品质。在家庭内部，长者通过良好的责任家风将社会责任要求和责任价值判断内化为家庭成员自身的责任认知体系，在潜移默化和耳濡目染的家庭教育过程中形成责任情感、责任意志，进

---

[1] 中共中央党史和文献研究院编：《习近平关于注重家庭家教家风建设论述摘编》，中央文献出版社2021年版，第24页。

[2] 中共中央党史和文献研究院编：《习近平关于注重家庭家教家风建设论述摘编》，中央文献出版社2021年版，第25页。

而外化为责任行为。当一种责任行为习惯被养成，又会对家风中的责任规范形成巩固和强化作用，使其成为稳定的家庭风尚。因此，家风建设和责任教育相辅相成，互相促进。

在日常生活中，公民责任教育主体要善于挖掘家训、家风中优秀的责任文化内涵，运用家训、家风的育人途径，将责任教育融入家庭教育中，加快公民责任教育的家庭化、日常化和生活化。

三 利用好多样化的网络平台

随着互联网科技和智能技术的发展，网络生活成为现代公民日常生活的重要组成部分，并形成了一种有别于传统生活的生存方式和行为模式。从空间上看，网络生活场域是依托互联网技术搭建起来的"虚拟社会"。在这个包罗万象的"虚拟社会"中，人们通过电子设备的传输手段进行包括社交、娱乐、消费在内的日常活动；从时间上看，网络生活已经占据公民日常生活的大部分，并且这种渗透方式有不断加强的趋势，使得任何公民都无法游离于网络生活之外。截至2021年6月，我国网民规模已经达到10.11亿[①]。在日常网络生活中蕴藏着巨大的责任教育潜力和空间。具体而言，在日常网络生活中，社交活动、娱乐活动和消费活动是公民日常网络生活的主要活动方式。与现实日常生活一样，在网络日常生活中也存在着各种各样的公民责任问题，甚至由于网络的虚拟性和开放性，这样的责任问题潜藏着更为广泛的负面影响效应。如何使社会主义核心责任话语成为主导网络日常生活的主流话语，解决虚拟化、多样化的网络责任问题，成为公民责任教育的重要议题。本书认为，公民责任教育需要深入各种网络日常活动的运作方式和作用机制中，运用网络平台技术，将责任教育实践融入各种网络日常活动中，丰富公民责任教育的实践路径。

---

① 中国互联网络信息中心：第48次《中国互联网络发展状况统计报告》，https：//www.cnnic.net.cn/，2021年9月15日。

(一)优化网络社交平台,构建网络社交实践中的责任教育

网络社交活动指的是在日常网络生活中开展的人与人之间的交往活动,包括交友、分享、沟通等行为。网络社交活动依赖于网络社交平台的搭建。随着网络技术的不断发展,网络社交平台也在不断更迭换代。近年来,网络社交平台更是呈几何倍数的快速扩张,迅速占领了公民的网络日常生活。以微信、微博、短视频发布平台为代表的网络社交平台成为人们分享心情、交流情感、沟通往来的主要方式。与此同时,在网络社交平台上也不时会曝出惹人侧目的热点事件和焦点话题,不仅成为人们茶余饭后的闲谈聊资,更有影响主流价值观的趋势走向。其中,不乏具有争议性的责任事件和责任话题,使得网络生活中的责任价值取向出现背离社会主流责任价值要求的倾向,频繁出现不负责任的网络语言和网络行为。要想解决网络社交生活中的责任偏差问题,需要通过优化网络社交平台,包括平台准入制度和平台行为规范,明确网络社交主体规范使用网络语言和网络行为的责任标准。

通过网络社交平台进行公民责任教育具有一定的优势。在长期以来的责任教育实践中,基于一定的技术门槛和隐私要求,网络社交生活一直游离在责任教育的范畴之外,成为责任教育的"一块失地"。实际上,网络社交行为本身蕴含着大量的责任教育潜能。人们在网络社交的过程中通过表达、沟通、交流,有意识或是无意识地将责任价值倾向通过具体的语言和行为等外在形式表达出来。而且,在网络社交中,人们排除了因身份、地位、财富状态选择社交对象的可能性,使得大家都具有平等地、自由地表达观点和抒发意见的主体性地位。在这种自由、平等化社交状态中,人们更愿意接受具有相同经历的网络社交主体的责任价值输出。哈贝马斯在其交往行为理论中也阐释过平等主体之间通过对话式交往更容易达成交往共识的观点。网络社交平台恰恰提供了这样一个主体之间平等对话的交往通道。责任教育主体要重视构建网络交往的对话式沟通渠道,以完成责任教育实践,通过优化网络社交平台的准入

和行为标准提高日常生活中的公民责任教育实效。

(二) 完善网络娱乐平台，在网络娱乐生活中实现责任教育

日常生活中，网络娱乐生活成为现代人消磨日常休闲时光的主要方式。公民网络娱乐生活主要通过网络娱乐平台实现，主要包括网络视频站点（腾讯视频、爱奇艺、优酷等）、网络游戏平台、网络新闻站点、网络音乐、网络文学等形式的网络娱乐平台。近年来，网络娱乐技术迅速发展，日常网络娱乐生活的主体由年轻人向老年人蔓延，"网上冲浪"不仅是年轻人追赶潮流的生活方式，也成为老年人获得与社会联结的主要途径。网络娱乐生活受众之广可以从网络用户的人数和网络视频的点击量得以体现。中国互联网络信息中心（CNNIC）2021年9月发布第48次《中国互联网络发展状况统计报告》中显示，截至2021年6月，我国网民规模达10.11亿，较2020年12月新增网民2175万，互联网普及率达71.6%[①]。如此庞大的受众群体，蕴含着丰富的责任教育契机和教育需求，促使我们将责任教育的阵地由传统课堂扩展到虚拟网络。除此之外，网络视频以绝对优势占据了老百姓的日常娱乐生活。不仅是网络视频，网络新闻、网络音乐、网络文学等娱乐平台都拥有巨大的受众群体，平台上的一举一动都会引起不小的群体效应。因此，利用好日常网络娱乐平台的优势效应，尤其是网络视频平台，将责任教育实践与网络娱乐生活相结合，整合各方资源优势，在寓教于乐中完成公民的责任教育，提高公民责任教育的传播力度和实效性。

(三) 整合网络消费平台，在网络消费生活中进行责任教育

日常消费活动已经成为现代人日常生活中不可或缺的重要组成部分，成为人们维持自我生产与再生产的重要途径。网络消费活动通过一系列的网络消费平台得以实现。网络消费平台是一种基于移动互联

---

① 中国互联网络信息中心：第48次《中国互联网络发展状况统计报告》，https：//www.cnnic.net.cn/，2021年9月15日。

网技术,包括购物站点、电子支付、电子银行、电子物流等多个消费环节的整合服务平台的统称。购物站点以大众熟知的淘宝网、京东商城、苏宁易购为主,包括手机移动客户端和电脑站点形式;电子支付以微信支付、支付宝支付为主;电子银行包括各大银行的网上银行和手机银行;电子物流包括多种物流公司的线上、线下运输活动。经过这样一个整合的网络消费平台运作,能实现网络消费从购买到运输,再到使用的完整过程,每个环节缺一不可。我国国内巨大的网络消费需求是国家推动"互联网+消费""互联网+产业"计划的重要推动力。种种事实表明,网络消费具有逐渐取代传统线下消费生活方式的发展趋势。然而,由于网络具有的虚拟特性,使得"冲动消费""过度消费"成为网络消费的负效应。网络消费在带给大众便捷的同时,也在改变大众的消费观念。利用日常消费平台对大众实施关于适度消费的责任教育显得尤为重要。针对消费主义的价值观,应进一步加强在网络消费平台的合理消费、适度消费、按需消费的责任认知引导。因为勤俭节约是中华传统文化中优秀的责任品质,也是公民完整责任品质的重要组成部分。除此之外,还要利用网络消费平台进行诚信责任教育。诚信责任是保障网络消费活动正常运行的重要个人品质要求,就商家而言,涉及职业责任和社会责任。通过网络消费平台完成"适度消费"和"诚信消费"的责任教育,养成负责任的网络消费行为习惯。

四 加强责任"自律"

自律是主体在没有外在因素影响下,以自身内在需要为主导,自觉遵守社会责任要求、履行责任内容的行为模式。自律与他律相对应,他律是需要借助其他外在约束力(社会道德要求或法律规范)来引导、规范自我的行为模式。马克思在其伦理学相关理论中提出道德的基础"是人类精神的自律"[1],强调道德自律对完善个人意志品

---

[1] 《马克思恩格斯全集》第1卷(上),人民出版社1956年版,第119页。

质的重要性。同时,他将人的自律看作克服人自身相互斗争因素的内在精神,是个体进行社会活动的必要前提①。

(一)道德自律与道德他律的关系

道德自律的过程建立在人们获得一定社会道德认知的基础上,通过主体的自律精神和自律意识,自由、自觉地履行社会道德行为,并对已有实践活动进行不断自我反思、自我批评,最终形成稳定的道德行为习惯。道德自律是一种凸显个人主观能动性的道德品质修养途径,是个人主动、积极地接受社会道德要求的过程。道德他律则是依据一定社会道德规范和制度规范要求,被动接受行为调整的道德养成过程。

道德自律与道德他律都是建立在一定社会道德规范基础上,且随着人类社会的发展,呈现出持续变化发展的动态特点。然而,两者在自觉性、主观能动性以及稳定性方面存在较大差异。首先,道德自律要求主体具备高度自我反思和自我批评的自觉力,以及坚定、持久的意志力。只有具备这两种能力,个体才能对自我行为进行正确评价,进而调整和触发下一次的道德自律过程。而道德他律对主体的自觉力和意志力要求偏低,只要在外在约束力的规范下能够执行道德行为即可。其次,道德自律是主体主动、积极履行道德行为的自由意志体现,表现出极大的主观能动性,因而其所触发的道德行为较之道德他律模式下的道德行为更为稳定、持久。道德他律则是先有一定的道德要求和道德规范,个体在外在因素的约束下被动实施一定道德行为的过程。需要强调的是,在大多数情况下,虽然行为主体表现为自愿接受道德要求和道德规范的约束,但实质上,触发主体道德行为最本质的力量还是源于外在约束力,而非自觉力。因此,在道德他律模式下实施的道德行为和生成的道德品质相对道德自律而言,缺乏一定自觉性和能动性。但在不断巩固和强化的道德他律过程中,行为主体同样

---

① 《马克思恩格斯全集》第 1 卷(下),人民出版社 1956 年版,第 457 页。

可以获得稳定、持久的道德品质。

道德自律与道德他律虽然存在较大差异，但都是规范个人行为、养成个人道德品质的重要途径，两者之间存在一定联系。首先，道德自律和道德他律都具有社会客观性。马克思历史唯物主义指出，社会存在决定社会意识。社会道德作为一种社会意识，并非一开始就有的，而是经过人类不断的社会实践以及人类社会的持续发展才产生并发挥作用的。社会道德反映的是社会存在的客观性。道德自律虽然对个体的主观能动性要求较高，但仍然建立在一定的社会道德认知基础上。人们的思想、行为都是以一定客观社会条件为限度运行着。因此，道德自律的基础是社会存在的物质客观性。在这一点上，道德他律与道德自律一样。没有社会存在，他律就是无源之水、无本之木。道德自律和道德他律都具有社会客观性，受到社会存在的制约。其次，道德自律的基础是道德他律，道德他律的终极目标是实现道德自律。道德自律对行为主体的自律意识要求较高。然而，提高主体自律意识并非一朝一夕之功，需要不断自我修养、自我提升。在自律意识还没成熟之前，行为主体主要依靠道德他律规范自己的思想和行为，使其符合社会发展要求，以维持自身生存和发展。可见，道德他律是道德自律的基础。任何道德自律形成之前，主要依赖道德他律的规范作用。同时，道德他律以实现道德自律为终极目标。道德他律通过规范主体的行为，进一步影响主体的思维意识。在不断反复的道德他律过程中，将外在的社会道德要求和规范内化为自身的道德认知体系，通过道德情感和道德意志的强化，进一步外化为稳定的道德行为和习惯。道德行为习惯一旦养成，在下一次进行道德行为选择时个体则会依靠自身的道德认知体系自觉履行道德行为。这样，由道德他律走向道德自律的品质生成模式开启。最后，道德自律和道德他律相互促进，共同致力于社会的进步和个人的发展。道德自律意识的养成可以加速道德他律的发展进程；而道德他律为道德自律提供一定的认知基础和社会条件。无论是自律模式下还是他律模式下生成的道德品质，都以形成主体完整道德品质为直接目标,最终目的在于促进人类社会的不断进步和个人的自由、全面发展。

(二) 日常生活中公民责任教育由"他律"走向"自律"的途径

如果说教育者对受教育者进行的公民责任教育是一种他律模式下责任行为习惯的养成过程,那么,自律则是一种自我教育模式下的责任品质生成过程。自律是在个人不受外在影响下,自觉履行和践行相应责任行为的方式。在自律模式下,行为主体思想上,是自由的;情感上,是自愿的;意志上,是坚定的。自律模式下较之他律模式下形成的责任品质更为稳定、持久,所形成的行为习惯最符合人之自然生存状态,最能体现个人的自由意志。需要强调的是,自律需要主体克服客观上和主观上的影响因素,对个人自我反思、自我批评等自律意识要求较高。因此,要想实现日常生活中公民责任教育由"他律"走上"自律"的自觉模式,需要不断加强主体自律意识,强化主体自律意志,完成公民责任的自我教育。中国传统儒家文化中蕴藏着丰富的道德"自律"思想,其中反省、慎独、知行统一都是日常生活中公民责任"自律"的有效途径。

"反省"是心理学的一个重要范畴,指的是对自己已经发生的行为和心理状态进行事后再现和复盘,并对回忆结果进行反思、检讨的自律过程。反省是日常生活中公民责任品质生成的一种重要的自律途径。我国古代思想家早已关注到"反省"对增强自律意识、完善自我品质的重要作用。孔子说,"见贤思齐焉,见不贤而内自省也"[1],强调对不道德、不良好的行为要自觉自查,防微杜渐。孔子还提到自己每日自省的三个日常维度,即:"为人谋而不忠乎?与朋友交而不信乎?传不习乎?"[2] 通过事后自我反思和检讨,发现问题并改正,以提高自己的道德品质和修养。那么如何反省?孟子在《孟子·公孙

---

[1] 《论语》,张燕婴译注,中华书局2006年版,第47页。
[2] 《论语》,张燕婴译注,中华书局2006年版,第3页。

丑上》中提到"反求诸己"①,强调的是诸事先从自己身上找原因,多对自我行为和思想进行反思、反省,而不要将问题归结于他人。金缨在《格言联璧》中所阐述的"静坐常思己过,闲谈莫论人非"②,与"反求诸己"殊途同归,都诠释了一种加强自律意识的反省方式,即多检讨自我、少抱怨他人。在日常生活中,繁杂、琐碎的日常活动消耗掉人们大部分时间和精力。通过反省这种自我反思、自我批评的自律模式进行责任的自我教育显得异常珍贵且必要。反省日常生活中自己的行为是否符合社会责任要求;反省具体责任事件中是否真正依据内心责任需要履行与角色、能力相匹配的责任行为;反省在履行一定责任行为之后会不会持续不断地践行责任行为。只有对自身行为和思想进行不断的反思、反省,才能形成对责任品质的自律意识,进而生成完整的责任品质。

"慎独"出自《礼记·中庸》:"莫见乎隐,莫显乎微,故君子慎其独也"③,强调的是当一个人独处时,即便没有他人监督,其所思所为也要自觉遵守社会道德规范。"慎独"是中国古代个人自律意识的最高境界,是人们对道德自律精神的最高诠释。习近平总书记在《之江新语·追求"慎独"的高境界》中引用"慎独"这一经典思想阐述中国共产党人要不断加强自律意识和慎独精神,无论是否有人监督,都要以高度自觉的规范意识严格要求自己的思想和行为。古往今来,"慎独"是君子、学者追求一生可能都不能企及的精神境界。这需要有高度的自觉意识和自控能力。因此,在日常生活实践中,通过"慎独"的自律模式完成责任的自我教育并非易事,但确有必要。如何通过"慎独"加强公民的责任自律?首先,要不断强化公民对所"慎"之责任规范的认知和提取。社会对公民的责任要求会随着时代

---

① 《孟子》,万丽华、蓝旭译注,中华书局2006年版,第71页。
② [清] 金缨:《格言联璧》,雷明军注译,崇文书局2007年版,第127页。
③ 《大学·中庸》,王国轩译注,中华书局2006年版,第46页。

的发展而更新变化。"慎独"建立在公民对社会责任规范和责任内容的正确认知和评价基础上，依赖公民对所应履行的责任行为的透彻理解。只有具备正确的责任认知，才能激发强烈的责任情感和坚定的责任意志，进而引导公民践行正确的责任行为。没有谨慎、正确的责任认知，即便主体具有一定的独立自觉意识，也不能完成"慎独"的最终目标，即在独处之时也能践行责任行为。其次，要不断加强公民的"独"处能力，也即自控力。"慎独"思想的关键条件在于"独"，即在没有外在监督的条件下，依然严格要求自我。因此，要想通过"慎独"的责任自律途径提升公民责任品质，就要不断加强公民的自觉力和自控力。如前所述，"慎独"是责任自律的较高境界，需要公民个人长期的经验积累和修养沉淀。之所以把"慎独"思想作为一种公民责任品质形成的重要自律途径，并非要求每个社会公民都能够达到"慎独"的正人君子境界，而是为公民责任品质的其他自律或他律模式奠定思想道德基础。

第四节　日常生活中公民责任教育的策略

在日常生活中，公民责任教育的策略是一种责任教育微观方法，也可以说是运用方法的艺术和技巧，可以直接影响责任教育的效果。在日常生活中，由于人们的思想和价值取向是多样的，要求责任教育者运用一些策略，如语言的生活化转向或是草根榜样的选择等，在潜移默化、不知不觉中使受教育者得到有效教育。

一　回归日常"生活语言"

（一）日常语言的引入

向生活世界回归的路径有很多，语言学的话语转变是其中一种。哲学一直被视为悬置于人们意识中的高深知识，难以引起大众关注。维特根斯坦将哲学视为一种分析活动，认为哲学不被人们理解在于其在语言分析上的含混不清,提出一种"语言的批判"方法,将哲学语言用科学语言代替,使其具有清晰的含义和逻辑。在《逻辑哲学论》中,他认为,人们的生活语言即自然语言具有丰富的内涵和广泛的外延,在解释哲学思想时具有歧义性与含混性,从而掩盖了哲学语言的能指和所指。因此,他主张在哲学分析中用科学语言即人工语言取代生活语言,以消除生活语言的弊端。然而,16 年以后,维特根斯坦在《哲学研究》一书中公开承认用理想化、科学化的人工语言取代生活语言是一种错误的做法①。他提出日常语言虽然含混、随意,但却有"意义"。在日常生活中,语言的意义不在于其所指向的具体内容,而在于其所富含的文化和思想意蕴。从此,他开始重新审视色彩缤纷的生活语言,以生活语言的意义分析代替科学语言的逻辑分析。"理解一种语言意味着掌握一门技术。"② 语言是一种文化的底蕴,是意义的温床,是思想的流放。科学语言虽然可以通过表面语法现象精准、精确的描述事物的逻辑形式,但是却因为缺少"生活形式"而与人的情感关系冷淡、疏远。

(二) 日常语言的功能和运用

马克思曾经指出,语言是随着人类交往的迫切需要产生的,"语言也和意识一样,只是由于需要,由于和他人交往的迫切需要才产生的"③。首先,日常语言具有中介作用。在日常生活中,人们要想完成对象化的活动,语言是不可缺少的中介和工具。人们在交往性活动也即对象化活动中都是具有主观能动性的主体,"只有在语言中思想才会呈现出来"④。语言在人类日常生活的功能表现为两个方面:一是通过具体的词语和句式将事物表述出来;二是在表述的过程中传达一定的思想内容和情感逻辑。日常语言不仅可以传递信息,也是情感

---

① [奥] 维特根斯坦:《哲学研究》,李步楼译,商务印书馆1996年版,前言2。
② [奥] 维特根斯坦:《哲学研究》,李步楼译,商务印书馆1996年版,第120页。
③ 《马克思恩格斯全集》第3卷,人民出版社1960年版,第34页。
④ [匈] 阿格妮丝·赫勒:《日常生活》,衣俊卿译,重庆出版社1990年版,第135页。

交流的中介。其次，日常语言需要与一定的生活情境相联系。例如，目前很受欢迎的网络语言逐渐渗入日常生活中，成为日常交往的重要中介。网络语言通过在一定场景下情感和意象的表达，将两个不同领域的思想联系起来，虽然，这种表达从字面上很难理解。最后，日常语言在一定程度上表征了一种生活方式。"我们都不得不断言，口头语言是真正的自然符号系统。"① 语言的真正意义在于展现日常生活丰富多彩的存在方式。当我们了解一种语言时，也是在了解这种语言所表达的生活方式。我们即使懂得了一个国家的语言，如果不了解这个国家人民的生活方式，也不能真正运用好这种语言。

在日常生活中，日常语言是人们日常交流与沟通使用最频繁、最直接的语言符号。因此，公民责任教育要注重日常语言的运用。日常语言是一般化于宗教、文学艺术、经济、科学等领域中最基础的语言模型。它既不像文学语言那么抒情，又不像科学语言那么严谨，更不像哲学语言那么深奥。日常语言具有强烈的可感知性和可意会性。因此，在责任教育的运用中要注意：第一，注意灵活运用日常语言。日常语言有其较大的灵活性和引申性。在日常生活中，公民责任教育蕴含着丰富的责任逻辑和思想，既涉及客观的责任内容和规范，又涉及责任情感、责任意志等主观因素。在责任教育过程中，教育者要注意日常语言的转换和选择，在准确表达责任内容的基础上，将隐含于责任规范中的情感思维表达出来，当然这种表达要以能被受教育者理解为底线。第二，把握日常语言的生动性。日常语言具有多样性和生动性。网络语言作为日常语言的重要组成部分，充分体现了日常语言的多样性。责任教育要想抓人眼球，首先从多样化的语言形式出发，如，在网络场域中使用网络语言，甚至在青少年的责任教育中也可采纳游戏语言。多样化的语言形式的最终目的就是能被受教育者接受和理解。人类在丰富的生活实践中创造出了生动的词汇，而这些生动的

---

① ［匈］阿格妮丝·赫勒：《日常生活》，衣俊卿译，重庆出版社 1990 年版，第 175 页。

词汇在责任教育的日常运用中同样可以表现出色。日常语言的生动性会让责任教育内容更具吸引力,通过语言打动受教育者,进而提高责任教育的效果。

二 注重"草根"榜样的示范效应

《辞海》中对榜样的解释是:"作为效仿的例子。"①《现代汉语辞典》对榜样的解释是"值得学习或效仿的人或事"。榜样的内涵之丰富使得人们常常从不同的角度去理解它。中国传统文化中具有很深的"榜样"思想,强调道德典范的榜样可以矫正、激励人们的行为规范。中国传统文化中讲求道德品质修养的外学和内省,其中外学就包括学习其他具有示范作用的榜样行为。例如,古代大教育家孔子常常教育弟子们"见贤思齐",强调以舜、周公、子产等先人的优秀道德、行为典范作为自我约束标准,慎思自己的行为。孟子说道:"舜,人也;我,亦人也。舜为法于天下,可传于后世,我由未免为乡人也,是则可忧也。忧之如何?如舜而已矣。"② 孟子将自己与先王舜作对比,以舜为榜样激励自己继续奋斗前行。

(一)榜样作用的日常行为基础:模仿

"大部分的人类行动是通过对榜样的观察而习得。"③ 人们通过观察周围其他人的行为,在大脑中形成一种"编码信息",即这种行为对自己具有一定参考或借鉴价值,当遇到同样问题的时候,则可将这种"编码信息"直接运用到解决问题上,这就是人类的模仿行为。

榜样发挥示范作用的行为逻辑基础是人类所具备的一种天然的模仿特性。对他人的模仿是日常行为的一个主要表现形式。在日常生活

---

① 《辞海:第六版彩图本》(1),上海辞书出版社 2009 年版,第 97 页。
② 《孟子》,万丽华、蓝旭译注,中华书局 2006 年版,第 186 页。
③ [美]阿伯特·班杜拉:《社会学习心理学》,郭占基、周国韬等译,吉林教育出版社 1988 年版,第 22 页。

中，存在三种模仿形式，即"行动的模仿、行为的模仿和召唤模仿"①。所谓行动的模仿指的是简单的重复性行为，不需要建立在对行为含义的理解和认知上，例如鹦鹉学舌、婴儿仿说，只是听到什么说什么，对语言所指向的内容并不理解，更不会运用。行为的模仿则是建立在对模仿对象的意义充分理解和领会的基础上，不仅知道具体词的含义，还知道什么词在什么情况下使用。在日常生活中，行为的模式是最为常见也是最为复杂的一种。行为的模仿不仅仅是模仿行为，还包括模仿价值观等社会意识形态。召唤模仿则指的是模仿虚拟或想象出来的某种行为或语言，多发生于法魔观念统治下的文化中。在现代社会中，正常成年人发生召唤模仿行为的很少。在日常生活中，人们常常会受到他人行为的影响，产生模仿行为，这就是榜样教育得以可能的关键所在。在日常生活中，责任教育既是一个教育活动过程，也是受教育者学习的过程。受教育者通过观察社会生活中特定情境下他人的责任行为和结果，把他人的选择与自己的行为判断相联系，进而模仿他人的行为和观念。因此，辨别日常生活中的特定情境，有意识地树立责任榜样，可以有效地促进受教育者责任品质的形成和发展。

（二）榜样教育的挑战

榜样与榜样教育，既有联系又有区别，不能混为一谈。在我国思想政治教育以及道德教育中，常常把榜样引入教育方法中，称之为榜样的方法、榜样示范法或榜样教育法等，强调用榜样的示范效应影响受教育者的行为选择。如王汉澜主编的《教育学》中指出："榜样的方法是用别人的良好思想行为为教育学生的方法。"② 榜样具有一定的示范效应，对人们的行为选择具有积极的引导作用。榜样示范法一

---

① ［匈］阿格妮丝·赫勒：《日常生活》，衣俊卿译，重庆出版社1990年版，第183页。
② 王汉澜主编，张耀先、戴国明副主编：《教育学》，河南大学出版社1989年版，第342页。

直以来都是思想政治教育中最常用的方法，通过对具有示范作用的榜样人物及事例的宣传和普及，激起人们效仿和模仿的内在需要，进而引导人们实施符合一定社会要求的行为活动和道德观念。榜样是榜样教育的内容和核心；榜样教育是利用榜样效应培育人才的手段和工具，同时榜样教育也可以塑造新的榜样典型。

传统责任教育中的榜样以历史伟人、民族英雄、革命导师、著名科学家等各方面杰出代表人物为主，倡导受教育者以他们为榜样，积极效仿其优秀的责任品质。毋庸置疑，这样的榜样值得全国、全民族争相效仿，但在具体责任教育的实践中却会出现一些现象，如英雄、榜样的模范事例和优秀品质频频遭到解构，以"雷锋三月来四月走"的说法为例。究其原因在于：榜样教育的宣传理念发生错位。榜样被高尚化为不食人间烟火的圣人，过着没有柴米油盐的生活。由于典型榜样的模范事例脱离公民的日常生活实际和个人体验，让公民"望尘莫及"，最后成为"空中楼阁"，难以起到真正的榜样示范作用。

（三）"草根"榜样：日常责任教育的策略选择

在日常生活中，责任教育者要选择贴近公民生活实际和个人体验的榜样事迹作为教育内容，让公民有亲近感，愿意了解、愿意模仿。这正是马克思主义的从实践中来、再到实践中去的实践观的内在要求。日常生活中，责任教育可以考虑"草根"榜样的策略选择。从社会学角度看，草根性包含了两层意涵[1]：一是群众的、基层的；二是基础的和根本的。"草根"榜样指的是来自基层生活的具有责任教育价值的榜样范本，其榜样示范的生命力源于生活，通过一种可以效仿的生活方式将榜样事例寓于责任教育中。日常生活中，运用"草根"榜样的责任教育策略要注意以下几点：

第一，"草根"榜样要具有群众性。人民群众是构成日常生活的

---

[1] 张兆曙：《草根智慧与社会空间的再造——浙江经验的一种空间社会学解读》，《浙江社会科学》2008年第4期。

最基本元素，是推动时代进步与社会前进的主要力量。"草根"榜样的来源必须根植于人民群众这个丰富的土壤中。传统责任教育总是将那些在历史上或者人类文明进程中发挥过重大作用的关键人物作为榜样事例，树立社会责任的模范典故。而具有广泛群众基础的普通人的榜样行为和榜样事例却常常被忽视。实际上，关键历史人物和社会精英是责任模范的重要来源，但不是唯一来源。责任教育在树立英雄模范的同时，也要重视人民群众作为社会责任模范的良田沃土对公民责任教育的重要作用。每一个在平凡生活、平凡岗位中承担特殊责任担当的普通个人都应当被发展、被宣传、被效仿。责任模范的挖掘要时刻彰显日常生活的基础性和群众性特征。让受教育者感受到榜样就在身边，从而自愿效仿身边的"草根"榜样。

第二，"草根"榜样的事迹要具有真实性与先进性。榜样的示范效应通过具体的榜样事迹予以体现。因此，榜样事迹的选择一定要遵循真实性和先进性原则。真实性指的是"草根"榜样是真实存在的人物。由于"草根"榜样源于普通的人民群众，越真实的事迹越能打动受教育者。先进性指的是"草根"榜样的事迹一定要符合社会主义核心价值观的要求，具有价值引领的作用。在责任教育实践中，一定要平衡真实性与先进性评价标准。既不能为了片面追求"草根"榜样的先进性而过分夸大事迹影响效果；也不能为了真实性而忽视"草根"榜样的先进性考察。

第三，"草根"榜样教育要善于运用多形式、多渠道的宣传活动以丰富教育内容。在责任教育中，"草根"榜样教育的形式、渠道的选择会直接影响受教育者对榜样及其事迹的理解和认同，也决定了受教育者能否真正将榜样身上所体现出来的责任价值内化为自己的责任情感和责任意志，进而引发责任行为。在"草根"榜样的责任教育中，一定要坚持多形式与多渠道的教育方式。例如，由中央文明办、全国总工会、共青团中央、全国妇联共同主办的每两年一次的"全国道德模范"评选活动。该活动自2007年以来已经连续举办了五届，是新中国成立以来规模最大、规格最高、选拔最广的道德模范评选活动，在人民群众的日常生活中具有很强的传播力和影响力。此外，由中央电视台打造的精神品牌栏目《感动中国》，也致力于通过电视传媒将那些日常生活中的责任观念及责任精神推广开来。责任教育者要善于运用这些"草根"榜样的评选活动和宣传活动，丰富责任教育的内容，增强责任教育素材的多元性。

第四，"草根"榜样教育要坚持生活化与常态化。"草根"榜样教育的生活化是指在责任教育中重视"草根"榜样的生活性与责任品质的日常养成，建立起"草根"榜样与受教育者之间的日常生活共通性。"草根"榜样与受教育者共同存在于日常生活中，有着相同的生活体验和生活环境，甚至可能就是我们周围熟悉的人和事。正是由于"草根"榜样的日常生活属性，才能拉近其与受教育者之间的距离。"草根"榜样教育的常态化要将"草根"榜样的宣传活动常态化和教育活动常态化，避免教育的偶发性和临时性，让常态化的"草根"榜样教育在塑造公民责任品质上做到润物无声、春风化雨。

结　　论

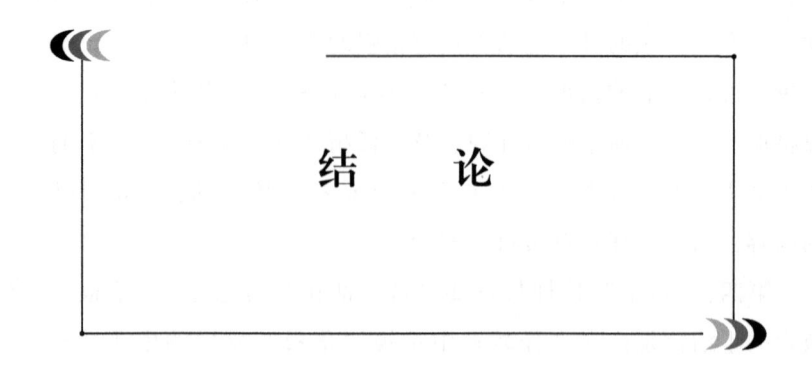

公民责任教育作为思想政治教育的重要途径和主要内容，在创造新时代"美好生活"的过程中是个长期而复杂的系统工程。日常生活化的公民责任教育更是一项重大且繁难的课题。本书试图呈现日常生活中公民责任教育的丰富性和复杂性，以期引起更多的关注和思考，并最终丰富思想政治教育日常化的实现模式和方法途径。

一　日常生活的内在结构和基本图式

首先需要回应的是，始终贯穿于本书研究思路和研究内容的日常生活的内在结构和基本图式究竟是什么。对日常生活的内在结构和基本图式的深入挖掘是本书较之其他责任教育研究的优势之处。如何弥补责任教育生活化研究不深的缺憾，就要深入分析中国特有的日常生活的内在结构和基本图式。本书对其分析散见于各个章节中，这里将其提炼总结如下：

（一）在日常生活中，日常活动是一种自在性、重复性、经验性的实践活动

日常活动几乎是我们每个人都会经历和亲验的，然而我们常常会因为无意识、反复操作或是太习以为常，而忽视了其强有力且能深入人心的作用机制。公民责任教育作为日常活动的一种，同样具有这些

特性。具有自在性、重复性、经验性的责任教育活动需要进一步挖掘出一般化于我们日常生活中可能被我们随时随地忽视的，但确实具有责任教育意义的活动表现形式。

(二) 中国传统的日常生活"规则"模式以传统习俗、经验、常识和道德为主要依据

在日常生活中，人们会根据习俗、经验、常识和道德标准来指导人们实践。这样的"规则"模式对公民责任教育的作用机制在于人们运用习俗、经验、常识和道德等"规则"模式规范人们责任行为、实施责任教育的时候，能够契合人们日常生活规范的形成机制，消解掉那些因为科学性、合规定性和推理性等晦涩难懂的科学体系的弊端，使公民责任品质的形成更贴近人们日常生活的规范形式。

(三) 在日常生活中，人们进行交往行为的逻辑基础是生存本能、血缘关系或是基于一定的情感体验

日常生活是人们维持自我生产与再生产的活动领域，在这种活动领域中，人们进行交往或是出于维持自身生存的本能，或是由于人们之间天然存在的血缘关系，抑或是人们基于某种特殊的情感体验。这为日常生活中公民责任教育主客体实施责任教育交往行为提供了可思考的空间。在责任教育中我们要重视人际交往行为的存在基础，善于发现日常生活中存在的基于生存本能而产生的责任行为需要；充分发挥基于天然血缘关系的家庭主体内部之间的责任教育方式和途径；积极探索基于情感同化和情感倾向所产生的责任品质的内在转化机制。深入挖掘日常生活中交往行为的产生基础，可以准确把握影响日常生活中公民责任教育实效性的关键因素。

(四) 日常生活中所呈现出来的行为方式多以日常交谈和日常模仿为主

日常语言是日常生活中不可缺少的要素之一。日常语言因其具备的灵活性、生动性、交流上的通俗易懂性在日常生活中显得尤为重要。日常生活中的公民责任教育在语言选择上要遵循日常语言的使用

规则。在日常生活中，人们的行为方式还具有模仿性，这源于日常生活中人们的从众心理取向。只要他人的行为方式产生了有利后果，人们便竞相模仿，因为模仿是最容易、最经济的有利性选择。模仿带来的理性思考便是榜样的教育作用。只是与传统榜样教育不同，日常生活中的责任榜样教育还需要一定的策略选择。

二　日常生活中公民责任教育的体系建构

结合我国特有的日常生活的内在结构和基本图式，公民责任教育的体系建构呈现出不同图景，总结如下：

（一）日常生活中的公民责任教育主体是教育者和受教育者的统一

受教育者既是责任教育客体，也是教育主体，在责任教育实践中与教育者具有平等的主体性地位，都具有实践性、能动性和创造性特征。其中，教育者承担着责任教育的教育功能、管理功能、协调功能和研究功能，并且在责任教育机构和责任教育人员的自我完善过程中加强主体建设，使其具备责任教育的主体性要求，完成责任教育的根本目标；受教育者作为责任教育的主体除了具备与教育者相同的主体性特征之外，还具有基本生存的"特性"与自我超越的"个性"特征。因此，日常生活中，公民责任教育的教育者不仅要善于挖掘受教育者最基本的责任品质需要，还要善于捕捉和发现受教育者高层次的责任品质需要和个人发展潜能，激发受教育者对更高责任品质的追求。日常生活中主体行为具有重复性、习惯性、情境性和经济性特征，日常生活中的公民责任教育必然是一种重复性教育活动，且教育者要根据受教育者的情境性和经济性来适时地培养受教育者责任行为的习惯性。在教育过程中教育者和受教育者的关系是"主体间性"教育模式，即双主体模式。这种教育模式注重责任教育者和受教育者之间平等的沟通和对话，对增强公民责任教育的实效性具有重要作用。

(二) 日常生活中的公民责任教育的目标和内容的确立要遵循"日常思维"和"日常知识"的生成特性

其中,"日常知识"具有时代性、特殊强制性、纯粹倾向性、传承性、多元性以及可被引导性的特征;"日常思维"是以解决个人的切实问题且具有反思性的实践性思维。以此为基础,日常生活中公民责任教育目标和内容的确定要遵守生活性原则、需求充足原则、针对性原则、反思性原则和实践性原则。在这些原则的指导下,本书提出日常生活中公民责任教育的目标应以促进人的全面发展为根本目标、以培养公民完整的责任品质为核心目标、以引导公民责任教育从他律走向自律为发展目标。日常生活中的公民责任教育内容依据上述原则呈现出三维框架结构,其中公民责任的来源、责任的层次和责任品质要素构成了框架结构的三个内容维度。

(三) 日常生活中的公民责任教育离不开一定的空间范围和时间过程

对公民责任教育的发生"场域"和过程进行分析可以展示日常生活中公民责任教育在横向空间性和纵向时间性、静态层面和动态层面的不同图景。在日常生活中存在着不同的"场域",也即各种力量的关系网络,其具有空间性、开放性和关联性、斗争性和流动性的特点。本书重点分析了日常生活中公民责任教育的五个重要"场域",即学校场域、家庭场域、社区场域、虚拟网络场域和工作场域。这些场域中,教育主客体之间依据场域的不同特征,形成不同形式的"斗争"和"交互"关系,并在这种关系中展开责任教育活动。除此之外,日常生活中公民责任教育的过程是一种"需求—认知—内化—行为"的程序化过程。其中激发责任需求是动力、提高责任认知是前提,加强责任内化是关键、养成责任行为习惯是根本。日常生活中公民责任教育的过程并非一个绝对连贯的过程,在每一次责任教育中,可能只发生其中一个阶段性程序,或者多次责任教育共同促成了最后责任行为习惯的养成，进而获得完整的责任品质。

（四）在公民责任教育方法的建构上，日常生活中应重视原则方法（一般方法）、具体方法、途径方法和策略方法的选择和使用

其中，原则方法包括坚持社会主义核心价值观引领原则、坚持教育主体的主体性间原则和坚持责任教育的开放性原则，这是指导日常生活中公民责任教育原则性、根本性方法。具体方法可采纳商谈教育法、角色体验法、故事叙述法、实践教育法，但不限于此。途径方法中，参与式社区责任教育模式、优秀的传统责任文化为核心的家训和家风、多样化的网络平台教育实践以及自觉、自律的教育机制不失为行之有效的公民责任教育途径。除此之外，公民责任教育过程中还要注意日常"生活语言"转向和"草根"榜样效应的策略选择。

三 研究展望

本书力图呈现日常生活中公民责任教育的丰富性和复杂性，但仍有许多不足之处，并希望在今后的研究中从以下几个方面进行补充和完善：

（一）对当前传统公民责任教育存在的问题和后果需要进行更深层次的挖掘和梳理

虽然本书从社会实践中的热点个案观察和已有实证研究中反映的问题入手，总结出当前传统公民责任教育具有脱离日常生活的现实问题，具体表现在教育目标、教育价值、教育内容等层面。但是，本书所做的实证研究不足，规范性分析偏多，因此需要进一步开展调查研究，使日常生活中公民责任教育的针对性更强。

（二）在我国本土日常生活理论的挖掘方面需要做进一步探索，尤其是对中华优秀传统日常生活文化以及新时代中国特色社会主义日常生活理论的挖掘

目前学界对日常生活理论的研究停留在西方马克思主义哲学家的

日常生活批判理论上。实际上，这些日常生活理论形成和发展的社会背景、文化价值判断以及所涉及的哲学都与马克思主义日常生活理论以及新时代中国特色社会主义的日常生活实践有较大差距。因此，在构建新时代日常生活中的公民责任教育体系时，不能全盘照搬西方哲学的日常生活理论。中国本土的日常生活实际和丰富的日常生活文化都脱胎于中华传统日常生活的深厚基因，符合中国社会的具体国情，并且在习近平新时代中国特色社会主义思想的理论指导下，更能成为公民责任教育的优秀资源宝库，从而彰显其重要的实践指导作用。这也是本书今后需要进一步完善和深入的地方。

（三）本书虽然对日常生活中的公民责任教育主客体、结构、场域和过程以及方法做了初步探索，但是研究深度和广度还需进一步加强

本书分析了日常生活中公民责任教育不同于传统公民责任教育的关键所在，从日常生活中公民责任教育的主客体、结构以及场域和程序等方面进行了日常生活的透视和阐释，最后在方法体系的构建上进行了日常生活化的剖析。但由于思想政治教育理论和马克思主义日常生活理论的广博性，本书对日常生活中公民责任教育的复杂性和综合性问题的研究还没有达到一定水平，日常生活理论与公民责任教育的结合度还不够强，有待进一步追问和探索。

（四）日常生活中公民责任教育的方法论体系需要进一步与实践整合，使其更具可操作性和实效性

公民责任品质以及责任行为是否能够成为公民日常生活中的自然情感流露和行为选择，取决于理论研究给出的建议是否贴近公民的日常生活实际和品质形成规律。本书中提到的责任教育方法体系有些仅停留在理论层面的探讨，缺乏具体的操作步骤。在今后的研究中需要在方法体系的有效性、可行性和可操作性上做更深层次的探讨。

参考文献

一　经典文献

《马克思恩格斯全集》第 1 卷（上），人民出版社 1956 年版。
《马克思恩格斯全集》第 2 卷，人民出版社 1957 年版。
《马克思恩格斯全集》第 4 卷，人民出版社 1958 年版。
《马克思恩格斯全集》第 3 卷，人民出版社 1960 年版。
《马克思恩格斯全集》第 13 卷，人民出版社 1962 年版。
《马克思恩格斯全集》第 19 卷，人民出版社 1963 年版。
《马克思恩格斯全集》第 21 卷，人民出版社 1965 年版。
《马克思恩格斯全集》第 20 卷，人民出版社 1971 年版。
《马克思恩格斯全集》第 23 卷，人民出版社 1972 年版。
《马克思恩格斯全集》第 42 卷，人民出版社 1979 年版。
《马克思恩格斯全集》第 46 卷（上），人民出版社 1979 年版。
《马克思恩格斯全集》第 46 卷（下），人民出版社 1980 年版。
《列宁全集》第 33 卷，人民出版社 1985 年版。
《列宁全集》第 41 卷，人民出版社 1986 年版。
《列宁全集》第 9 卷，人民出版社 1987 年版。
《列宁全集》第 43 卷，人民出版社 1987 年版。

《列宁全集》第25卷，人民出版社1988年版。
《列宁全集》第51卷，人民出版社1988年版。
《列宁全集》第21卷，人民出版社1990年版。
《列宁全集》第55卷，人民出版社1990年版。
《毛泽东著作选读》（上册），人民出版社1986年版。
《毛泽东著作选读》（下册），人民出版社1986年版。
《邓小平文选》第三卷，人民出版社1993年版。
《邓小平文选》第二卷，人民出版社1994年版。
《江泽民文选》第一卷，人民出版社2006年版。
《江泽民文选》第二卷，人民出版社2006年版。
《江泽民论有中国特色社会主义（专题摘编）》，中央文献出版社2002年版。
《十六大报告新思想新论断新举措专题读本》，研究出版社2002年版。
《十六大以来重要文献选编》（下），中央文献出版社2008年版。
《习近平谈治国理政》，外文出版社2014年版。
《习近平总书记系列重要讲话读本》，学习出版社、人民出版社2014年版。
《习近平谈治国理政》（第二卷），外文出版社2017年版。
《习近平讲故事》，人民出版社2017年版。
《决胜全面建成小康社会 夺取新时代中国特色社会主义伟大胜利——在中国共产党第十九次全国代表大会上的报告》，人民出版社2017年版。

二 中文专著

北京大学哲学系外国哲学史教研室编译：《西方哲学原著选读》（下卷），商务印书馆1982年版。

蔡春：《在权力与权利之间：教育政治学导论》，北京师范大学出版集团、北京师范大学出版社 2010 年版。

陈秉公：《思想政治教育学原理》，高等教育出版社 2006 年版。

陈学明：《西方马克思主义教程》，高等教育出版社 2001 年版。

程东峰：《责任伦理导论》，人民出版社 2010 年版。

崔新伟：《学校责任教育论纲》，中国社会科学出版社 2012 年版。

《大学·中庸》，王国轩译注，中华书局 2006 年版。

戴茂堂：《西方伦理学》，湖北人民出版社 2002 年版。

董宝良主编：《陶行知教育论著选》，人民教育出版社 1991 年版。

杜时忠：《科学教育与人文教育》，华中师范大学出版社 1998 年版。

复旦大学哲学系现代西方哲学研究室编译：《西方学者论〈1844 年经济学—哲学手稿〉》，复旦大学出版社 1983 年版。

傅其林：《阿格妮丝·赫勒审美现代性思想研究》，四川出版集团、巴蜀书社 2006 年版。

甘绍平：《伦理智慧》，中国发展出版社 2000 年版。

甘绍平：《应用伦理学前沿问题研究》，江西人民出版社 2002 年版。

高德胜：《生活德育论》，人民出版社 2005 年版。

郭金鸿：《道德责任论》，人民出版社 2008 年版。

韩传信编著：《德育原理教程》，安徽大学出版社 2009 年版。

胡守棻主编：《德育原理》（修订本），北京师范大学出版社 1989 年版。

黄焕山、郑柱泉主编：《社区教育概论》，武汉出版社 2005 年版。

金缨：《格言联璧》，雷明君注译，崇文书局 2007 年版。

《礼记·孝经》，胡平生、陈美兰译注，中华书局 2007 年版。

李霞：《个性化的日常生活如何可能：赫勒日常生活理论研究》，人民出版社 2011 年版。

联合国教科文组织编：《教育——财富蕴藏其中》，联合国教科文组织总部中文科译，教育科学出版社 2014 年版。

联合国教科文组织国际教育发展委员会编著：《学会生存——教育世界的今天和明天》，教育科学出版社 1996 年版。

廖申白、孙春晨：《伦理新视点——转型时期的社会伦理与道德》，中国社会科学出版社1997年版。

凌崇德、杨治良、黄希庭主编：《心理学大辞典》（上下册），上海教育出版社2003年版。

刘世保编著：《责任教育研究与指导》，北京理工大学出版社2011年版。

刘文富：《网络政治——网络社会与国家治理》，商务印书馆2002年版。

鲁洁：《道德教育的当代论域》，人民出版社2005年版。

鲁洁、王逢贤主编：《德育新论》，江苏教育出版社1994年版。

《论语》，张燕婴译注，中华书局2006年版。

《孟子》，万丽华、蓝旭译注，中华书局2006年版。

苗力田主编：《亚里士多德全集》（第八卷），中国人民大学出版社1992年版。

秦树理主编：《国外公民教育概览》，郑州大学出版社2005年版。

沙莲香主编：《社会心理学》，中国人民大学出版社1992年版。

石中英：《教育哲学导论》，北京师范大学出版社2004年版。

时蓉华编著：《社会心理学》，上海人民出版社1986年版。

宋志明编：《儒家思想的新开展——贺麟新儒学论著辑要》，中国广播电视出版社1995年版。

唐汉卫：《生活道德教育论》，教育科学出版社2005年版。

王国有：《日常思维与非日常思维》，人民出版社2005年版。

王喜平：《当代哲学的主体论域》，山西出版集团、山西人民出版社2007年版。

王晓东：《日常交往与非日常交往》，人民出版社2005年版。

王晓东：《西方哲学主体间性理论批判：一种形态学视野》，中国社会科学出版社2004年版。

吴风：《网络传播学：一种形而上的透视》，中国广播电视出版社2004年版。

伍俊斌：《公民社会基础理论研究》，人民出版社2010年版。

项贤明：《泛教育论——广义教育学的初步探索》，山西教育出版社2004年版。

徐复观：《中国思想史论集》，上海书店出版社2004年版。

许纪霖主编，刘擎副主编：《公共性与公民观》，凤凰出版传媒集团、江苏人民出版社2006年版。

《荀子》，刘长江译注，中国工人出版社2016年版。

杨威：《中国传统日常生活世界的文化透视》，人民出版社2005年版。

易法建：《道德场论》，湖南教育出版社2001年版。

应奇、刘训练主编，徐向东编：《自由意志与道德责任》，凤凰出版传媒集团、江苏人民出版社2006年版。

张瑞：《大学生责任教育新编》，山东人民出版社2014年版。

张耀灿等：《思想政治教育学前沿》，人民出版社2006年版。

张耀灿、郑永廷、吴潜涛、骆郁廷等：《现代思想政治教育学》，人民出版社2006年版。

赵祥麟、王承绪编译：《杜威教育论著选》，华东师范大学出版社1981年版。

赵中健编：《教育的使命——面向二十一世纪的教育宣言和行动纲领》，教育科学出版社1996年版。

中央教育科学研究所编：《陶行知教育文选》，教育科学出版社1981年版。

周辅成编：《西方伦理学名著选辑》（上卷），商务印书馆1964年版。

朱熹：《周易本义》，柯誉整理，中央编译出版社2010年版。

朱小蔓：《情感教育论纲》，南京出版社1993年版。

三　中文译著

［澳］马尔科姆·沃特斯：《现代社会学理论》，杨善华、李康、汪洪

波、郭金华、华向阳译，华夏出版社 2000 年版。

［德］埃德蒙德·胡塞尔：《欧洲科学危机和超验现象学》，张庆熊译，上海译文出版社 1988 年版。

［德］恩斯特·卡西尔：《人文科学的逻辑：五项研究》，关子尹译，上海译文出版社 2004 年版。

［德］哈贝马斯：《交往行动理论·第二卷 论功能主义理性批判》，洪佩郁、蔺青译，重庆出版社 1994 年版。

［德］黑格尔：《法哲学原理》，杨东柱、尹建军、王哲编译，北京出版社 2007 年版。

［德］黑格尔：《精神现象学》（上卷），贺麟、王玖兴译，商务印书馆 1979 年版。

［德］路德维希·费尔巴哈：《费尔巴哈哲学著作选集》（上卷），荣震华、李金山译，商务印书馆 1984 年版。

［德］尤尔根·哈贝马斯：《交往行为理论：第一卷 行为合理性与社会合理性》，曹卫东译，世纪出版集团、上海人民出版社 2004 年版。

［法］古斯塔夫·勒庞：《乌合之众：大众心理研究》，冯克利译，广西师范大学出版社 2015 年版。

［法］卢梭：《爱弥儿：论教育》（上卷），李平沤译，商务印书馆 1978 年版。

［法］让·凯勒阿尔、P.–Y. 特鲁多、E. 拉泽加：《家庭微观社会学》，顾西兰译，商务印书馆 1998 年版。

［古希腊］亚里士多德：《政治学》，吴寿彭译，商务印书馆 2011 年版。

［美］阿伯特·班杜拉：《社会学习心理学》，郭占基、周国韬等译，吉林教育出版社 1988 年版。

［美］费正清：《美国与中国》（第四版），张理京译，商务印书馆 1987 年版。

[美]马克·波斯特:《第二媒介时代》,范静哗译,南京大学出版社2001年版。

[美]曼纽尔·卡斯特(Manuel Castells):《网络社会的崛起》,夏铸九、王志弘等译,社会科学文献出版社2006年版。

[美]威尔伯·施拉姆、威廉·波特:《传播学概论》,陈亮、周立方、李启译,新华出版社1984年版。

[美]亚伯拉罕·马斯洛:《动机与人格》(第三版),许金声等译,中国人民大学出版社2013年版。

[美]约翰·罗尔斯:《正义论》,何怀宏、何包钢、廖申白译,中国社会科学出版社1988年版。

[苏]Л. В. 赞科夫:《和教师的谈话》,杜殿坤译,教育科学出版社1980年版。

[苏]加里宁:《论共产主义教育》,陈昌浩译,中国青年出版社1979年版。

[匈]阿格妮丝·赫勒:《日常生活》,衣俊卿译,重庆出版社1990年版。

[意]马志尼:《论人的责任》,吕志士译,商务印书馆1995年版。

[英]赫伯特·斯宾塞:《社会静力学》,张雄武译,商务印书馆1996年版。

[英]迈克尔·曼:《社会权力的来源》(第一卷),刘北成、李少军译,上海世纪出版集团2007年版。

[英]齐格蒙特·鲍曼:《共同体》,欧阳景根译,凤凰出版传媒集团、江苏人民出版社2007年版。

四 期刊

曹薇、毛恩:《新生代:集希望与责任于一身——上海万名青年思想状况调查报告》,《当代青年研究》1992年第1期。

陈宏毅:《加强和改进大学生的责任教育》,《高等农业教育》2006年第 5 期。

陈学明、毛勒堂：《美好生活的核心是劳动的幸福》，《上海师范大学学报》（哲学社会科学版）2018 年第 6 期。

单玉：《"服务学习"（SL）与负责任公民的生成》，《外国中小学教育》2004 年第 3 期。

董彪：《从形而上学批判到资本批判——重新理解马克思的生活世界思想》，《山东社会科学》2017 年第 4 期。

董敏志：《论公民精神与民主政治》，《探索与争鸣》2007 年第 12 期。

董维维：《新时代大学生社会责任意识培育的三重路径》，《思想教育研究》2020 年第 8 期。

杜红艳：《中国语境中的日常生活批判理论的阐释与思考——国外马克思主义日常生活批判理论与中国现代化的有机结合》，《中外文化与文论》2015 年第 2 期。

樊浩：《当前中国伦理道德状况及其精神哲学分析》，《中国社会科学》2009 年第 4 期。

方世南：《马克思恩格斯关于美好生活的生态权益向度思想研究》，《毛泽东邓小平理论研究》2018 年第 12 期。

冯大彪：《美好生活需要的理论意蕴、当代价值与实现路径》，《中共天津市委党校学报》2018 年第 6 期。

冯建军、方朵：《公民视野中的责任教育》，《高等教育研究》2017 年第 7 期。

付霞：《新时代青年责任伦理培育构建的路径微探》，《学校党建与思想教育》2018 年第 23 期。

高峰、胡云皓：《从马克思的需要理论看新时代中国社会主要矛盾的转化》，《当代世界与社会主义》2018 年第 5 期。

高萍美：《论网络空间大学生责任意识的培育形态》，《学校党建与思想教育》2016 年第 3 期。

关巍：《论东欧新马克思主义日常生活批判的基本理论建树》，《学术交流》2019年第10期。

韩同友、于建业：《责任伦理视阈下大学生社会主义核心价值观的培育》，《西南民族大学学报》（人文社科版）2016年第11期。

韩喜平：《满足人民美好生活需要的理论指南》，《思想理论教育导刊》2018年第1期。

韩一凡：《日常生活视域下的思想政治教育获得感研究》，《学校党建与思想教育》2017年第13期。

韩英丽：《回归现实生活世界——马克思主义哲学大众化的重要环节》，《马克思主义哲学研究》2017年第1期。

郝保权、王艳杰：《思想政治教育回归日常生活的意识形态逻辑》，《理论与改革》2017年第1期。

何艳珊：《乡愁乌托邦的文化基础——"美好生活"建设的中国传统文化资源》，《民族艺术》2018年第6期。

贺来：《"道德共识"与现代社会的命运》，《哲学研究》2001年第5期。

侯晶晶：《班组串换制实验提升道德教—学实效性的十项机制分析》，《教育研究与实验》2005年第3期。

胡敏：《论马克思的日常生活批判理论》，《湖北大学学报》（哲学社会科学版）2019年第5期。

胡潇：《马克思主义哲学原理教学的生活化》，《教育评论》2009年第3期。

黄炳辉、卜建：《责任意识教育：高校党员思想政治教育的有效载体》，《思想政治教育研究》2009年第3期。

黄君录：《论政府与社会在新生代农民工教育中的责任与有效供给》，《中国职业技术教育》2011年第24期。

黄明理、宣云凤：《当前我国公民社会公德信仰状况研究——以江苏为例的抽样调查分析》，《东南大学学报》（哲学社会科学版）2008年第4期。

黄禧祯:《马克思哲学的理论本性与理论宣传教育的生活范式》,《马克思主义哲学研究》2020 年第 1 期。

黄禧祯:《生活化:马克思主义哲学大众化的教育范式》,《学术研究》2013 年第 1 期。

季爱民、谭晓爽:《关怀伦理视阈下大学生责任意识培育研究》,《学校党建与思想教育》2019 年第 7 期。

贾金平:《群体履行道德责任的演化博弈及对道德责任教育的启示》,《教育研究与实验》2018 年第 5 期。

蒋传光:《公民社会与社会转型中法治秩序的构建——以公民责任意识为视角》,《求是学刊》2009 年第 1 期。

蒋文亮:《当代大学生责任教育体系建构研究》,《山东青年政治学院学报》2011 年第 1 期。

蒋晓侠:《试论马克思主义生活化》,《辽宁行政学院学报》2012 年第 7 期。

揭晓:《论马克思主义意识形态大众化传播的日常生活维度》,《教学与研究》2015 年第 6 期。

孔妍:《回归现代性:从瓦解宏大叙事到重构实践理性——日常生活的困境与马克思主义的回应》,《燕山大学学报》(哲学社会科学版)2016 年第 3 期。

李春华:《文化生产力:满足人民群众对美好生活需要的重要力量——国家哲学社会科学成果文库入选成果〈文化生产力与人类文明的跃迁〉展示》,《思想政治教育研究》2018 年第 2 期。

李大棚:《大学生社会主义核心价值观培育研究——以马克思主义日常生活理论为视角》,《重庆邮电大学学报》(社会科学版)2016 年第 6 期。

李桂梅、欧阳卓灵:《当代中国女性道德状况调查》,《伦理学研究》2015 年第 4 期。

李进荣、朱瑛:《日常生活维度思想政治教育亲和力的三重逻辑生成》,《思想政治教育研究》2020 年第 1 期。

李铭、汤书昆:《马克思生活哲学视域下的"美好生活方式"》,《学术界》2018 年第 11 期。

李巍:《革命的多重逻辑——西方马克思主义的日常生活批判》,《理论视野》2017 年第 2 期。

李小辉、罗春梅:《推进马克思主义大众化探讨——基于人民群众日常生活领域的研究》,《河南工业大学学报》(社会科学版)2012 年第 3 期。

李苑静、林伯海:《习近平关于大学生社会责任意识培育思想探析》,《思想政治教育研究》2016 年第 5 期。

李振华、邹欣:《马克思主义大众化路径:面向日常生活》,《重庆社会科学》2018 年第 1 期。

廖小平:《论道德榜样——对现代社会道德榜样的检视》,《道德与文明》2007 年第 2 期。

刘维兰、吴远:《马克思主义大众化之"生活化"问题思考》,《甘肃社会科学》2011 年第 3 期。

刘小枫:《〈爱弥儿〉如何"论教育"——或卢梭如何论教育"想象的学生"》,《北京大学教育评论》2013 年第 1 期。

鲁宝:《从乡村历史社会学到都市马克思主义——列斐伏尔实践经验与日常生活批判理论的视野转换》,《山东社会科学》2019 年第 10 期。

鲁芳、刘迪:《日常生活变革与马克思主义意识形态的生活化应对》,《湖南师范大学社会科学学报》2016 年第 6 期。

鲁洁:《教育:人之自我建构的实践活动》,《教育研究》1998 年第 9 期。

鲁武霞:《大学对社会的依赖、责任及文化回应——协同文化培育的视角》,《江苏高教》2017 年第 10 期。

陆茹:《马克思人的发展理论视野下的新时代美好生活》,《人民论坛》2019 年第 12 期。

逯改：《德育责任视野中的家庭与学校教育》，《思想理论教育》2008 年第 15 期。

罗贤宇：《新时代青年绿色责任的伦理意蕴及其培育路径》，《福建论坛》（人文社会科学版）2018 年第 8 期。

骆鹿：《浅析生活化视阈下的马克思主义理论教育》，《学理论》2011 年第 24 期。

马光霞、孙力：《美好生活追求的历史演进及内在逻辑——从科学社会主义发展的角度》，《党政研究》2019 年第 1 期。

马佳彬、王永明：《对大学生网络公民责任意识状况的调查报告——以北方某市 384 名大学生为例》，《理论观察》2016 年第 12 期。

马莲、付文忠：《青年价值观引导的日常生活向度探析——以马克思主义日常生活理论为视角》，《中国特色社会主义研究》2017 年第 3 期。

孟凡辉、胡晓红：《公共性视域下大学生社会责任的构建及其培育》，《黑龙江高教研究》2018 年第 8 期。

宁洁、苏兰：《基于高校公共交往的大学生社会责任品质培育研究》，《江西师范大学学报》（哲学社会科学版）2020 年第 3 期。

彭国华：《主体性自由的科学扬弃——马克思对西方现代性的批判与超越及其当代意义》，《马克思主义研究》2017 年第 5 期。

任帅军：《论人类生活于其中的世界——马克思主义关于人的生活世界理论及其思考》，《湖北社会科学》2016 年第 1 期。

桑玉成：《论人民美好生活需要之制度供给体系的建构》，《武汉大学学报》（哲学社会科学版）2018 年第 2 期。

沈斐：《"美好生活"与"共同富裕"的新时代内涵——基于西方民主社会主义经验教训的分析》，《毛泽东邓小平理论研究》2018 年第 1 期。

沈湘平、刘志洪：《正确理解和引导人民的美好生活需要》，《马克思主义研究》2018 年第 8 期。

时伟、刘焕明：《美好生活需要的生成机制与实践价值》，《学校党建与思想教育》2018 年第 11 期。

舒晓虎、陈伟东、罗明飞：《"新邻里主义"与新城市社区认同机制——对苏州工业园区构建和谐新邻里关系的调查研究》，《社会主义研究》2013 年第 4 期。

宋红岩：《网络权力的生成、冲突与道义》，《江淮论坛》2013 年第 3 期。

孙雅艳：《当代大学生预期责任教育略论》，《学校党建与思想教育》2015 年第 21 期。

王洪波：《主体性和公共性的双重变奏：马克思财富思想的内在意蕴》，《学术界》2020 年第 4 期。

王建民：《从"道听途说"到"转载搜索"——信息获取方式变迁的时空社会学分析》，《江淮论坛》2011 年第 5 期。

王琪：《中美青少年公民责任教育之比较》，《首都师范大学学报》（社会科学版）2011 年第 3 期。

王伟光：《马克思主义大众化的时代价值与现实意义》，《红旗文稿》2020 年第 7 期。

王习胜：《美好生活的文化需要：新时代文化建设的基本视点》，《中国特色社会主义研究》2018 年第 3 期。

王小章、王志强：《从"社区"到"脱域的共同体"——现代性视野下的社区和社区建设》，《学术论坛》2003 年第 6 期。

王啸：《试析教育学的决定论立场》，《华中师范大学学报》（人文社会科学版）2005 年第 3 期。

温权：《资本主义的空间性批判与日常生活的总体性革命——一种拓展马克思主义社会理论的激进尝试》，《理论与改革》2016 年第 2 期。

夏春雨：《大学生责任教育内容体系构建新论》，《社会科学战线》2008 年第 1 期。

项贤明：《论教育与人的发展资源》，《中国教育学刊》1996年第1期。

谢加书：《马克思恩格斯的日常生活观四重维度》，《湖北社会科学》2015年第12期。

谢加书：《美好生活建设的中国道路》，《马克思主义研究》2017年第10期。

馨元：《公民概念在我国的发展》，《法学》2004年第6期。

邢云文、张瑾怡：《构建面向"日常生活"的大学生思想政治教育》，《思想理论教育导刊》2018年第2期。

徐秦法、常劼：《马克思主义大众化：现实境域与价值诉求》，《学术研究》2020年第3期。

杨克平、许承光：《"90后"大学生思想道德状况调查分析》，《学校党建与思想教育》2012年第15期。

杨魁森：《哲学就是生活观》，《学习与探索》2004年第3期。

叶方兴：《从"悬浮"走向"融合"——论现代性语境下思想政治教育与日常生活的关系》，《探索》2019年第6期。

易晓明：《日常生活的文化马克思主义——列斐伏尔的日常生活理论作为一种文化理论》，《浙江社会科学》2020年第4期。

翟绍果、谌基东：《共建美好生活的时代蕴意、内涵特质与实现路径》，《西北大学学报》（哲学社会科学版）2017年第6期。

张敏、赵娟：《美好生活与良好治理——社会主要矛盾转换及其治理蕴意》，《南京社会科学》2018年第12期。

张琦、王永明：《当代大学教师的文化责任担当状况的调研报告——基于北方某市3所高校150名大学教师的调查》，《经济研究导刊》2015年第5期。

张全胜：《人民美好生活：五大发展理念的价值追求》，《内蒙古社会科学》（汉文版）2018年第4期。

张三元：《论美好生活的价值逻辑与实践指引》，《马克思主义研究》

2018 年第 5 期。

张三元:《论美好生活与人的全面发展》,《理论探讨》2018 年第 2 期。

张兆曙:《草根智慧与社会空间的再造——浙江经验的一种空间社会学解读》,《浙江社会科学》2008 年第 4 期。

赵司空:《自由、日常生活与信仰——论东欧新马克思主义的现代性理论》,《山东社会科学》2018 年第 8 期。

赵英臣:《角色伦理视角下公民社会责任意识培育研究》,《思想教育研究》2020 年第 9 期。

郑金鹏:《习近平"人民美好生活观"的逻辑阐释与现实启迪》,《山东社会科学》2020 年第 4 期。

郑小霞:《如何培育公民的责任担当意识》,《人民论坛》2018 年第 17 期。

周清卿:《马克思主义生活化、大众化与中国化探析》,《东南大学学报》(哲学社会科学版) 2009 年第 S2 期。

朱斌:《马克思主义意识形态话语的日常生活化——基于现代性维度》,《理论探索》2015 年第 6 期。

朱磊:《当代大学生社会责任状况调查研究与思考》,《湖北社会科学》2016 年第 6 期。

邹小华:《社会主义核心价值观引领生活世界的必要性及其限度》,《内蒙古社会科学》(汉文版) 2017 年第 3 期。

五 中文报纸

胡锦涛:《在纪念中国共产主义青年团成立 90 周年大会上的讲话》,《人民日报》2012 年 5 月 5 日第 1 版。

习近平:《在网络安全和信息化工作座谈会上的讲话》,《人民日报》2016 年 4 月 26 日第 2 版。

六 研究报告

樊浩等:《中国大众意识形态报告》,中国社会科学出版社2012年版。

樊浩等:《中国伦理道德报告》,中国社会科学出版社2012年版。

吴潜涛等:《当代中国公民道德状况调查》,人民出版社2010年版。

赵中健选编:《全球教育发展的研究热点——90年代来自联合国教科文组织的报告》,教育科学出版社1999年版。

七 外文专著

Alexander W. Astin, William S. Korn and Eric L. Dey, *The American College Teacher: National Norms for the 1989 – 1990 HERI Faculty Survey*, Los Angeles: Higher Education Research Institute, 1991.

Barber and Benjamin, *An Aristocracy of Everyone: The Politics of Education and the Future of America*, Oxford: University Press, 1992.

B. Frank Brown, *Education for Responsible Citizenship: The Report of the National Task Force on Citizenship Education*, New York: John Wiley, 1977.

Farncois Dosse, *History of Structuralism: The Rising Sign, 1945 – 1966 (Volume I)*, trans. Deborah Glassman, London: University of Minnesota Press, 1998.

Heater, *A History of Civic Education*, London and New York: Routledge Falmer, 2004.

Husserl, *The Crisis of European Science and Transcendental Phenomenology*, New York: Northwestern University Press, 1970.

J. J. Cogan and R. Derricott (ed.), *Citizenship for the 21th Century: An International Perspective on Education*, London: Kogan Page, 2000.

John Dewey, *Moral Principles in Education*, New York: Philosophical library, 1959.

Kerry J. Kennedy, *Citizenship Education and the Modern State*, London & Washington, D. C. : The Falmer Press, 1997.

Kritzman Lawrence ed. , *Politics, Philosophy, Culture : Interviews and Other Writings 1977 - 1984*, trans. Sheridan Alanet, New York: Routledge, 1988.

Lefebvre Henri, *Everyday Life in the Modern World*, New York: Harper & Row Limited, 1971.

Linda DeAngelo, Sylvia Hurtado, John H. Pryor, Kimberly R. Kelly and Jose Luis Santos, *The American College Teacher: National Norms for the 2007 - 2008 HERI Faculty Survey*, Los Angeles: Higher Education Research Institute, 2011.

Michel de Certeau, *The Practice of Everyday Life*, Berkeley: University of California Press, 1984.

Paul Rabinow and Nikolas Rose eds. , *The Essential Foucault: Selections from the Essential Works of Foucault 1954 - 1984*, New York: The New Press, 2003.

Paul Rabinow ed. , *Ethics: Subjectivity and Truth*, New York: The New Press, 1997.

R. Freeman Butts, *The Morality of Democratic Citizenship: Goals for Civic Education in the Republic's Third Century*, Calabasa Calif: Center for Civic Education, 1988.

Stuart Sim, *Post-marxism: An Intellectual History*, New York: Routledge, 2000.

八 外文期刊

A. Rutter and M. Newmann, "The Potential of Community Service to Enhance Civic Responsibility", *Social Education*, Vol. 53, Issue 6, 1989.

Andy Phippe and Steve Furnell, "Taking Responsibility for Online Protection-Why Citizens Have Their Part to Play", *Computer Fraud & Security*, Vol. 2007, Issue 11, November 2007.

J. Kahne and J. Westheimer, "In the Service of What? The Politics of Service Learning", *Phi Delta Kappan*, Vol. 77, Issue 9, May 1996.

Stephen Brammer, Chris Brooks and Stephen Pavelin, "The Stock Performance of America's 100 Best Corporate Citizens", *The Quarterly Review of Economics and Finance*, Vol. 49, Issue 3, August 2009.

Susan Meyers, "Service Learning in Alternative Education Settings", *The Clearing House: A Journal of Educational Strategies, Issues and Ideas*, Vol. 73, Issue 2, Nov/Dec 1999.

后　记

本书是我在博士学位论文的基础上整理完成的，学位论文完成之时，也预示着我的整个学生生涯即将结束。后记亦是我对整个博士学业心路历程的回顾和总结。回首往昔，恍如隔世。刚入学时的稚嫩之气还未消散，即将踏入社会生活的理性现实已悄然到来。曾经多少次渴望论文定稿后的身心释然，到了真正停笔提交之时，却变成了丝丝不舍。

回首博士学位论文的完成过程，我经历了由迷茫到清晰、再迷茫到再清晰的思想蜕变过程。最初，面对学科转换的现实问题，我对自己未来四年乃至更长时间要潜心研究的课题并不是很清晰。从学科体系的重识到研究范式的转变，我经历了巨大的学术思维重构过程。这里，我要感谢我的导师郭慧敏教授。学高为师，身正为范。与郭老师的结缘是改变我人生轨迹的重要节点。从2010年硕士师从郭老师，转眼已有十余载。想想人生能有多少个十年可以用来沉淀人性、蓄积能量。庆幸的是，在这个定位自我、寻找未来的关键十年，我遇到了郭老师。在我困惑、迷离之际，她总是能给我指明道路。在专业上对我的谆谆教导让我重拾对理论研究的热忱，从而养成学术思维，完成课题研究。

在郭老师的指引下，我把研究课题聚焦到公民责任教育。之后，我逐渐有了一些清晰的研究方向和研究思路。随着我对课题研究的不断深入，我越发觉得责任问题作为思想政治教育领域的永恒话题具有重要的研究价值和时代意义。这也更加激发了我浓厚的学术兴趣和研究欲望。然而，做研究并非凭着一腔热血就能完成。在具体的理论挖掘和框架搭建过程中，我又陷入迷茫的思想状态。由于哲学思辨能力以及思政理论基础的欠缺和薄弱，很长一段时间我对自己是否能够完成课题研究产生了极大的自我怀疑。这个时候，郭老师又一次帮我拨开思想迷雾，重拾研究信心。从学位论文到小论文，大到论文选题、框架构思、材料收集，小到标点符号、语言的运用，郭老师严谨、缜密的治学精神深深影响着我，尤其在学术思维和逻辑思辨上，用"颠覆性"来形容一点都不为过。我开始从思想政治教育的基础理论出发，广泛涉猎各个学科的研究理论，逐步建立专业的学术思维。其间，一些研究成果的发表在很大程度上增加了我的学术自信。

之后，我在导师的指导下，参加了一些国内学术研讨活动和国外访学项目，才有了很多人生中的"第一次"。第一次在会议上发言、第一次出国深造学习。这些经历都是我学术人生成长蜕变的关键驱动力，使我的博士时光不再平淡乏味。在国外访学的这一年同时也是我博士学位论文完成基础理论研究的关键一年。我查阅大量外文资料，对国外相关问题的研究做了调查和总结。虽说域外经验不能直接适用于我国具体问题的分析过程中，但作为一种方法论意义上的借鉴和参考，对我学位论文的完善和丰富起到了很大的推动作用。这里，我要感谢北卡罗来纳大学教堂山分校法学院的 Beverly A. Sizemore 教授，她开放包容的治学态度、严谨务实的工作风格，使我很快融入陌生的学习环境，全心投入到课题研究中，为后续的研究打下坚实的基础。

在撰写博士学位论文期间，我还完成了人生中非常重要的一件大事儿——生育。这得益于家人的支持和帮助。没有他们在背后付出，我无法完成出国访学，也没有办法全情投入到研究中。这里，我要感谢我的夫君、我的父母和公婆！尤其在生产完的关键时期，在生理、心理经受双重考验的情况下，我还能坚持完成论文研究，这离不开他们的全力支持，是他们对我学业报以百分之百的鼓励和支持，才能让我放下生活琐碎，实现我的学术梦想。

最后，这篇学位论文的完成与出版还离不开在论文开题、中期、预答辩以及正式答辩各个阶段中给予我论文指导和帮助的西北工业大学、西安交通大学的老师们，他们从不同维度、不同层面对文章的思路框架和内容结构体系给予了建设性的意见，这些意见和建议也融入了文章的写作过程中，增加了课题研究的深度和广度。

本书的形成过程交代如上，专为记录这段值得铭记的学习时光，是为后记。

王 珏

2023 年冬于西安